Recht und Verwaltung 1
Raumplanung — Entwicklungsplanung

VERÖFFENTLICHUNGEN
DER AKADEMIE FÜR RAUMFORSCHUNG UND LANDESPLANUNG

Forschungs- und Sitzungsberichte
Band 80
Recht und Verwaltung 1

Raumplanung — Entwicklungsplanung

Forschungsberichte des Ausschusses „Recht und Verwaltung"
der Akademie für Raumforschung und Landesplanung

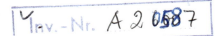

GEBRÜDER JÄNECKE VERLAG · HANNOVER · 1972

Zu den Autoren dieses Bandes

Hans-Gerhart Niemeier, Dr. jur., 64, Ministerialdirigent, Leiter der Abteilung Landesplanung beim Chef der Staatskanzlei des Landes Nordrhein-Westfalen in Düsseldorf, ist Ordentliches Mitglied der Akademie für Raumforschung und Landesplanung.

Frido Wagener, Prof. Dr. jur., 46, Abteilung für Angewandte Verwaltungswissenschaft in der Hochschule für Verwaltungswissenschaften Speyer, Beigeordneter a. D., ist Korrespondierendes Mitglied der Akademie für Raumforschung und Landesplanung.

Walter Bielenberg, Dr. jur., 44, Ministerialrat, ist Referent für Bodenrechtsreform im Bundesministerium für Städtebau und Wohnungswesen.

Eberhard Laux, Dr. jur., Honorarprofessor, Landrat a. D., 49, Mitglied des Vorstandes der Wirtschaftsberatung AG, ist Korrespondierendes Mitglied der Akademie für Raumforschung und Landesplanung.

Eberhard Schmidt-Aßmann, Prof. Dr. jur., 34, Lehrstuhl für Öffentliches Recht an der Universität Bochum.

Günter Brenken, Dr. jur., 52, Ministerialdirigent, Leiter der Abteilung Landesplanung in der Staatskanzlei des Landes Rheinland-Pfalz, ist Ordentliches Mitglied der Akademie für Raumforschung und Landesplanung.

ISBN 3 7792 5067 5
Alle Rechte vorbehalten · Gebrüder Jänecke Verlag · 1972
Gesamtherstellung: Druckerei Otto Elbe, Bemerode
Auslieferung durch den Verlag

INHALTSVERZEICHNIS

		Seite
	Vorwort	VII
Hans-Gerhart Niemeier, *Düsseldorf*	Entwicklungstendenzen im Landesplanungsrecht	1
Frido Wagener, *Speyer*	Für ein neues Instrumentarium der öffentlichen Planung	23
Walter Bielenberg, *Bonn-Bad Godesberg*	Rechts- und Verwaltungsfragen der kommunalen Entwicklungsplanung — eine Einführung	55
Eberhard Laux, *Düsseldorf*	Entwicklungsplanung in der Kommunalverwaltung	83
Eberhard Schmidt-Aßmann, *Bochum*	Gesetzliche Maßnahmen zur Regelung einer praktikablen Stadtentwicklungsplanung — Gesetzgebungskompetenzen und Regelungsintensität	101
Günter Brenken, *Mainz*	Raumordnung und Finanzplanung	155

Mitglieder des Forschungsausschusses „Recht und Verwaltung"

Prof. Dr. Werner Weber, Göttingen, Vorsitzender
Dr. C. H. David, Münster, Geschäftsführer
Dr. Walter Bielenberg, Bonn-Bad-Godesberg
Prof. Dr. Willi Bonczek, Essen
Dr. Günter Brenken, Mainz
Prof. Dr. Werner Ernst, Münster
Dr. Karl-Günther Grüneisen, Bonn
Prof. Dipl.-Ing. Friedrich Gunkel, Berlin
Prof. Dr. Eberhard Laux, Düsseldorf
Dr. Wilhelm Loschelder, Düsseldorf
Dr. Erhard Mäding, Köln
Prof. Dr. Gottfried Müller, München
Dr. Hans-Gerhart Niemeier, Düsseldorf
Prof. Dr. Frido Wagener, Speyer

Der Forschungsausschuß stellt sich als Ganzes seine Aufgaben und Themen und diskutiert die einzelnen Beiträge mit den Autoren. Die wissenschaftliche Verantwortung für jeden Beitrag trägt der Autor allein.

Vorwort

Der Forschungsausschuß „Recht und Verwaltung" der Akademie für Raumforschung und Landesplanung hat sich in den letzten Jahren bevorzugt mit den Problemen der Entwicklungsplanung beschäftigt. Er hat vor allem die in der Erfassung ihrer Aufgaben und Möglichkeiten am weitesten fortgeschrittene Stadtentwicklungsplanung untersucht, mußte sich aber zugleich auch den Ansätzen zu einer Entwicklungsplanung oberhalb des kommunalen Bereichs zuwenden. Das Verhältnis von Raumplanung und Entwicklungsplanung, von Landesplanung und örtlicher Planung, von Raumordnung und Finanzplanung, die Frage nach den Planungsmethoden und -instrumentarien, Interdependenz und Integration der Planungen und nicht zuletzt auch die Zusammenhänge der städtischen Bodenordnung — alles dies drängte sich dabei in großer Problemvielfalt auf. Den Ausgangspunkt der Überlegungen bildete das geltende Recht. Indessen kam man im Ausschuß bald dazu, seine Normierungen nicht als statisch vorgegeben hinzunehmen, sondern nicht minder den in ihm angelegten Entwicklungstendenzen nachzuspüren und das Bedürfnis nach neuen, ergänzenden Regelungen zu überprüfen.

Die hier vorgelegten Beiträge spiegeln die Überlegungen des Ausschusses. Nimmt man den Stuttgarter Vortrag des Unterzeichneten „Planende Verwaltung als Aufgabe der Gegenwart" hinzu, der bereits in Band 78 der Forschungs- und Sitzungsberichte der Akademie (Aufgaben und Möglichkeiten der Raumplanung in unserer Zeit, Hannover 1972) erschienen ist, so hat man die Hauptaussagen des Ausschusses zu dem im Titel des Buches bezeichneten Thema beisammen. Freilich handelt es sich um Beiträge individueller Autoren, nicht um eine nivellierte Kollektivmeinung des Ausschusses. Der Leser wird auch unschwer Unterschiede in den Auffassungen erkennen. Sie zu verdecken, besteht kein Anlaß. Denn sie sind der Ausdruck dessen, daß die Auseinandersetzungen in dieser vielschichtigen Materie noch keineswegs abgeschlossen sind, und bilden den Anstoß dazu, die Bemühungen um eine Klärung in offener Diskussion weiterzuführen.

Göttingen, im Herbst 1972

Werner Weber

Entwicklungstendenzen im Landesplanungsrecht

von

Hans-Gerhart Niemeier, Düsseldorf

Man wird feststellen dürfen und müssen, daß gerade Gesetze aus den letzten Jahren und Jahrzehnten in der Bundesrepublik Deutschland Änderungen, zum Teil sogar recht häufigen Änderungen unterliegen oder Ergänzungen erhalten. Das gilt nicht nur für das Grundgesetz, sondern speziell für solche Rechtsmaterien, denen sich der Gesetzgeber mit der weiteren Ausdehnung des Sozial- oder Daseinsvorsorgestaates in verstärktem Maße zuwenden mußte. Hingewiesen sei auf den Lastenausgleich, das Wasserrecht, das Recht für den Verkehr auf Straße, Schiene und in der Luft. Es gilt aber auch für staatsorganisatorische Fragen, wie die zahlreichen Änderungen des Grundgesetzes beweisen, bis hin zum Beamtenrecht. Zu den Rechtsgebieten, die sich in solch einem fast permanenten Änderungs- oder Entwicklungsstadium befinden, gehört auch das Landesplanungsrecht.

Man könnte von einer ersten Welle der Landesplanungsgesetzgebung in allen Ländern sprechen, die mit dem ersten nordrhein-westfälischen Landesplanungsgesetz vom 11. März 1950 beginnt und mit dem letzten Landesplanungsgesetz, nämlich dem von Rheinland-Pfalz vom 14. Juni 1966, endet. Diese erste Welle hat sich also über 16 Jahre hingezogen. Erst nach dieser relativ langen Zeit hatten alle Flächenstaaten ein Landesplanungsgesetz, und zwar in der Reihenfolge ihrer Entstehung:

Nordrhein-Westfalen	März 1950,
Bayern	Dezember 1957,
Schleswig-Holstein	Juli 1961,
Hessen	Juli 1962,
Baden-Württemberg	Dezember 1962,
Saarland	Mai 1964.
Niedersachsen	März 1966,
Rheinland-Pfalz	Juni 1966.

Nur zwei dieser Gesetze sind also nach dem Raumordnungsgesetz des Bundes vom 8. April 1965 (ROG) ergangen, das natürlich diese beiden Gesetze schon beeinflußt haben könnte. Allerdings setzte schon vor Erlaß des ROG, also vor 1965, die zweite Welle der Landesplanungsgesetzgebung ein mit dem zweiten nordrhein-westfälischen Landesplanungsgesetz vom Mai 1962. Es folgten dann mit Novellen zu ihren Landesplanungsgesetzen

        Bayern   Februar 1970
        Hessen   März 1970,
        Schleswig-Holstein   April 1971,
        Baden-Württemberg   Juli 1971.

Nordrhein-Westfalen hat im Mai 1972 eine Novelle zu seinem Gesetz von 1962 verabschiedet. Mithin haben alle Flächenstaaten außer dem Saarland nach Erlaß des ROG an ihrem Landesplanungsgesetz gearbeitet, da ja die Gesetze von Niedersachsen und Rheinland-Pfalz erst von 1966 stammen. Zumindest formal ist also das Bundesgesetz von 1965 ein nicht zu übersehender Einschnitt.

In Wirklichkeit ist es allerdings nicht so, daß das Bundesgesetz zu einer wesentlichen Änderung der Landesplanungsgesetze gezwungen oder diese sogar bindend vorgeschrieben hätte. Auch das Bundesgesetz stellt praktisch nur eine Momentaufnahme oder einen Querschnitt durch die landesplanungsrechtliche Diskussion der Jahre 1964/65 dar. Anders ausgedrückt: Auch ohne das Bundesgesetz wären die Länder oder einige Länder zu einer Novellierung gekommen. Die Novellierung der Landesplanungsgesetze beruht nämlich nicht etwa nur darauf, daß die Gesetze der ersten Welle zu flüchtig erarbeitet worden wären oder daß man erst sogenannte Erfahrungen hätte sammeln müssen. Das letzte spielt natürlich eine gewisse Rolle, entscheidender aber ist, daß sich in den Ländern der Bundesrepublik Deutschland die Auffassungen über die Landesplanung änderten oder weiter entwickelten. Landesplanung war und ist eine werdende, sich ausdehnende Verwaltungsaufgabe, und demzufolge ist ihr Recht ein an die tatsächliche oder gedankliche Fortentwicklung sich notwendigerweise erst anschließendes Recht im Werden. Im Recht der Landesplanung schlagen sich Folgerungen nieder, die eben erst nachträglich aus der inzwischen eingetretenen Entwicklung der Landesplanung selbst gezogen werden konnten und können. In der Rechtsdiskussion über die Landesplanung stellt somit das Bundesgesetz auch nur einen Ausschnitt der zweiten Welle dar. Das ist weder Kritik noch Herabwürdigung, sondern bei einem Recht im Werden eigentlich selbstverständlich.

Allerdings hat das ROG eine rechtstheoretisch ganz wesentliche Frage entschieden, die lange Jahre in der Diskussion eine große Rolle gespielt hat, nämlich die Frage, ob materielles Landesplanungsrecht gesetzt oder nicht gesetzt werden könne. Die ersten Landesplanungsgesetze der Länder regelten nämlich bewußt nur organisatorische Dinge, wie den Aufbau der Landesplanungsbehörden, das formale Zustandekommen von Programmen und Plänen, die Beteiligung bei der Erarbeitung von Plänen und ihre Genehmigung durch obere oder oberste Behörden. Sie machten, evtl. in Durchführungsverordnungen, Aussagen über die Maßstäbe von Karten und Plänen oder die in ihnen zu regelnden Fragen, vergleichbar etwa mit den Aufzählungen im Bundesbaugesetz § 5 über den Formalinhalt des Flächennutzungsplanes und in § 9 über den Formalinhalt des Bebauungsplanes. Die Ländergesetze nahmen aber bewußt davon Abstand, gesetzliche Festlegungen über konkrete Zielvorstellungen der Landesplanung zu treffen, abgesehen von der leerformalartigen Umschreibung der Aufgabe der Landesplanung, daß sie nämlich die übergeordnete, überörtliche und zusammenfassende Planung für eine den sozialen, kulturellen und wirtschaftlichen Erfordernissen entsprechende Raumordnung zu betreiben habe. Diese generelle, aber eben der materiellen Ausfüllung bedürfende Umschreibung der Tätigkeit der Landesplanung findet sich, nur durch Nuancen unterschieden, in allen Landesgesetzen. Man überließ den realen Inhalt der Pläne der Verwaltung. Man wollte nicht gesetzlich festlegen, was die Ziele oder Maximen der Landesplanung zu sein hätten. Man war in Lehre und Praxis der Auffassung, daß der eigentliche Inhalt der Landesplanung starrer gesetzlicher Regelung unzugänglich sei.

Mit diesem Prinzip hat das ROG gebrochen und in seinem § 2 neun Grundsätze, inhaltlich bestimmte Grundsätze der Raumordnung, festgelegt und damit materielle Entscheidungen getroffen. Das sind natürlich politische Entscheidungen. Es kommt hier nicht auf die Kritik an der Abstraktheit und damit der angeblichen Nichtverwendbarkeit dieser Grundsätze für die Praxis an. Rechtswissenschaftlich ist allein entscheidend, daß im ROG materielles Landesplanungsrecht im Gegensatz zum bisherigen formal-organisatorischen Recht der Länder Gesetz geworden ist. Damit wurde eine ganz entscheidende Entwicklungstendenz für das Landesplanungsrecht der Zukunft festgelegt. Durch den genannten § 2 ROG ist positiv entschieden, daß es eben doch möglich ist, Inhalte landesplanerischer Programme und Pläne in Gesetzform zu bringen. Damit wurde wieder einmal mehr gezeigt, daß JULIUS VON KIRCHMANN mit seinem so oft zitierten, aber häufig falsch gedeuteten Satz recht hat: „... drei berichtigende Worte des Gesetzgebers und ganze Bibliotheken werden Makulatur" (J. v. KIRCHMANN: Die Wertlosigkeit der Jurisprudenz als Wissenschaft, Vortrag 1848, neue Ausgabe Darmstadt 1960, S. 25). Es ist darüber hinaus, und das wurde für die weitere Entwicklung ganz entscheidend, damit dokumentiert, daß es seitens der Parlamente als erforderlich angesehen wird, auf den Inhalt landesplanerischer Pläne Einfluß zu nehmen. Die Frage, ob es rechtlich möglich sei, inhaltlich bestimmte landesplanerische Vorstellungen gesetzlich zu regeln, ist damit zu einer Vorfrage für die Möglichkeiten der Mitwirkung der Parlamente an Planungsfragen geworden, die im Bereich des Landesplanungsrechts kurz als die Parlamentarisierung landesplanerischer Pläne bezeichnet werden kann.

Im übrigen ist der Inhalt der neun Grundsätze des ROG nicht so praxisfern und deshalb so unerheblich, wie man manchmal meint. Dafür nur ein Beispiel, das m. E. rechtlich allerdings wichtigste. Das ROG entstand am Ende der sog. Entballungsdebatte. Es war weithin landesplanerische Auffassung, daß die Ballung oder Verdichtung letzten Endes am besten doch zu vermeiden und deshalb, soweit vorhanden, im Rahmen des Möglichen zu beseitigen sei. Die Ballung wurde also weithin diskriminiert. Noch in den Grundsätzen für die raumbedeutsamen Maßnahmen des Bundes und ihre Koordinierung vom 27. Juli 1962 (Gem. Min. Bl. S. 331) heißt es, daß Maßnahmen, die zu einer weiteren regionalen Konzentration von Menschen und Wirtschaftskraft in Ballungsräumen führen können, vermieden werden müssen. Nach diesen Grundsätzen von 1962 ist ferner sicherzustellen, daß bauliche Maßnahmen dem raumordnerischen Leitbild einer gegliederten und aufgelockerten Siedlungsstruktur entsprechen. Noch nicht drei Jahre später hat man in den Grundsätzen des ROG bereits zwischen ungesunder und gesunder Verdichtung zu unterscheiden gelernt, und es ist im Grundsatz Nr. 2 sogar davon die Rede, daß unter bestimmten Voraussetzungen eine Verdichtung von Wohn- und Arbeitsstätten anzustreben ist. Wir gehen ja jetzt bekanntlich noch weiter und propagieren die Verdichtung in zentralen Orten, Entwicklungsschwerpunkten und an Entwicklungsachsen, oder wir fördern Standortprogramme für den großstädtischen Bereich, die eine sehr hohe Verdichtung an Verkehrsknotenpunkten erstreben. Das ROG hat also zum Verdichtungsproblem eine wesentliche Entscheidung getroffen. Die Problematik gesetzlicher Festlegungen vermag man aber vielleicht daran zu erkennen, daß nach dem augenblicklichen Stand der Bearbeitung des Bundesraumordnungsprogramms damit gerechnet werden kann, daß die im ROG recht positive Einstellung zur Verdichtung gewisse Einschränkungen oder Abmilderungen erfahren wird.

Die Möglichkeit der Entscheidung des Gesetzgebers über prinzipielle Fragen der landesplanerischen Gestaltung, die eben erstmalig das ROG eröffnet hat, hat nun zu einem immer stärkeren Drängen der Parlamente in die Tätigkeit der Landesplanung geführt. Im ersten Landesplanungsgesetz, das nach dem ROG erging, dem Niedersächsischen Gesetz über Raumordnung und Landesplanung (NROG) vom 30. März 1966 (GuVBl. S. 69) sind allerdings noch keine Auswirkungen des ROG zu spüren. Es ist noch ein reines Organisations- und Verfahrensgesetz. Allerdings findet sich in § 2 Abs. 2 Satz 3 ein Ansatz zu einem materiellen Grundsatz, daß nämlich bei der Planung und dem sie bedingenden Interessenausgleich für eine sparsame Verwendung von Grund und Boden sowie für den Schutz der Landschaft Sorge zu tragen ist, allerdings eben nur ein recht kleiner und schwacher Ansatz.

Dagegen ist im rheinland-pfälzischen Landesgesetz für Raumordnung und Landesplanung (Landesplanungsgesetz — LPlG —) vom 14. Juni 1966 (GuVBl. S. 177) der Einfluß des ROG offensichtlich. Im § 2 dieses Gesetzes sind 14 Grundsätze der Raumordnung festgelegt, die die Grundsätze des ROG nicht nur wiederholen, sondern für das Land Rheinland-Pfalz auffächern. Über das ROG hinaus sind besondere Grundsätze über die Erhaltung der Landschaft entwickelt worden.

Die Mitwirkung des Parlaments kommt weiter darin zum Ausdruck, daß zwar das Landesentwicklungsprogramm nach § 11 von der obersten Landesplanungsbehörde in einem bestimmten Verfahren erarbeitet und durch die Landesregierung beschlossen wird, daß aber die Einteilung des Landes in Regionen, die nach § 10 Abs. 1 Nr. 1 Teil des Landesentwicklungsprogramms ist, durch Gesetz festzulegen ist. Man hat also hier für die Beteiligung des Parlaments am Landesentwicklungsprogramm einen Kompromiss geschlossen und neben den 14 Grundsätzen des § 2 dem Parlament den mehr formalen Teil des Landesentwicklungsprogramms überlassen. Dieses hat inzwischen das Landesgesetz über die Einteilung des Landes in Regionen (Regionengesetz — LRegG —) vom 16. März 1967 (GuVBl. S. 68) beschlossen. Kritisch wäre hier anzumerken, daß gerade die Einteilung in Regionen, d. h. in Planungsregionen, sachlich eigentlich immer wieder Veränderungen unterliegt, die durch die Landesentwicklung bedingt sind. Die Einteilung in Regionen ist also gesetzlicher Regelung nicht besonders zugänglich. Allerdings ist in § 2 des Regionengesetzes demgemäß auch der Ministerpräsident, also die oberste Landesplanungsbehörde, ermächtigt worden, durch Rechtsverordnung, aber mit Zustimmung des Hauptausschusses des Landtags Änderungen für die Zugehörigkeit einzelner Gemeinden im Grenzbereich der Regionen zu bestimmen, wenn dies wegen der Entwicklung der strukturellen Verhältnisse zweckmäßig ist. Die Ermächtigung ist also einerseits auf die Grenzstreifen beschränkt, aber andererseits durch Abstellung auf die Zweckmäßigkeit, die sicher weiter ausgelegt werden kann als der Begriff Notwendigkeit, ausgedehnt. Aber auch insoweit ist hier eine Beteiligung des Parlaments festzustellen, als die Genehmigung und nicht etwa nur die Anhörung eines Landtagsausschusses vorgeschrieben ist. Der rheinland-pfälzische Kompromiß zwischen Parlament und Regierung bei der Gestaltung des Landesentwicklungsprogramms ist recht bemerkenswert und tritt hier im deutschen Landesplanungsrecht erstmalig auf. Diese Lösung ist aber auch einmalig, denn eine Teilparlamentarisierung für das Landesentwicklungsprogramm sieht kein anderes Land vor. Man wird annehmen dürfen, daß die regionale Einteilung doch als sehr wichtig angesehen wurde und wird und daß deshalb ein solcher Kompromiß möglich war.

Der Freistaat Bayern hat nach seinem ersten Gesetz vom 21. Dezember 1957 (GVBl. S. 323) nunmehr das Bayerische Landesplanungsgesetz (BayLplG) vom 6. Februar 1970 (GVBl. S. 9) erhalten. In Fortführung der Grundsätze des ROG sind nunmehr auch in Art. 2 des bayerischen Gesetzes Grundsätze der Raumordnung, und zwar insgesamt 15, festgelegt worden. Die Zahl der Grundsätze wird also größer: im ROG 9, in Rheinland-Pfalz 14, in Bayern 15. Die bayerischen Grundsätze lehnen sich nicht so eng an das ROG an wie die rheinland-pfälzischen. Die ROG-Grundsätze 8 und 9 (landsmannschaftliche Verbundenheit bzw. Verteidigung) sind überhaupt nicht angesprochen. Dagegen treten — das Gesetz ist von 1970 — nicht nur Landschaftsschutz-, sondern auch Umweltschutzfragen in Erscheinung. Das Landesentwicklungsprogramm, zu dem auch die Einteilung des Staatsgebiets in Regionen gehört, kommt ohne Mitwirkung des Parlaments zustande. Es wird von der Staatsregierung als Rechtsverordnung beschlossen (Art. 14 Abs. 3). Auch das ist allerdings eine Entwicklung zu einer stärkeren Rechtsform hin; denn Art. 12 des bayerischen Gesetzes von 1957 kannte nur die befristete Verbindlichkeitserklärung von Raumordnungsplänen, um diesen Plänen, die an sich Erlasse waren, eine höhere Durchsetzungskraft zu verleihen, wie ja auch das nordrhein-westfälische Landesentwicklungsprogramm vom 7. August 1964 aufgrund des Landesplanungsgesetzes vom 7. Mai 1962 rechtlich als Verwaltungserlaß zu qualifizieren ist.

Hessen hat sein Landesplanungsgesetz vom 4. Juli 1962 (GuVBl. S. 311) durch das Gesetz über die Feststellung des Hessischen Landesraumordnungsprogramms und zur Änderung des Hessischen Landesplanungsgesetzes (Hessisches Feststellungsgesetz) vom 18. März 1970 (GUVBl. S. 265) novelliert und unter dem 1. Juni 1970 (GuVBl. S. 360) in der neuen Fassung bekanntgemacht. Hessen unterscheidet das Landesraumordungsprogramm und den Landesentwicklungsplan. Im Zuge der Parlamentarisierung landesplanerischer Pläne ist in § 2 geregelt, daß das Landesraumordnungsprogramm durch Gesetz festgestellt wird, während der Landesentwicklungsplan nach § 3 durch Beschluß der Landesregierung festgestellt und dem Landtag zugeleitet wird. Das ist nur scheinbar eine klare Abgrenzung. Denn Programm und Plan können nicht qualitativ unterschieden werden. Es ist nicht etwa das eine eine verbale und das andere eine zeichnerische Darstellung. Der Inhalt zeichnerischer Darstellungen kann nämlich gerade bei der Art landesplanerischer Zeichnungen durchaus verbal ausgedrückt werden. Man kann z. B. die zentralen Orte oder die Entwicklungsschwerpunkte oder die Regionen oder die Entwicklungsachsen zeichnerisch, also als Plan, darstellen; man kann sie aber genauso gut aufzählen oder in ihrer Linienführung beschreiben. Hessen versucht zwar in seinen §§ 2 und 3 den Inhalt des Programms einerseits und den des Planes andererseits zu umschreiben. Aber wenn der Plan die vorhandenen und die anzustrebenden Raumstrukturen des Landes darstellen und die staatlichen Fach- und Investitionsplanungen enthalten soll, dann ist ganz offenbar, daß die Unterscheidung verbal und zeichnerisch nicht möglich ist. Aber eine solche Abgrenzung zwischen Programm und Plan ist deshalb so besonders wichtig, weil damit ein sehr schwieriges verfassungsrechtliches Problem einer praktikablen, aber rechtlich einwandfreien Lösung zugeführt werden könnte, nämlich die Abgrenzung der Bereiche von Regierung und Parlament. Der Stand der Diskussion ist im Augenblick, daß trotz Ausweitung der Zuständigkeit der Parlamente der Kernbereich der Regierung nicht angetastet werden darf, wenn nicht das verfassungsrechtliche Prinzip der Gewaltbalance angetastet werden soll. Eine volle Parlamentarisierung aller landesplanerischen Programme und Pläne würde aber für das Gebiet der Landesplanung die Regierung zu einem Parlamentsausschuß degradieren, ihren Wesenskern für diesen Bereich so einschränken, daß von einer Regierung nicht mehr die Rede sein könnte. Zu denken ist hier an die Gemeinderäte, ihre Allzuständigkeit und die Abhängigkeit der Gemeindeverwaltung von den Räten.

Es rächt sich an diesem Punkt bitter, daß es der Staatsrechts- und der Verwaltungsrechtswissenschaft noch nicht gelungen ist, den Plan — oder richtiger die verschiedenen Arten von Plänen — rechtlich einwandfrei und eindeutig zu qualifizieren und in unser Rechts-, namentlich in unser Verfassungssystem einzubauen. Ausgehend davon, daß Bund und Länder Rechtsstaaten, aber auch Sozialstaaten sind, wird man feststellen müssen, daß die Handlungsinstrumente des Rechtsstaates Gesetz, Verordnung und Erlaß sind, das Instrument des Sozialstaates dagegen der Plan. Unsere Verfassungen regeln aber nur das Tätigwerden des Rechtsstaates, primär das Gesetzgebungsverfahren. Von der parlamentarischen Behandlung von Plänen ist in unseren Verfassungen nicht die Rede. Also preßt man notgedrungen den Plan in die Form des Rechtsstaates, d. h. um das Parlament beteiligen zu können, in die Gesetzform. Das geht nun aber einmal technisch nicht immer gut und glatt, und zum anderen trifft es je nach Inhalt des Plangesetzes entscheidend, d. h. dann aber verfassungswidrig, den Kernbereich der Regierung. Deshalb bietet sich als prinzipielle Lösung die Unterscheidung von Programm, zu erlassen durch das Parlament, und von Plan, zu erlassen durch die Regierung, an. Das zwingt aber nun dazu, einen qualitativen Unterschied zwischen Programm und Plan zu finden. Ich sehe ihn darin, daß das Programmgesetz keine örtlichen Festlegungen im Detail enthalten darf, daß diese vielmehr dem Plan überlassen bleiben müssen. Dem neuen hessischen Landesplanungsgesetz merkt man die Hilflosigkeit in dieser Frage ganz deutlich an, wenn es im § 3 von dem Landesentwicklungsplan heißt, er sei dem Landtag zuzuleiten. Was der Landtag damit machen soll — oder noch wichtiger: machen kann —, ist nicht gesagt, eben weil man dazu nichts sagen konnte, wohl auch nicht wollte. Es ist Sache des Parlaments, dieses Problem zu lösen.

Man darf nicht übersehen, daß diese Problematik zuerst zwar bei den landesplanerischen Plänen aufgetaucht ist. Sie betrifft aber in Wirklichkeit alle staatlichen Planungen, seien es nun der Grüne Plan oder der Goldene Plan, die mittelfristige Finanzplanung oder der Ausbauplan für die Bundesfernstraßen, der Bundesjugendplan oder Altenpläne. Die Landesplanung war und ist nur der konkrete Ansatzpunkt, da hier für Bund und Länder nicht nur einflußreiche Pläne vorlagen, sondern in den Landesplanungsgesetzen auch Regelungen zum Verfahren über das Zustandekommen von Plänen vorhanden waren, deren Abänderung man gesetzgeberisch beantragen konnte, indem man eben gesetztechnisch eine Novellierung der Verfahrensvorschriften begehrte. Im Prinzip ist das gesamte System all unserer Planungen im Sozialstaat rechtlich noch weithin ungeklärt.

Die CDU-Fraktion des Landtags von Nordrhein-Westfalen, d. h. die Oppositionspartei, versucht neuerdings, mit der Landtagsdrucksache Nr. 1518 vom 28. Februar 1972 das gesamte Problem einer weiteren Klärung zuzuführen, indem sie ein Gesetz über die parlamentarische Kontrolle der Regierungsplanung (Planungskontrollgesetz — PKG) eingebracht hat. Dieser Entwurf geht in seiner Tendenz erheblich weiter als alle bisher gesetzlich durchgeführten Maßnahmen zur Parlamentarisierung der Pläne der Landesplanung. Er umfaßt die gesamte Regierungsplanung. In unserem Zusammenhang ist die parlamentarische Behandlung aller Regierungspläne, zu denen eben auch die Pläne der Landesplanung gehören, von Bedeutung. Die Pläne sollen nicht mehr als Gesetz verabschiedet werden. Vielmehr soll dem Landtag ein Zustimmungsrecht zu den Regierungsplänen zugebilligt werden. Das wäre also etwa zu vergleichen mit der Zustimmung zu internationalen Verträgen. Erst mit der Zustimmung des Landtags ist der Plan aufgestellt. Besonders interessant ist die Rechtswirkung, die an die Pläne geknüpft werden soll. Sie sollen nämlich nicht die bindende Kraft von Gesetzen haben. Vielmehr gelten sie mit ihrer Bekanntmachung als Richtlinien für alle Entscheidungen und Maßnahmen, die für die Verwirklichung der Pläne von Bedeutung sind. Das erinnert ganz deutlich an die Bindungswirkung landesplanerischer Pläne nach den §§ 13 Abs. 3 und 16 Abs. 6 des nordrhein-westfälischen Landesplanungsgesetzes von 1962, wonach die Pläne der Landesplanung mit der Bekanntgabe Richtlinien für alle behördlichen Entscheidungen, Maßnahmen und Planungen werden, die für die Raumordnung Bedeutung haben.

Der Entwurf dieses Planungskontrollgesetzes greift allerdings sehr stark in den Verfassungsaufbau mit seiner Gewaltenteilung oder Gewaltenbalance ein. Es wird in dieser Form sicher nicht Gesetz werden können. Es ist aber wesentlich zu erkennen, bis zu welchen Konsequenzen für ein Parlament das Nachdenken über das Instrument des Planes als Mittel des Sozialstaates führen kann. Richtig ist auch erkannt, daß die landesplanerischen Pläne nur ein Teilstück des Regierungsplanes der Gegenwart sind. —

Im Verfolg seines genannten Feststellungsgesetzes vom 18. März 1970 hat nun Hessen mit diesem Gesetz gleichzeitig sein Landesraumordnungsprogramm verkündet (GuVBl. S. 269). Formell ist es eine Anlage zu dem Feststellungsgesetz. Es enthält in Teil A auf lange Sicht aufgestellte Ziele der Landesplanung und raumpolitische Grundsätze und in Teil B Gesichtspunkte, die bei der Aufstellung von regionalen Raumordnungsplänen zu beachten sind und grenzt auch die Regionen ab. Der Teil B ist also für die hier versuchte qualitative Unterscheidung von Programm und Plan wichtig. Doch dieser Teil B entspricht noch der versuchten Unterscheidungsfindung zwischen Programm und Plan, da er keine örtlichen Zielfestlegungen enthält. Wie in Rheinland-Pfalz sind aber nunmehr auch in Hessen die Regionen gesetzlich festgelegt, allerdings geht die Ermächtigung zu Grenzänderungen in Hessen weiter als in Rheinland-Pfalz. Die oberste Landesplanungsbehörde hat nämlich den Auftrag, nach Vorliegen bestimmter Voraussetzungen die Gebietsabgrenzung zu überprüfen. Die Landesregierung kann dann durch Rechtsverordnungen Grenzen von Planungsregionen verändern, wenn es die Erfüllung der Planungsaufgabe erfordert, ohne daß ein Landtagsausschuß beteiligt werden müßte und ohne daß die Beschränkung auf Grenzstreifen ausdrücklich betont worden wäre.

Auch der nach § 3 des hessischen Landesplanungsgesetzes vorgesehene Landesentwicklungsplan ist inzwischen erlassen worden, und zwar unter der Bezeichnung „Hessen '80". Er wurde nach einem recht umfassenden Anhörungs- und Erörterungsverfahren entsprechend der gesetzlichen Vorschrift durch Beschluß der Landesregierung vom 27. April 1971 festgestellt. Er geht allerdings inhaltlich nicht unerheblich über den im Gesetz vorgesehenen Inhalt hinaus und enthält die Ziele, die zeitlichen und die finanziellen Vorstellungen für eine umfassende Landesentwicklung. Insofern entspricht er als erster landesplanerischer Plan, ausgestattet mit Rechts- und Bindungswirkungen, den noch zu erörternden Vorstellungen des Fortschreitens der Landesplanung von der Negativ- zur Positivplanung.

Recht interessant dürften die unterschiedlichen Wortbildungen von Landesraumordnungsprogramm und Landesentwicklungsplan im hessischen Landesplanungsgesetz sein. In Raumordnung klingt etwas Statisches, in Entwicklung etwas Dynamisches auf. Der Unterschied zwischen den Möglichkeiten des Gesetzes, dessen man sich für das Raumordnungsprogramm bediente und denen des Kabinettbeschlusses, des Regierungshandelns, das man für den Entwicklungsplan nehmen konnte, tritt darin recht gut in Erscheinung.

Das schleswig-holsteinische Gesetz über die Landesplanung (Landesplanungsgesetz) vom 5. Juli 1961 (GuVBl. S. 119) ist ersetzt worden durch das Gesetz über die Landesplanung vom 13. April 1971 (GuVBl. S. 152). Was man Landesraumordnungsprogramm oder Landesentwicklungsprogramm nennen könnte, heißt in Schleswig-Holstein Landesentwicklungsgrundsätze. Sie sind nach dem Gesetz von 1971 nunmehr durch ein besonderes Gesetz festzulegen. Außerdem sind Raumordnungspläne, d. h. ein Landesraumordnungsplan und Regionalpläne, aufzustellen. Diese Pläne setzen die Ziele der Raumordnung und Landesplanung fest. Ihre Erstellung ist Sache der Exekutive.

Dem Gesetzesauftrag für sein Landesentwicklungsprogramm ist Schleswig-Holstein mit seinem Gesetz über Grundsätze der Entwicklung des Landes (Landesentwicklungsgrundsätze) vom 13. April 1971 (GuVBl. S. 157), also vom gleichen Tage wie das neue Landesplanungsgesetz, gefolgt. Gesetzestechnisch ist dieses Grundsätzegesetz nicht wie in Hessen eine Anlage zu einem Feststellungsgesetz, das zugleich das Landesplanungsgesetz geändert hat, sondern ein besonderes Gesetz, das in Paragraphenfolge, also in der üblichen Gesetzestechnik, die Grundsätze für die Landesentwicklung festlegt. Demgegenüber ist das hessische Landesraumordnungsprogramm nicht in Paragraphen oder Artikel, sondern in den bereits genannten Teilen A und B in arabisch numerierte Unterabschnitte mit Überschriften und Absätzen gegliedert. Teil A enthält 17 solcher Unterabschnitte, Teil B 14. Wiederum anders ist das im Entwurf vorliegende nordrhein-westfälische Gesetz zur Landesentwicklung (Landesentwicklungsprogramm) — Landtagsdrucksache Nr. 1764 vom 16. Mai 1972 — gesetzestechnisch wie üblich in Paragraphen aufgegliedert, insgesamt sind es 38.

Das schleswig-holsteinische Gesetz legt nicht nur die regionalen Planungsräume fest — ähnlich wie Rheinland-Pfalz und Hessen —, sondern nennt auch die Unterzentren, die Mittelzentren und die Oberzentren namentlich. Außerdem wird die Nomenklatur der Landesplanung noch um Stadtrandkerne I. und II. Ordnung erweitert. Auch die Stadtrandkerne I. Ordnung werden im Gesetz namentlich festgelegt. Die Festlegung der ländlichen Zentralorte — ebenfalls ein neuer Begriff, gemeint sind damit die Kleinzentren der Entschließung der Ministerkonferenz für Raumordnung vom 8. Februar 1968 — und der Stadtrandkerne II. Ordnung wird dagegen den Regionalplänen überlassen.

Mit diesen örtlichen Festlegungen in den Grundsätzen scheint mir die Grenze zwischen Programm, dem Parlament überlassen, und Plan, der Regierung überlassen, überschritten zu sein. Man kann das nur mit einem gewissen Bedauern feststellen, denn dies kann dazu führen, daß der Planinhalt gegenüber dem Programminhalt auch in anderen Ländern unter Berufung auf die in Schleswig-Holstein gefundenen Wege immer stärker eingeschränkt wird.

Auch das baden-württembergische Landesplanungsgesetz vom 19. Dezember 1962 (GBl. 1963 S. 1) wurde inzwischen novelliert. Es ist durch das Zweite Gesetz zur Verwaltungsreform (Regionalverbandsgesetz) vom 26. Juli 1971 (GBl. S. 336) stark geändert worden, das allerdings in seinen wesentlichen Teilen erst am 1. Januar 1973 in Kraft treten wird. Eine Neu-Bekanntmachung des Landesplanungsgesetzes steht noch aus. Wie der Klammer-Titel schon sagt, betrifft das Gesetz vornehmlich die Bildung von Regionalverbänden. Ihnen sind, abgesehen von den Vorschriften über die Regionalpläne, 15 Paragraphen gewidmet. Diese Verbände sind mithin so ausführlich geregelt wie in keinem anderen Landesplanungsgesetz. Naturgemäß sind nun auch in Baden-Württemberg die Regionen gesetzlich abgegrenzt und festgelegt, wobei allerdings für Ulm, den Alb-Donau-Kreis und den Landkreis Biberach noch ein besonderes Gesetz aussteht. Baden-Württemberg kannte schon bisher nicht die Unterscheidung von Programm und Plan. Das Gesetz von 1962 behandelte nur den Landesentwicklungplan. Man kann hier nur wieder einmal bedauernd feststellen, daß selbst in diesen äußerlichsten Fragen die Dienststellen der Landesplanung noch nicht zu einer gewissen Übereinstimmung gekommen sind. Das gilt natürlich erst recht für die organisatorischen Formen, für die verwendeten Begriffe und Ausdrücke, wo selbst in Gesetzen immer neue Formen auftreten. Das gilt aber insbesondere für die materiellen Ziele der Landesplanung in Bund und Ländern, wo noch längst keine Einheitlichkeit der Auffassung erzielt ist.

Der Plan konnte nach dem bisherigen Recht durch Beschluß der Landesregierung für verbindlich erklärt werden, war dann aber nur für die Landesbehörden verbindlich. Sollte der Plan auch für die Gemeinden, die übrigen Träger der Bauleitplanung, die Landkreise sowie die sonstigen der Aufsicht des Landes unterstehenden Körperschaften, Anstalten und Stiftungen des öffentlichen Rechts verbindlich sein, so bedurfte es eines Gesetzes. Ein solches Gesetz ist allerdings nie ergangen. Nach der am 1. Januar 1973 in Kraft tretenden Neufassung muß nunmehr generell der Landesentwicklungsplan durch Gesetz für verbindlich erklärt werden. Da Baden-Württemberg Programm und Plan nicht unterscheidet, muß notwendigerweise die gesetzliche Feststellung sehr ins einzelne gehen.

In Baden-Württemberg waren nun die Arbeiten für den Landesentwicklungsplan so weit fortgeschritten, daß man nicht bis nach dem 1. Januar 1973, dem Inkrafttreten der Novelle, warten wollte, zumal am 23. April 1972 ein neuer Landtag zu wählen war. Deshalb wurde durch das Gesetz über die Verbindlichkeitserklärung des Landesentwicklungsplans vom 11. April 1972 (GBl. S. 169) die Landesregierung ermächtigt, den Landesentwicklungsplan abweichend von den vorgesehenen neuen Vorschriften durch Rechtsverordnung für verbindlich zu erklären. Dies ist sofort durch Verordnung der Landesregierung über die Verbindlichkeitserklärung des Landesentwicklungsplans vom 11. April 1972 (GBl. S. 169), also vom gleichen Tage wie das Ermächtigungsgesetz, geschehen.

Dieser Plan enthält eine ganze Reihe von örtlichen Festlegungen. Die Ober-, Mittel- und Unterzentren werden namentlich genannt. Bedeutsame Entwicklungsachsen sind festgelegt, wenn sie auch noch der näheren Ausformung in Regionalplänen bedürfen. Der Plan ist also ähnlich wie das Gesetz von Schleswig-Holstein ein weiterer Beitrag zur Abgrenzung von Programm und Plan, der aber diese Unterscheidung in der Systematik des Landesplanungsrechts sehr erschwert.

Nach der nordrhein-westfälischen Novelle vom 30. Mai 1972 (GV. NW. S. 141) zum Landesplanungsgesetz von 1962 bedarf das Landesentwicklungsprogramm der

Gesetzesform, die Landesentwicklungspläne sind im Benehmen, also nicht im Einvernehmen mit dem für die Landesplanung zuständigen Ausschuß des Landtags durch die Landesregierung aufzustellen. Das Landesentwicklungsprogramm ist als Entwurf eines Gesetzes zur Landesentwicklung (Landesentwicklungsprogramm) — Landtagsdrucksache Nr. 7/1764 vom 16. Mai 1972 — inzwischen dem Landtag zugeleitet worden. Örtliche Festlegungen sind darin unterblieben. Sie sollen den Landesentwicklungsplänen überlassen werden. Demnächst wird also das Landesentwicklungsprogramm vom 7. August 1964 (MBl. NW. S. 1205), das ein Verwaltungserlaß ist, durch ein Gesetz abgelöst werden. Ob die Trennung zwischen Programm und Plänen einigermaßen eingehalten werden kann, werden erst die parlamentarischen Beratungen, die ab der zweiten Hälfte des Jahres 1972 zu erwarten sind, zeigen. Da in Nordrhein-Westfalen die Parlamentarisierung der landesplanerischen Pläne bereits mit einem Antrag der CDU in der 1970 zu Ende gegangenen vorigen Legislaturperiode des Landtags eingeleitet wurde (Landtagsdrucksache Nr. 1417 vom 27. Juli 1969), also vor fast drei Jahren, waren die verfassungsrechtlichen und verfassungspolitischen Auseinandersetzungen hier besonders intensiv. Der ursprüngliche Antrag der CDU aus dem Jahre 1969 ging dahin, daß sowohl das Landesentwicklungsprogramm als auch die Landesentwicklungspläne durch den Landtag „aufgestellt" werden sollten. Die jetzt festgelegte Trennung in Programm durch Parlament und Plan durch Regierung, allerdings im Benehmen mit dem Landtag, ist ein Kompromiß, auf den sich Landtag und Landesregierung geeinigt haben, und zwar einschließlich der Opposition. Das wird also dazu führen, daß auch die Landesentwicklungspläne in einem Landtagsausschuß beraten werden. Das bedeutet aber ferner, daß nicht erst der abgeschlossene Planentwurf, sondern bereits die Grundkonzeption und die fortschreitende Bearbeitung des Planes zu einer Diskussion im Landtag führen werden; das wird sich wahrscheinlich gar nicht vermeiden lassen, denn es muß versucht werden, über die Grundkonzeption eines Planes mit dem Landtag zu einer Einigung zu kommen, damit nicht bei späteren Verhandlungen über Einzelheiten diskutiert wird, damit also nicht durch die Änderung einer Einzelheit evtl. die gesamte Grundkonzeption umgestoßen wird. Die verfolgte Tendenz tritt auch darin zutage, daß durch die Novelle auch der Inhalt der dem Landtag periodisch zu erstattenden Berichte geändert worden ist. Die Landesregierung soll nämlich in Zukunft sich in diesen Berichten auch äußern über ihre Absichten auf dem Gebiet der Landesentwicklung und über die im Rahmen der angestrebten Landesentwicklung durchgeführten und geplanten Maßnahmen. Das beinhaltet aber eine Berichterstattung über die Vorarbeiten zu neuen Landesentwicklungsplänen, ihren Bearbeitungsstand, ihre Grundstruktur einschließlich etwaiger wissenschaftlicher Grundlagen und ihre voraussichtliche Vorlage an den Landtag.

Rechtlich ist Benehmen mehr als Anhörung, wenn auch weniger als Einvernehmen. Anhörung besagt nur, daß man eine Stellungnahme irgendeiner Stelle einzuholen hat. Benehmen dagegen meint, daß man sich über bestimmte Punkte unterhält, wenn auch die letzte Entscheidung bei der Stelle liegt, die zur Herstellung des Benehmens verpflichtet ist. Da aber diese Stelle die vom Vertrauen des Parlaments — oder richtiger: vom Vertrauen der die Regierung tragenden Parteien — abhängige Regierung ist und auf der anderen Seite der Landtag, das oberste Organ des Landes steht, wird sich das Benehmen praktisch dem Einvernehmen nähern, wenn auch formaljuristisch ein Zustimmungsbeschluß des Parlaments nicht erforderlich ist. Parlamentarisch wird man sich der Form der Anregung bedienen, aber sachlich werden solche Anregungen ein starkes Schwergewicht haben. In dem genannten Planungskontrollgesetzentwurf der CDU heißt es in dieser Richtung, daß die Regierung bei ihrer Planvorlage Alternativen der Plandurchführung aufzeigen muß und daß sie bei ihrer jährlichen Unterrichtung über alle Planungen auch über die Planungsalternativen berichten soll. Ferner hat der jeweils für die einzelnen Planungen zuständige Landtagsausschuß zu entscheiden, welche Alternativpläne mit vorzulegen sind. Auch ist in diesem Entwurf vorgesehen, daß die Landesregierung in vorbereitenden Besprechungen mit Vertretern der Landtagsfraktionen Fragen der Informationssammlung, Informationsverarbeitung und Alternativauswahl für ein Planungsvorhaben erörtern soll. Das ist zwar alles noch nicht Gesetz, deutet aber an, was man sich seitens des Parlaments, zum mindesten im Augenblick seitens der Opposition, unter „Benehmen" vorstellt und wie dies in der praktischen Gestaltung aussehen wird.

Diese Erörterung der neuesten Landesplanungsgesetze hat gezeigt, wie der Einfluß des Parlaments auf die Landesplanung seit 1965, seit dem ROG, fortgeschritten ist und noch weiter fortschreiten wird. Man soll das zunächst einmal positiv sehen, nämlich die Tatsache erkennen, welche Bedeutung man in immer stärkerem Maße der Landesplanung zumißt. Es ist allerdings auch nicht zu verkennen, daß diese Bedeutung der Landesplanung nicht das einzige Motiv für diese Entwicklung ist, daß vielmehr die immer weiter zurücktretende Bedeutung der Länderparlamente sich hier um ein Gebiet bemüht, dessen Gestaltung noch weithin den Ländern überlassen ist.

Aber man sollte auch die kritische — um nicht zu sagen die negative — Seite nicht übersehen. Landesplanerische Pläne sind grobmaschige, notwendigerweise flexible Gedanken über die weitere Gesamtentwicklung eines Landes. Sie bedingen Anpassung, Ausnahme, Auslegung. Sie sind mehr Richtlinien als Rechtssatz. Sie sind zur rechtlichen Regelung nur begrenzt geeignet. Die nun immer stärker werdende Juridifizierung der Landesplanung ist ein nicht ungefährlicher Weg. Zur Zeit zeigt die Entwicklung folgende Gruppierungen:

1. Bund, Rheinland-Pfalz und Bayern haben sich nur für einige Grundsätze der Raumordnung auf den Weg des Gesetzes festgelegt, überlassen aber die weitere Planung der Exekutive, allerdings mit der Einschränkung, daß Rheinland-Pfalz einen Teil des Landesentwicklungsprogramms, nämlich die Festsetzung der Regionen, gesetzlich geregelt hat.
2. Hessen, Schleswig-Holstein und Nordrhein-Westfalen sind verpflichtet, ihr Landesentwicklungsprogramm als Gesetz zu erlassen, während die Pläne der Exekutive überlassen bleiben, allerdings für Nordrhein-Westfalen mit der Einschränkung, daß die Aufstellung von Landesentwicklungsplänen des Benehmens mit dem Landtag bedarf.
3. In Baden-Württemberg bedarf das gesamte Planwerk einer Verbindlichkeitserklärung durch Gesetz.
4. Niedersachsen und Saarland kennen rechtlich noch keine Parlamentarisierung.

Der Weg ist also am weitesten in Baden-Württemberg zurückgelegt. Am progressivsten ist der Entwurf eines Planungskontrollgesetzes der Oppositionspartei im nordrhein-westfälischen Landtag, der das gesamte Regierungsplanen einer parlamentarischen Kontrolle unterwerfen will. Positiv sehe ich darin, daß man neue Formen für die Beteiligung des Parlaments sucht, nämlich die Zustimmung zu Plänen, nicht also die Gesetzform, und daß man außerdem die Bindungswirkung abweichend von der üblichen Gesetzesbindung zu lösen versucht, indem der Plan nach Zustimmung durch den Landtag lediglich Richtlinie sein soll. —

Eine weitere Entwicklungstendenz geht umgekehrt nicht aus von der Wichtigkeit der Landesplanung, sondern gerade davon, daß die lediglich auf den Raum bezogene Landesplanung modernen Ansprüchen des Staatshandelns und des staatlichen Planens nicht mehr genüge, daß die Landesplanung infolgedessen aufgehen müsse in einer umfassenderen Staatsplanung, die die Finanzierung und den zeitlichen Ablauf von Planungen ebenfalls determiniert. Man wird über die Grenze zwischen räumlich bestimmter Landesplanung und umfassenderer Staatsplanung im einzelnen streiten können. Aber prinzipiell ist klar, daß die raumrelevante Planung nur noch einen Teil der gesamten Aufgabenplanung von Bund, Ländern und Gemeinden umfaßt. Die Einbettung der Landesplanung in eine umfassendere Staatsplanung ist nicht mehr nur Diskussion oder in Planungsstäben erst im Ansatz vorhanden, vielmehr haben wir neben einer Fülle von Fachplanungen bereits über die Landesplanung hinausgehende Gesamtplanungen. Ich nenne „Hessen '80" und das „Nordrhein-Westfalen-Programm 1975", wenn hierbei sich „Hessen '80" auch noch der Form des Landesentwicklungsplans nach dem hessischen Landesplanungsgesetz bedient. Das hängt aber auch zusammen mit der Organisationsform, die die Landesplanung in der hessischen Landesregierung gefunden hat.

Hier kommt es nur darauf an, zu untersuchen, ob die Tendenz zur Gesamtplanung in den Landesplanungsgesetzen von Bund und Ländern bereits einen Niederschlag gefunden hat. Er könnte nur in einer Abwehr, d. h. in einer Erweiterung der Aufgabenstellung für die Landesplanung liegen, wobei aber der Raumbezug eben leider noch nicht verlassen werden kann. Festzustellen ist, daß die organisierte Landesplanung die Notwendigkeit dieser Entwicklung sehr früh gemerkt und deshalb versucht hat, sich umzustellen, indem sie von der Negativ- zur Positivplanung, von der Ordnungs- zur Entwicklungsplanung überzugehen versucht. Man merkt dies zunächst einmal an der Bezeichnung für die landesplanerischen Pläne. In zunehmendem Maße wird von Entwicklungsprogramm und von Entwicklungsplänen und nicht mehr ausschließlich von Raumordnungsplänen gesprochen. In der alphabetischen Reihenfolge der deutschen Länder dazu folgendes:

1. Baden-Württemberg nennt schon im Gesetz von 1962 nur Entwicklungspläne; dabei ist es natürlich im Gesetz von 1971 geblieben.

2. Bayern spricht in seinem Gesetz von 1957 von Raumordnungsplänen. Dieses Wort ist im Gesetz von 1970 vermieden; man spricht vom Landesentwicklungsprogramm und von fachlichen Programmen und Plänen.

3. Hessen kennt in seinem Gesetz von 1962 das Landesraumordnungsprogramm und regionale Raumordnungspläne. Mit der Novelle von 1970 hat aber Hessen unter Beibehaltung der genannten Begriffe auch noch den Landesentwicklungsplan eingeführt.

4. Niedersachsen hat das Raumordnungsprogramm, dazu aber auch besondere Entwicklungsprogramme.

5. Nordrhein-Westfalen sah in seinem Gesetz von 1950 nur Raumordnungspläne vor, seit 1962 das Landesentwicklungsprogramm und zugehörige Landesentwicklungspläne, daneben aber auch noch den Raumordnungsplan als Oberbegriff für die Flächensicherungspläne und die Gebietsentwicklungspläne der Landesplanungsgemeinschaften. Da nach der Novelle von 1972 der Flächensicherungsplan fortgefallen ist, kommt im dritten Landesplanungsgesetz von Nordrhein-Westfalen der Begriff Raumordnungsplan nicht mehr vor. Es gibt nur noch das Landesentwicklungs-

programm, Landesentwicklungspläne und Gebietsentwicklungspläne der Landesplanungsgemeinschaften.

6. Rheinland-Pfalz kennt das Landesentwicklungsprogramm und regionale Raumordnungspläne.

7. Das Saarland (Gesetz von 1964) spricht vom Raumordnungsprogramm und Raumordnungsplänen.

8. Schleswig-Holstein verwandte im Gesetz von 1962 die Bezeichnungen Raumordnungsprogramm und Raumordnungspläne. Nunmehr gibt es nach dem Gesetz von 1971 die Landesentwicklungsgrundsätze, den Landesraumordnungsplan und Regionalpläne.

Man wird feststellen dürfen, daß sich in der Bezeichnung von landesplanerischen Plänen der Begriff der Entwicklung weiter ausgedehnt hat als dies in den ersten Gesetzen von 1950 (Nordrhein-Westfalen) und 1957 (Bayern) der Fall war.

Wichtiger ist, daß der Entwicklungsgedanke in der Aufgabenumschreibung der Landesplanung zur Gegenwart hin stärker betont wird. Dafür nur als Beispiel das Land Nordrhein-Westfalen, da dies hier am deutlichsten wird und in einer ganzen Reihe von Stellen der drei Landesplanungsgesetze in Erscheinung tritt. Im Gesetz von 1950 ist nur von Raumordnung die Rede. Das Gesetz von 1962 dagegen verlangt von der Landesplanung darüberhinaus, daß sie mit dafür zu sorgen hat, unerwünschte Entwicklungen zu vermeiden, aber auch erwünschte Entwicklungen zu ermöglichen und zu fördern.

Nach dem Gesetz von 1962 war Gegenstand und Aufgabe der Landesplanung die Planung für eine den sozialen, kulturellen und wirtschaftlichen Erfordernissen entsprechende Raumordnung. Nach der Novelle von 1972 ist nunmehr Aufgabe der Landesplanung die Planung für eine den Grundsätzen der Raumordnung entsprechende Landesentwicklung. Hier ist also nicht nur die Leerformel von den sozialen, kulturellen und wirtschaftlichen Erfordernissen verlassen worden, es sind nicht nur die Grundsätze des ROG in Bezug genommen, vielmehr ist der Begriff der Raumordnung durch den der Landesentwicklung ersetzt worden. Nach der Gesetzesfassung von 1962 sollte die Landesplanung die „Gestaltung des Raumes" beeinflussen, nunmehr aber die „Landesentwicklung". Nach der Gesetzesfassung von 1962 sollte das Landesentwicklungsprogramm die Ziele der Landesplanung für die räumliche Gestaltung des Landesgebietes enthalten. Nunmehr hat es die Grundsätze und allgemeinen Ziele der Raumordnung und Landesplanung für die Gesamtentwicklung des Landes und für alle raumbedeutsamen Planungen und Maßnahmen einschließlich der raumwirksamen Investitionen zu enthalten. Ebenso sollen nunmehr die Landesentwicklungspläne die Ziele der Raumordnung und Landesplanung für die Gesamtentwicklung des Landes festlegen. Man merkt an den Gesetzformulierungen sehr deutlich, daß man auf die Gesamtentwicklung des Landes hinzielen möchte, d. h. also auf eine umfassendere Gesamtplanung, daß man aber logischerweise den Raumbezug dieser Gesamtentwicklungsplanung aufrecht zu erhalten versucht; man ist geneigt zu sagen: notgedrungen, da es sich um ein Landesplanungsgesetz handelt.

Das nunmehr in Gesetzform zu fassende Landesentwicklungsprogramm Nordrhein-Westfalens versucht in der Entwurfsfassung vom Mai 1972 dieser Fortentwicklung Rechnung zu tragen. Der Entwurf stellt im Rahmen des Möglichen, d. h. unter Ausdehnung des Begriffs der Raumrelevanz, stärker auf die Gesamtentwicklung des Landes ab. Das Landesentwicklungsprogramm wird Grundsätze und allgemeine Ziele der Raumordnung und Landesplanung für die Gesamtentwicklung des Landes enthalten. Man muß ferner das Bemühen einbeziehen, der Landesplanung mehr Einfluß auf die raumrelevante Mittelverplanung einzuräumen. Hier ist in erster Linie § 4 Abs. 1 ROG zu nennen, wonach der für die Raumordnung zuständige Bundesminister auch bei dem Einsatz raumwirksamer Investitionen auf die Verwirklichung der Maximen der Raumordnung hinzuwirken hat. Ferner ist darauf hinzuweisen, daß nach § 3 Abs. 2 ROG die landesplanerischen Programme und Pläne sich auch auf die raumwirksamen Investitionen erstrecken sollen. Die Novelle 1972 zum nordrhein-westfälischen Landesplanungsgesetz 1962 hat diesen Gedanken in den Aufgabenkatalog der Landesplaungsbehörde aufgenommen.

Die Landesplanungsbehörde hat nämlich nunmehr auch darauf hinzuwirken, daß nicht nur bei allen raumbedeutsamen Planungen und Maßnahmen von überörtlicher Bedeutung, sondern auch beim Einsatz raumwirksamer Investitionen die Grundsätze und Ziele der Raumordnung und Landesplanung beachtet werden. Ebenso gehört es zum Inhalt des Landesentwicklungsprogramms, daß es Grundsätze und Ziele der Raumordnung und Landesplanung auch für die raumwirksamen Investitionen enthalten soll. Hierzu gehört auch die Bestimmung des hessischen Gesetzes von 1970, wonach der Landesentwicklungsplan auch die staatlichen Investitionsplanungen zu enthalten hat und ja auch nunmehr enthält.

Am interessantesten in diesem Zusammenhang sind allerdings die in den Novellen von Schleswig-Holstein und Baden-Württemberg vorgesehenen Kreisentwicklungspläne. Nach § 11 des schleswig-holsteinischen Landesplanungsgesetzes vom 13. April 1971 ergänzen die Kreise und kreisfreien Städte zur geordneten Entwicklung ihres Gebietes die langfristigen Raumordnungspläne durch mittelfristige Entwicklungspläne. Darin sind die raumbeanspruchenden und raumbeeinflussenden Planungen und Maßnahmen unter Berücksichtigung ihres Finanzbedarfs darzustellen. Die Landesplanungsbehörde kann diesen Plänen binnen drei Monaten widersprechen, allerdings nur, wenn Ziele der Raumordnung und Landesplanung nicht beachtet sind. Diese Kreisentwicklungspläne sind für fünf Jahre aufzustellen und mindestens alle zwei Jahre fortzuschreiben. Die Pläne bilden die Grundlage für Entscheidungen über eigene Maßnahmen, über die Förderung von Maßnahmen anderer Träger sowie die mittelfristige Finanzplanung der Kreise und kreisfreien Städte. Sie sind ferner die Grundlage für die Planung der Gemeinden, Ämter und kommunalen Verbände. Von den insgesamt 22 Paragraphen des neuen schleswig-holsteinischen Landesplanungsgesetzes beschäftigen sich immerhin drei mit den Kreisentwicklungsplänen.

Demgegenüber regelt Baden-Württemberg nur in einem Paragraphen, zur Zeit dem durch das Regionalverbandsgesetz vom 26. Juli 1971 in das Landesplanungsgesetz von 1962 eingefügten § 20 a, die Entwicklungsprogramme der Landkreise. In diesen Programmen sollen die Maßnahmen des Kreises, der kreisangehörigen Gemeinden und anderer Träger gemeindlicher Aufgaben, die zur Verwirklichung der in den Regionalplänen festgelegten Ziele der Raumordnung und Landesplanung erforderlich sind, nach ihrer Dringlichkeit und unter Angabe des voraussichtlichen Finanzbedarfs zusammenfassend dargestellt werden.

Natürlich sind im einzelnen zwischen diesen beiden Formen der Kreisentwicklungspläne Unterschiede festzustellen. Der schleswig-holsteinische Plan konnte sich auf Kreismaßnahmen beschränken; er überläßt den Gemeinden vielleicht mehr Spielraum, während die Pläne von Baden-Württemberg von vornherein auch die Gemeindemaßnahmen enthalten sollen. Die Bindung an die Ziele der Raumordnung und Landesplanung ist in Baden-Württemberg stärker ausgeprägt als in Schleswig-Holstein. Die Pläne in Schleswig-Holstein sollen nämlich die Raumordnungspläne ergänzen, und die Landesplanungsbehörde hat nur ein Widerspruchsrecht. In Baden-Württemberg dagegen dienen die Entwicklungsprogramme der Landkreise — d. h. also *nur* — der Verwirklichung der Ziele der Raumordnung und Landesplanung.

Im Zusammenhang mit der hier aufgezeigten Entwicklungstendenz im Landesplanungsrecht ist von prinzipieller Bedeutung, daß überhaupt das Instrument des Kreisentwicklungsplanes neu in das Instrumentarium der Landesplanung eingeführt wird. Es wird in beiden Fällen versucht, die zwei Hauptanwürfe gegen landesplanerische Pläne, nämlich es fehle ihnen der Finanzierungs- und der Zeitfaktor, auszuräumen. Die praktische Schwäche liegt aber darin, daß Kreise und Gemeinden nur noch wenige eigene Einnahmequellen haben, die Finanzierungsseite dieser Kreispläne also mehr eine geschätzte nachrichtliche Übernahme der Finanzierungszuweisungen sein kann. Dazu kommt noch die sachliche Abhängigkeit von der regionalen und überregionalen Planung. Zu denken ist hier an Straßen- und Wasserbau, an Wohnungs- und Städtebau, an Standortfragen der Bildungspolitik. Ich nehme deshalb an, daß die Kreisentwicklungspläne der Länder Baden-Württemberg und Schleswig-Holstein doch mehr eine nachrichtliche Zusammenstellung als ein schöpferischer Plan sein werden, aber auch darin liegt natürlich schon ein Wert, nicht zuletzt der der optischen Zusammenfassung und damit der Übersichtlichkeit.

Unabhängig davon scheint es zumindest aber doch überlegenswert zu sein, ob man diesem neuen Instrument der Planung in der Raumordnung vorbehaltlos zustimmen soll. Man muß zunächst einmal sehen, daß der baden-württembergische Plan sich nur auf die Landkreise bezieht, der schleswig-holsteinische dagegen auch auf die kreisfreien Städte. Dem rechtlichen Vorwurf, der Kreisentwicklungsplan widerspreche der Planungshoheit der Gemeinden, ist also Baden-Württemberg weniger ausgesetzt als Schleswig-Holstein. Denn Schleswig-Holstein regelt damit in seinem Landesplanungsgesetz auch für die kreisfreien Städte Fragen der Stadtentwicklungsplanung, die allmählich außerhalb des Bundesbaugesetzes entsteht. Für die Landkreise, namentlich für die mit einer größeren Anzahl von Gemeinden, wird man die Notwendigkeit eines zusammenfassenden Kreisplanes auch eher bejahen können als für die kreisfreien Städte.

Bedenklich ist für beide genannten Länder, daß sie neben den Kreisentwicklungsprogrammen die Regionalplanung kennen. Die Regionen beider Länder umfassen aber immer mehr als nur eine kreisfreie Stadt oder nur einen Landkreis. Der an sich schon unübersichtliche Aufbau der Planungsebenen wird also um eine weitere Ebene oder, da vielleicht nicht allzu viel selbständige Planung darin zu finden ist, um eine weitere instrumentalisierte Einflußsphäre vermehrt.

Ich will aber auch einen prinzipiellen Einwand gegen dieses Zugeständnis gegenüber der Kritik an landesplanerischen Plänen nicht verschweigen. Den Vorwurf des mangelnden Zeitfaktors sollte man nicht allzu schwer werten, da alle landesplanerischen Pläne nach den Vorschriften der Landesplanungsgesetze periodisch zu überprüfen sind. Allerdings bedeutet dieser Vorwurf auch mehr, daß landesplanerische Pläne keine zeitlichen Vorschriften über ihre Durchführung enthalten. Das ist mit dem Zeitfaktor gemeint. Es soll für jeden Plan der Landesplanung ein Zeitpunkt für seine Abwicklung festgelegt werden. Insofern ist aber der Zeitfaktor lediglich ein Anhängsel des Finanzierungsfaktors. Gerade im Fehlen des Finanzfaktors sehe ich aber keinen echten Vorwurf. Es ist hier nicht so wesentlich, daß Finanzierungsschätzungen, d. h. Steuerschätzungen, sehr ungewiß und sehr unsicher sind, so daß alle Finanzierungspläne doch notwendigerweise nicht nur recht global, sondern auch sehr vage sind. Entscheidend ist, daß doch ein großer Vorzug der landesplanerischen Pläne darin liegt, daß sie keinen Finanzierungsfaktor enthalten. Sie sollen nämlich langfristige, objektive Entwicklungspläne sein; deshalb sind sie nicht in zeitliche und finanzielle Abhängigkeit von der Möglichkeit ihrer Durchführung zu bringen, d. h. also von der augenblicklichen Konjunkturlage und den durch sie bedingten Einnahmequellen.

Man sollte diese Situation aber noch grundsätzlicher sehen. Einmal ist es trotz aller damit verbundenen Schwierigkeiten nicht zu unterschätzen, daß landesplanerische Pläne vor ihrer Durchführung noch durch die Fachplanungen geprüft und gefiltert werden. Keine Landesplanungsbehörde kann alles auf dem Gebiet aller Fachplanungen bis ins letzte beurteilen und den Fachplanungsträgern Vorschriften bis in die letzte Einzelheit machen. Die Selbständigkeit der Fachplanungen im Rahmen der Landesplanung ist positiver zu sehen, als wir das im allgemeinen tun.

Darüber hinaus sollte man es aber als wichtig ansehen, daß gerade das Fehlen der Finanzierung und damit auch der Terminierung für die Durchführung uns vor einer totalen Staatsplanung bewahren kann. Das hat die Landesplanung im Nachdenken über Raumplanung und Gesamtentwicklungsplanung nicht genügend gesehen und deshalb auch nicht genügend betont. Die Landesplanung hat auf die Anwürfe gegen sie und ihre Pläne gereizt und erregt reagiert, nicht aber gelassen genug ihren Eigenwert und ihre politisch grundsätzlich andere Haltung, die im übrigen den I. Abschnitt des Grundgesetzes, also die Artikel 1 bis 19 über die Grundrechte für sich hat, in den Vordergrund gestellt.

Nichtsdestoweniger bedarf es natürlich für die Zukunft einer besseren Verbindung zwischen Raumplanung und Finanzplanung. Die auf beiden Seiten, nämlich bei der Raumordnung der Versuch der Beeinflußung der raumwirksamen Mittelverplanung, auf der Finanzseite die mittelfristige Finanzplanung, vorhandenen Entwicklungsansätze sollten weiter gefördert werden, ohne daß sie allerdings zu einem einzigen Plansystem führen müßten.

Inzwischen sind die Ansprüche der Gesamtentwicklungsplanung viel bescheidener geworden. Die Gesamtproblemanalyse des Planungsstabs beim Bundeskanzleramt ist natürlich eine viel kleinere und vorsichtiger zu erörternde, aber auch ungefährlichere Sache als eine staatliche Gesamtplanung.

Trotz alledem bleibt es natürlich Tatsache, daß nicht mehr alle Staatsplanungen raumrelevant sind. Man merkt das auch sehr deutlich an den wissenschaftlichen Schriften zur Planung. Es ist doch wohl symptomatisch, daß die seit 1965 bis 1971 erschienenen fünf Bände der Reihe „Planung" (Nomos Verlagsgesellschaft Baden-Baden) auf 2045 Seiten zwar 95 Beiträge über Planungsfragen enthalten, daß aber davon uneingeschränkt nur zwei ausschließlich Raumordnungsfragen behandeln, nämlich

1. von Wynbergen: Das niederländische Raumordnungsgesetz (Band II, S. 281—314),

2. Ernst: Raumordnung als Aufgabe der planenden Gesetzgebung und Verwaltung (Band III, S. 129—172).

Auch hier wird man der Landesplanung und ihrer Wissenschaft gewisse Vorwürfe machen können, die darin liegen, daß sie den Begriff der Raumrelevanz nicht, wenn aber überhaupt, doch recht eng interpretiert hat. Es ist vieles mehr mittelbar raumrelevant, als wir gemeinhin vertreten. Die Raumrelevanz der öffentlichen Aufgaben aller Ebenen ist wie ein Kegel, dessen Spitze der Bund und dessen Basis die Gemeinden sind, d. h. von oben nach unten nimmt die Raumrelevanz der Aufgaben immer mehr zu, je mehr sie sich also der Durchführung nähern.

Abschließend sollte man also zu sagen wagen, daß die Tendenz, die Landesplanung zu einer Gesamtentwicklungsplanung mit durchgeplanter Finanzierung auszuweiten, ein gefährlicher Weg ist und daß deshalb das Instrument Kreisentwicklungsprogramm der Länder Baden-Württemberg und Schleswig-Holstein doch mit einer gewissen Vorsicht weiter entwickelt bzw. von anderen Ländern übernommen werden sollte.—

Man wird noch eine weitere Entwicklungstendenz in der Landesplanungsgesetzgebung feststellen müssen, nämlich die der Verstaatlichung, oder besser gesagt: die der Entkommunalisierung der Landesplanung, wobei unter Kommunen die Gemeinden als selbständige Planungsträger zu verstehen sind. Zwar haben bisher schon die meisten Länder die Landesplanung als rein staatliche Aufgabe angesehen und das zum Teil im Gesetzestext auch klar gesagt, so Bayern in Art. 1 Abs. 2 des Gesetzes von 1970 oder Schleswig-Holstein in § 1 Abs. 2 des Gesetzes von 1971. Von der Auffassung, daß Landesplanung eine staatliche Aufgabe sei, machten bisher nur die Länder Hessen und Nordrhein-Westfalen eine Ausnahme. In § 1 des hessischen Gesetzes von 1962 hieß es, daß Raumordnung eine Aufgabe des Landes sowie der kreisfreien Städte und der Landkreise sei, also eine ganz klare unmittelbare Trägerschaft der Gemeinden und der Gemeindeverbände. Demgegenüber heißt es nun aber in § 1 des hessischen Gesetzes von 1970, daß Raumordnung Aufgabe des Landes und der regionalen Planungsgemeinschaften sei. Die unmittelbare Trägerschaft der Gemeinden ist also zugunsten landesplanerischer Spezialorganisationen verdrängt worden.

Das erste nordrhein-westfälische Landesplanungsgesetz vom 11. März 1950 (GV. NW. S. 41) bestimmte in § 2 Abs. 3, daß Träger der Landesplanungsarbeit die Landesplanungsgemeinschaften seien. Das Land durfte nach diesem Gesetz noch nicht einmal selbst Pläne aufstellen. Die Landesplanungsbehörde des Staates hatte lediglich Aufsichts- und Genehmigungsbefugnisse; nur die drei Landesplanungsgemeinschaften hatten das Recht, Raumordnungspläne aufzustellen. Demgegenüber heißt es nunmehr in § 1 Abs. 3 des Gesetzes von 1962, daß die Landesplanung eine gemeinschaftliche Aufgabe von Staat und Selbstverwaltung sei. Das dürfte eine ganz entscheidende Änderung gegenüber dem Gesetz von 1950 sein, aber angesichts der Oberflächlichkeit unserer Betrachtungsweisen konnte man in Erörterungen des zweiten nordrhein-westfälischen Landesplanungsgesetzes nach seinem Erscheinen lediglich hören, es handele sich bei diesem neuen Gesetz um eine Verfeinerung des Instrumentariums der Landesplanung in Anpassung an das Bundesbaugesetz und um eine Verarbeitung der in 12 Jahren mit dem ersten Gesetz gemachten Erfahrungen.

Es muß besonders betont werden, daß das nordrhein-westfälische Gesetz von 1962 unter Selbstverwaltung nicht nur die kommunale Selbstverwaltung versteht, sondern auch die sogenannte funktionale Selbstverwaltung, d. h. die Selbstverwaltung in und durch Kammern (Landwirtschaftskammern, Industrie- und Handelskammern, Handwerkskammern und neuerdings die Architektenkammer), durch Gewerkschaften und Arbeitgeberverbände, durch Organisationen der Landschafts- und Heimatpflege, ferner durch gemeinnützige und privatwirtschaftliche Verbände und Unternehmungen des Bau-, Wohnungs- und Siedlungswesens. Alle die Genannten können Mitglieder der beiden Landesplanungsgemeinschaften Rheinland und Westfalen werden und haben davon auch in starkem Maße Gebrauch gemacht. Bei der dritten Landesplanungsgemeinschaft, dem Siedlungsverband Ruhrkolenbezirk, war und ist eine solche freiwillige Mitgliedschaft nicht möglich. Mitglied des Siedlungsverbandes Ruhrkohlenbezirk können nur kommunale Gebilde sein, da insoweit noch immer das Gesetz betreffend Verbandsordnung für den Siedlungsverband Ruhrkohlenbezirk vom 5. Mai 1920 (Sammlung des in Nordrhein-Westfalen geltenden preußischen Rechts 1806 — 1945 — Pr. GS. NW. S. 29) gilt. Jedoch sind in der Mitgliederversammlung Arbeitgeberverbände und Gewerkschaften mit je einem Fünftel der Gesamtmitgliederzahl der Versammlung vertreten.

Aber Nordrhein-Westfalen beabsichtigt nach Durchführung der kommunalen Neuordnung, also etwa 1975, die Mittelinstanz neu zu ordnen. Nach den bisherigen Intentionen der Landesregierung, die durch den Innenminister in den Landtagssitzungen vom 30. Juni und 30. November 1971 anläßlich der Beratungen des Gesetzes zur Neugliederung des Aachener Raumes bekanntgegeben wurden, soll es zwar dabei bleiben, daß Landesplanung eine gemeinschaftliche Aufgabe von Staat und Selbstverwaltung ist. Aber in Fortsetzung des Weges vom Gesetz 1950 zum Gesetz 1962 soll die Verstaatlichung der Landesplanung weiter getrieben werden. Die Landesplanung der Mittelinstanz, also die Regionalplanung, soll unter Auflösung der Landesplanungsgemeinschaften auf die Regierungspräsidenten übertragen werden. Bei ihnen sollen zur Vertretung des Selbstverwaltungsprinzips Bezirksplanungsräte gebildet werden, die allerdings nicht nur beratende, sondern für die Aufstellung von Plänen mitentscheidende Funktionen haben sollen. Es handelt sich also nicht um Beiräte, sondern um wirklich die Entscheidung beeinflussenden Räte. Soweit man bisher übersehen kann, soll aber in diesen Bezirksplanungsräten nur noch das kommunale, nicht mehr das funktionale Element der Selbstverwaltung vertreten sein.

Diese Tendenzen und Absichten sind nunmehr vom Landtag zusammen mit der Novelle zum Landesplanungsgesetz in einer mit großer Mehrheit angenommenen Entschließung festgelegt worden. Danach soll die Landesplanung als Landesentwicklungsplanung für die räumliche und strukturelle Gesamtentwicklung des Landes (!) auch in Zukunft in ihrer sachlichen Substanz eine gemeinschaftliche Aufgabe von Staat und Selbstverwaltung bleiben. Die Bezugnahme auf die sachliche Substanz will Freiheit erreichen für die organisatorische Gestaltung. Organisatorisch sind nach der Entschließung bei den Regierungspräsidenten Bezirksplanungsräte als Vertretung der beteiligten Selbstverwaltungskörperschaften einzurichten. Sie sollen über die Erarbeitung und Aufstellung der Gebietsentwicklungspläne — d. h. die Regionalpläne — beschließen. Damit werden die Landesplanungsgemeinschaften überflüssig. Die Bezirksplanungsräte sind über langfristige und großräumige strukturwirksame Planungen für die Bereiche des Schul-, Krankenhaus-, Wohnungs-, Städte- und Straßenbaus zu unterrichten. Hier haben sie aber nur Beratungs-, nicht aber Entscheidungs- oder Mitentscheidungsbefugnisse. Sie sollen also sozusagen Bezirksplanungsräte und Bezirksstrukturbeiräte sein.

Diese Neuorganisation der Landesplanung in Nordrhein-Westfalen im Zusammenhang mit der Neuordnung der staatlichen Mittelinstanz soll aber erst nach ziemlichem Abschluß der kommunalen Gebietsreform durchgeführt werden. Jedenfalls wird die Landesregierung ersucht, noch in der gegenwärtigen bis Mitte 1975 laufenden Legislaturperiode des Landtags einen entsprechenden Gesetzentwurf vorzulegen.

Diese Reformgedanken sind natürlich im Augenblick noch in der heftigsten Diskussion, die sich besonders an der Auflösung des Siedlungsverbandes Ruhrkohlenbezirk entzündet hat. Aber zur Zeit sind sich Regierungsparteien und Opposition im Landtag über das Ziel grundsätzlich einig, wie die dargelegte Entschließung zeigt.

Eine gewisse Tendenz zur Entkommunalisierung wird man auch in Schleswig-Holstein feststellen müssen. Nach § 5 des Gesetzes von 1961 konnten sich regionale Landesplanungsverbände durch den freiwilligen Zusammenschluß von Kreisen und kreisfreien Städten bilden. Nunmehr sind einmal durch das Gesetz über Grundsätze zur Entwicklung des Landes vom 13. April 1971 fünf regionale Planungsräume abgegrenzt worden, und zum anderen sieht das neue Landesplanungsgesetz vom gleichen Tage keine Planungsverbände mehr vor. Vielmehr werden auch die Regionalpläne von der Landesplanungsbehörde aufgestellt, wenn auch unter Beteiligung der kreisfreien Städte und der Kreise, die ihrerseits ihre Gemeinden zu beteiligen haben. Man hält also formal die Regionalplanung aufrecht, schränkt aber die kommunale Beteiligung zugunsten des Staates so weit wie möglich ein, ähnlich wie das in Nordrhein-Westfalen beabsichtigt ist.

Es ist natürlich besonders wichtig, daß trotz Beteiligung von Bezirksplanungsräten oder von Gemeinden und Gemeindeverbänden das hauptamtliche Personal der Landesplanungsdienststellen sich aus staatlichen Beamten und Angestellten zsuammensetzen wird, während bisher in Nordrhein-Westfalen das Personal der Landesplanungsgemeinschaften bzw. in Schleswig-Holstein das der Planungsverbände nicht staatlich war.

Angesichts von § 5 Abs. 3 ROG kommt man natürlich an einer Beteiligung der Gemeinden und Gemeindeverbände nicht vorbei. Selbst solche Länder, die die Landesplanung bis 1965 rein staatlich organisiert hatten, sahen sich im Verfolg des ROG gezwungen, Regionalplanung einzuführen. Bei der Beratung des ROG in den Jahren 1964 und 1965 stand die Regionalplanung auf dem Höhepunkt ihres Interesses und damit auch ihres Einflußes auf die Gesetzgebung. Man muß sich darüber klar sein, daß der Begriff der Region, nachdem überall die kommunale Neuordnung in Gang gesetzt worden ist, einen gewissen Teil seiner Aufgaben erfüllt hat. Damals, als Eingemeindungen noch tabu waren, konnte man die sachliche Notwendigkeit der kommunalen Neugliederung unter den Begriff der Region ohne Emotionen erörtern. Das ist nun nicht mehr erforderlich. Es wird damit zusammenhängen, daß man sich bei den Landesplanungsgesetzen der neuesten Zeit bemüht, die kommunalisierte Regionalplanung so weit wie möglich zugunsten des Staates einzuschränken und dabei die wenigen Bestimmungen des ROG nicht mehr Mindestvorschriften, sondern Höchstvorschriften sein läßt.

Es ist natürlich außerdem nicht zu verkennen, daß die Parlamentarisierung der landesplanerischen Programme und Pläne ganz besonders stark den Einfluß der Selbstverwaltung in der Landesplanung zurückdrängt und weiter zurückdrängen wird. Sie dürfte sich im Endergebnis als der stärkste Schlag gegen die kommunale und erst recht gegen die funktionale Selbstverwaltung hinsichtlich ihrer Mitwirkung bei der Landesplanung auswirken.

Allerdings sollte man bei der Beurteilung der Entkommunalisierungstendenzen auch nicht außer acht lassen, daß die Räume unserer Betrachtung und Planung größer werden. Wir können nicht mehr nur in Gemeindegrenzen denken, müssen großräumiger planen und entwickeln, da die grenzüberschreitenden Beziehungen immer intensiver werden und die Mobilität über die Grenzen hinweg zunimmt. Entkommunalisierung und damit Verstaatlichung der Plaung sind also vielleicht weniger Absicht und Ziel als vielmehr Folge des notwendig großräumiger werdenden Planens. Man könte also fast von einer Kommunalisierung der Länder sprechen, die sich auf die Planungsorganisation auswirkt.

Obwohl dem so ist, scheint mir nicht nur die Regionalplanung, sondern eine weitgehende kommunalisierte Regionalplanung im Rahmen von Landesentwicklungsprogrammen oder Landesentwicklungsplänen noch immer ein richtiger Weg zu sein. Dies gilt namentlich im Hinblick auf den Ausgleich von Meinungen, den die regionalen Planungsgemeinschaften viel besser durchführen können als das der Staat kann, der dabei nur weitere Autorität einbüßen wird. Die anscheinend sich vollziehende Einschränkung der Regionalplanung auch in organisatorischer Beziehung durch den Staat halte ich demgemäß für eine Tendenz in der Entwicklung des Landesplanungsrechts, die ich nicht begrüßen kann.

Das hängt mit einer anderen Frage zusammen, die man etwas global und daher recht ungenau Demokratisierung der Planung nennt. Sie ist allerdings nur ein Teilstück eines allgemeinen Strebens nach Demokratisierung. Es ist also zunächst einmal keine spezielle Entwicklungstendenz im Landesplanungsrecht. Zum anderen wird man feststellen müssen, daß kaum ein Verwaltungszweig so weit demokratisiert ist wie die Erstellung von landesplanerischen Plänen durch die in allen Ländern praktizierten Beteiligungsverfahren. Weiter wird zur Demokratisierung der Landesplanung die sich steigernde Parlamentarisierung von landesplanerischen Plänen beitragen. Es entspricht aber umgekehrt nicht dieser Demokratisierungstendenz, wenn Planungen stärker als bisher in die Bürokratie der Staatsverwaltung verlagert werden und wenn die Regionalplanung stärker als bisher staatlich gelenkt wird.

Man meint mit Demokratisierung auch eigentlich etwas anderes als die Beteiligung von demokratisch gewählten Organen an der Planung, nämlich einmal die sogenannte Transparentmachung der Planung und zum anderen die Beteiligung, nach Möglichkeit das Einverständnis der Plan-Unterworfenen bzw. der Kompromiß mit ihnen. Beide Wünsche muß man ernst nehmen, da gerade sie für die reibungslose Durchführung oder besser Durchsetzung der Landesplanung von Bedeutung sein können. Aber beiden Wünschen stellen sich gerade für die Pläne der Landesplanung ziemliche Schwierigkeiten entgegen.

Alle Landesplanungsgesetze bemühen sich, ihre Planungen so durchschaubar wie möglich zu machen. Aber es handelt sich bei guten landesplanerischen Plänen notwendig um die Niederlegung von Vorstellungen, die einen gewissen Grad von Abstraktheit wesensnotwendig enthalten. Trotz aller Beteiligungsverfahren, trotz einer doch recht starken Öffentlichkeitsarbeit, trotz aller inzwischen nach dem Vorbild von Nordrhein-Westfalen eingeführten periodischen Raumordnungsberichte von Bund und Ländern können die landesplanerischen Pläne kaum noch verständlicher, also transparenter gemacht werden, als sie schon sind. Man sollte das Beteiligungsverfahren so offen wie möglich machen. Aber damit beteiligt man mehr oder minder intensiv doch wiederum nur in etwa fachkundige Gemeinden oder Fachverwaltungen oder Gemeinderäte, Beiräte oder ähnliches. Es ist zu bezweifeln, daß auf diesem Gebiet mit durchschlagenderem Erfolg als bisher noch viel mehr getan werden kann.

Das gilt in verstärktem Maße von der Beteiligung der Planunterworfenen selbst an der Gestaltung von landesplanerischen Plänen, wenn man darunter die Bevölkerung verstehen will. Es liegt im Wesen der Landesplanung, daß sie ein behördlich-interner Vorgang ist, also die Bevölkerung selbst nicht betrifft. Unmittelbar wird nämlich die Bevölkerung nur mit der Bauleit- und der Fachplanung konfrontiert, wenn auch die Rahmenplanung der Landesplanung, wenn sie sich durchsetzt, doch mittelbar die Bevölkerung schon recht viel angehen kann. Man kann also bei Erörterung landesplanerischer Vorstellungen nicht vermeiden zu sagen, dies oder das sollte eigentlich geschehen, und eigentlich sollten die zuständigen Fachverwaltungen das so durchführen, aber es sei natürlich auch möglich, daß das noch sehr lange dauern könne, bis es geschehen werde. Für die Bevölkerung kann also die Landesplanung nicht deutlich und konkret genug werden. Diese Sätze machen zur Genüge deutlich, daß die Beteiligung der Planbetroffenen an der Gestaltung landesplanerischer Pläne eine recht fragwürdige Angelegenheit ist. Dazu kommt ferner, daß die Zahl der Planbetroffenen immer in die Hunderttausende oder Millionen geht. Eine Beteiligung an Ausschnitten aus einem Landesentwicklungsprogramm oder einem Landesentwicklungsplan ist aber mehr als problematisch, da es für die Gesamtentwicklung des Landes auf das Grundsystem ankommt, das sich der Popularisierung im großen entzieht. Selbst Verhandlungen im Landesparlament haben hier schon ihre großen Schwierigkeiten, da auch bei Landesparlamentariern die Gefahr besteht, daß das Wahlkreisinteresse mehr im Vordergrund steht als das Gesamtsystem.

Der richtige Ort für die weitere Demokratisierung im Sinne einer Transparentmachung der Planung und einer Beteiligung der Planbetroffenen ist nicht das Verfahren der Landesplanung, sondern vielmehr die Bauleitplanung und das Planfeststellungsverfahren von Fachplanungsträgern.

Abschließend noch zwei organisatorische Bemerkungen:

1. Eine einhellige Meinung über die Ressortzuordnung der Landesplanung ist noch immer nicht erreicht. Auch die Ressortierung beim Ministerpräsidenten hat die Bildung von Planungsstäben oder politischen Beraterstäben in den Staatskanzleien nicht verhindert. Im übrigen haben wir ganz überwiegend eine Ressortierung entweder beim Ministerpräsidenten oder beim Innenminister, nachdem die Versuche des Saarlandes und des Landes Nordrhein-Westfalen der Ressortierung bei einem Bauminister, also bei einem Minister, der gleichzeitig einen großen Teil der staatlichen Mittel für die Infrastruktur verwaltet, m. E. zwar nicht gescheitert, aber aufgegeben worden sind. Schleswig-Holstein hat in seinem neuesten Gesetz, nachdem dies vorher schon regierungsseitig so geordnet war, sogar eine Mischform zwischen der Zuständigkeit des Ministerpräsidenten und der des Innenministers eingeführt. Landesplanungsbehörde ist nach § 8 Abs. 1 des Gesetzes von 1971 der Ministerpräsident. Er kann aber nach § 8 Abs. 2 Satz 2 die Aufstellung von Raumordnungsplänen, das sind der Landesraumordnungsplan und die Regionalpläne, einem Minister übertragen. Damit ist praktisch der Innenminister gemeint. Das Prinzip ist also, daß die Grundlagen-Erarbeitung für die Landesplanung der Behörde des Ministerpräsidenten obliegt, die Detailarbeit dem Innenminister. Es wird also je nach den beteiligten Personen zu einer unterschiedlichen Grenzziehung kommen können. Im Freistaat Bayern ist die oberste Landesplanungsbehörde das neu gebildete Ministerium für Landesentwicklung und Umweltfragen. Es zeichnet sich also noch keine Klärung in der Zuständigkeitsfrage ab. Zwar ist die Ressortierung bei einem Wirtschaftsministerium mit der Neubildung in Bayern verschwunden, aber gleichzeitig wurde damit eine bisher nicht vorhanden gewesene Ressortierungskombination geschaffen.

2. Aber damit könnte vielleicht eine weitere recht interessante organisatorische Entwicklung beginnen, nämlich die Intensivierung des Verhältnisses zwischen Landesplanung und Landschaftspflege bzw. Landschaftsordnung. Für diese ist bekanntlich das Vokabularium noch nicht eindeutig klar. In Betracht kommen hier die Verwaltungskomplexe des Naturschutzes im Sinne des Reichsnaturschutzgesetzes von 1935, aber unter Einbeziehung von Landschafts- oder Landespflege oder Landschaftsordnung, wie die Ministerkonferenz für Raumordnung mit ihren Ausschüssen im Jahre 1971 versucht hat, den Terminologiestreit zu neutralisieren. Wenn man die zur Zeit zur Verhandlung und Beratung anstehenden Bundes- und Landesgesetze zur Landschaftspflege vergleicht, wird man feststellen, daß offensichtlich die Dienststellen der Landschaftspflege zur Planung streben. Für die Landesplanung sind die Landschaftsrahmenpläne von besonderem Interesse. Es sollte nun wirklich alles dafür getan werden, daß nicht noch eine neue, größte Teile des Bundesgebietes einbeziehende flächendeckende Planart entsteht. Im Augenblick gehen die Tendenzen von seiten der Landschaftsplaner dahin, ihre Pläne in das landesplanerische Plansystem zu integrieren. Das hat natürlich seine Schwierigkeiten, sollte aber trotzdem seitens der Landesplanung gefördert werden.

Die Darstellung von Entwicklungstendenzen im Landesplanungsrecht kann immer nur eine Momentaufnahme sein. Auch in den Ländern, die ihre Gesetze noch nicht in den allerletzten Jahren novelliert haben, gibt es Änderungsbestrebungen, z. B. in Niedersachsen in Richtung einer weiteren Kommunalisierung der Regionalpläne, aber auch in Richtung Parlamentarisierung der Pläne der Landesregierung. Auch in den Ländern, die ihre Gesetze in allerletzter Zeit geändert haben, ist damit wohl eine gewisse Pause, aber keine Ruhe eingetreten. Die aufgezeigten Tendenzen der Parlamentarisierung, der Ausweitung der Gesamtplanung, der Verstaatlichung der Planung, der Modifizierung der Regionalplanung, der Wünsche zur Demokratisierung, ferner aber auch die organisatorischen Fragen werden es mit sich bringen, daß das Raumordnungs- und Landesplanungsrecht weiterhin Recht im Werden bleibt.

Für ein neues Instrumentarium der öffentlichen Planung*)

von

Frido Wagener, Speyer

Im Jahre 1970 ist das hessische Landesplanungsgesetz wesentlich umgestaltet worden; Bayern erhielt 1970 und Schleswig-Holstein 1971 ein neues Landesplanungsgesetz. In Nordrhein-Westfalen steht eine Neuregelung der Landesplanung bevor. Die ersten gemeinsamen Planungen der Gemeinschaftsaufgaben durch Bund und Länder liegen vor. Neben den landesplanerischen Plänen und den Bauleitplänen haben mehrere Länder und zahlreiche Städte, Kreise und Gemeinden staatliche und kommunale Entwicklungsplanungen ohne gesetzliche Grundlage aufgestellt. Die mittelfristige Finanzplanung wird in Bund und Ländern bereits zum fünften Mal und in den meisten Gemeinden und Gemeindeverbänden zum zweiten Mal aufgestellt. Die Enquete-Kommission für die Verfassungsreform erwägt, eine gemeinsame Aufgabenplanung von Bund und Länder einzuführen. In dieser Situation ist zu überlegen, ob die gegenwärtigen Instrumente der Planung und ihre Organisation in ihrer Unübersichtlichkeit und Zufälligkeit erhalten werden können oder ob sie nicht tiefgreifend in Richtung auf ein prägnantes System neu gestaltet werden müssen.

Da es sich um Reformüberlegungen handelt, ist der Ablauf der Untersuchung vorbestimmt. Zunächst ist grundrißartig festzustellen, welche Entwicklung das Instrumentarium der Planung durchgemacht hat (Geschichte). Sodann muß versucht werden, möglichst genau festzustellen, wie das heute vorhandene Planungsinstrumentarium aussieht (Lage). Dann ist zu fragen, ob man sich mit dem Ist-Zustand zufrieden geben kann, mit anderen Worten, ob es schwerwiegende Mängel gibt. Ist dies zu bejahen, so sind Vorschläge zur Beseitigung der Mängel zu machen.

---

*) Stand: April 1972.

I. Entwicklungsphasen der Planung

In der jüngeren Geschichte der Planung in Deutschland lassen sich drei Phasen der Entwicklung unterscheiden[1]).

Im 19. Jahrhundert wurde lediglich in den Städten das Instrument der Fluchtlinienfestlegung als eine Form der räumlichen Planung benutzt. Diese städtebauliche Planung war von technisch-hygienischen Gesichtspunkten bestimmt, die dem baupolizeilichen Streben nach Sicherheit und Ordnung entsprachen. Die Landflucht und das Stadtwachstum sowie die damit verbundene zum Teil stürmische Ausbreitung der Wohnviertel der Städte wurden als gegeben und nicht grundsätzlich beeinflußbar hingenommen.

Die baupolizeiliche Fluchtlinienplanung wurde nach dem ersten Weltkrieg durch eine zweite Entwicklungsphase überlagert. Ein deutliches Beispiel der Veränderung war die Gründung des Siedlungsverbandes Ruhrkohlenbezirk. Nunmehr wurde versucht, durch Raumplanung die schlimmsten Auswirkungen ungehemmter liberalistischer Wirtschaftsentwicklung aufzufangen. Die Planung wurde als Mittel der Anpassung der räumlichen Umwelt an einen „naturwüchsigen" wirtschaftlichen und gesellschaftlichen Prozeß angesehen. Der Prozeß selbst blieb jedoch im wesentlichen ungeplant. Dieser Auffang- oder Anpassungsplanung lag eine liberale Auffassung von der räumlichen Wirtschaftsentwicklung zugrunde. Der Staat hatte das Marktgeschehen nur soweit als unbedingt erforderlich zu beeinflussen. Regionale Schwankungen des Sozialprodukts wurden als strukturbedingt und systemgebunden angesehen. Die räumliche Planung war nur kommunale oder staatliche Auffangstellung; ob, wann, wie weit und mit welchen Mitteln sie verwirklicht wurde, lag grundsätzlich nicht in öffentlichen, sondern in privaten Händen. In dieser Phase der Planungsentwicklung wurde die Landesplanung und in ersten Ansätzen die Reichsplanung erfunden. Die zentrale Wirtschafts- und Kriegsplanung des Nationalsozialismus mit Vierjahresplänen und Bewirtschaftung wurde eigentlich nur als schlimme Verirrung angesehen. Nach der Währungsreform nahm man die raumbezogene Anpassungsplanung ungefragt als weitestgehende Einflußmöglichkeit der öffentlichen Hand wieder auf. Durch das Bundesbaugesetz, die Landesplanungsgesetze und das Raumordnungsgesetz des Bundes wurde diese Planungsform mit einem rechtlichen Gerüst von hoher formaler Raffinesse ausgestaltet. In der Planungsentwicklung blieb man der Konzeption nach auf dem Stand der zwanziger und frühen dreißiger Jahre.

Seit wenigen Jahren sind wir in eine dritte Phase der Planungsentwicklung getreten. Die Finanzschwierigkeiten der Jahre 1966/67 brachten als neues Planungsinstrument die mittelfristige Finanzplanung. Eine neue Wirtschaftspolitik ging zur Globalsteuerung der Marktwirtschaft über. Es begann die Zeit der Planungsbegeisterung der Innen-, Wirtschafts-, Finanz-, Verkehrs- und Landwirtschaftsministerien. Es entstand eine nicht mehr übersehbare Flut von Plänen und Programmen, die in keiner Weise systematisch aufeinander abgestimmt waren. Die politische und finanzielle Durchführbarkeit war offenbar selten ihr oberster Maßstab. Langsam schälte sich aus dieser „Plänewirtschaft"[2]) die Notwendigkeit heraus, die Probleme einer wachstumsgerechten Landesentwicklung in einer infrastrukturgebundenen Gesellschaft durch eine vieldimensionale Entwicklungs-

---

[1]) Eingehender: GERD ALBERS: Über das Wesen der räumlichen Planung, Versuch einer Standortbestimmung. Stadtbauwelt 1969, S. 10 ff.; HELMUT FEUSSNER, MARTIN WAGNER: Anpassungsplanung und Entwicklungsplanung. Raum und Siedlung 1969, S. 220 ff.; FRIDO WAGENER: Von der Raumplanung zur Entwicklungsplanung. Deutsches Verwaltungsblatt 1970, S. 93 ff.

[2]) REIMUT JOCHIMSEN: Für einen Bundesentwicklungsplan. Die neue Gesellschaft 1969, S. 237 ff.

planung³) zu mildern und zu lösen. In der gegenwärtig noch anhaltenden ambivalenten Phase der Planungsentwicklung stehen die Vertreter der überwiegend raumbezogenen Auffangplanung den Befürwortern einer raum-, zeit- und finanzbezogenen umfassenderen Entwicklungsplanung der öffentlichen Hand gegenüber. Die Auseinandersetzung ist noch nicht entschieden.

II. Gegenwärtige Lage der Planung

Die Gesamtheit der rechtlich geordneten Planungsverfahren der öffentlichen Hand besteht gegenwärtig im wesentlichen aus der Raumplanung und aus der Finanzplanung.

Grundlagen des Raumplanungssystems sind die Bestimmungen des Raumordnungsgesetzes des Bundes, der Landesplanungsgesetze und des Bundesbaugesetzes. Hierbei handelt es sich um eine Planungsart, die in erster Linie die Raumnutzung so beeinflussen will, daß gesunde Lebens- und Arbeitsbedingungen sowie ausgewogene wirtschaftliche, soziale und kulturelle Verhältnisse gesichert und weiter entwickelt werden (§ 2 Abs. 1 Nr. 1 ROG). Durch die zweite gesetzlich vorgeschriebene Planungsart, die fünfjährige Finanzplanung nach § 9 des Stabilitätsgesetzes, soll die Haushaltswirtschaft von Bund und Ländern an der mutmaßlichen Entwicklung des gesamtwirtschaftlichen Leistungsvermögens ausgerichtet werden.

Es ist festzustellen, ob und wie diese beiden Planungsarten (eventuell zusammen mit anderen Planungsarten) auf den einzelnen Stufen von Regierung und Verwaltung aufeinander bezogen sind. Die Planungsbeispiele müssen dabei immer aus der Perspektive verschiedener Kriterien betrachtet werden. Es ist insbesondere auf den Raumbezug, den Zeitbezug, den Finanz- oder Ressourcenbezug sowie auf die Geltungsintensität der Planungen zu achten.

Die Darstellung der gegenwärtigen Lage der öffentlichen Planung in der Bundesrepublik kann nicht umfassend, sondern nur beispielhaft sein. Zuerst ist über die Bundesplanung zu berichten. Bei den Länderplanungen soll nur auf die Verhältnisse in den Flächenländern (Baden-Württemberg, Bayern, Hessen, Niedersachsen, Nordrhein-Westfalen, Rheinland-Pfalz, Saarland, Schleswig-Holstein) eingegangen werden. Bei den kommunalen Planungen interessieren in erster Linie die Verhältnisse in den Verdichtungsräumen; dabei besteht kein grundsätzlicher Unterschied zwischen den Stadtstaaten und den anderen Verdichtungsräumen.

1. Bundesplanungen

Beim Bund ist die politische Gesamtplanung von der ressortübergreifenden Planung und von der ressortgebundenen Fachplanung zu unterscheiden.

---

³) Zur „Entwicklungsplanung" vgl. auch WALTER BIELENBERG: Zur politischen Koordinierung und zur Entwicklungsplanung in der Raumordnung und im Städtebau. In: REIMUT JOCHIMSEN, UDO E. SIMONIS (Hrsg.): Theorie und Praxis der Infrastrukturpolitik, Berlin 1970, S. 611 ff.; CLEMENS GEISSLER: Landesentwicklungsplanung als Aufgabe in Forschung und Lehre. Raumforschung und Raumordnung 1969, S. 103 ff.; ROLF-RICHARD GRAUHAN: Zur Struktur der planenden Verwaltung. Stadtbauwelt 1969, S. 132 ff.; HANS-GERHART NIEMEIER: Landesentwicklung an der Wende. KleineSchriften des Deutschen Verbandes für Wohnungswesen, Städtebau und Raumplanung e. V. 1970, Heft 33; HEINZ WEYL: Strukturveränderung und Entwicklungsplanung. Informationen, Institut für Raumordnung, 1969, S. 469 ff.

a) Politische Gesamtplanung

Die Einrichtung eines politischen Planungssystems der Bundesregierung wurde erst im Jahre 1967 versucht. Ein Planungsstab im Bundeskanzleramt sollte Entscheidungshilfe bei der Ausübung der Richtlinienkompetenz der Politik und bei der Kontrolle ihrer Durchführung leisten. Dieser Planungsstab hatte keine bemerkenswerte Außenwirkung und blieb im personellen und sachlichen Aufbau stecken. Nach dem Regierungswechsel 1969 wurde der Planungsstab zu einer Planungsabteilung mit mehreren Gruppen und Referaten ausgebaut[4]. Es ist ein zunächst auf einen Halbjahreszeitraum beschränktes Informationssystem zwischen den Ressorts eingerichtet worden, das als „Frühkoordinierung" bezeichnet wird. Der früher einmal ins Auge gefaßte „Bundesentwicklungsplan"[5]) ist offenbar aufgegeben worden. Da wegen dieses Mangels keine mittel- oder langfristige Zielplanung für die Gesamtpolitik der Bundesrepublik besteht, fehlen im Konfliktfall Kriterien für die Koordinierung der Ressorts. Die jetzige „Frühkoordinierung" führt daher überwiegend doch nur zu Ad-hoc-Einigungen. Allerdings ist durch das Informationssystem ein gewisses Maß an Planungsgewöhnung erreicht worden, insbesondere hat sich offenbar die Institution der „Planungsbeauftragten", die in allen Ressorts bestellt wurden, überwiegend bewährt.

Eine Langfristaufgabenplanung (bis 1985) wird zusammen mit den Ländern vorbereitet. Die Länder betonen allerdings bereits jetzt, daß es sich bei dieser Aufgabenplanung nicht um eine Art Bundesentwicklungsprogramm handeln dürfe. Vielmehr wird „als Ergebnis der ‚Gesamtproblemanalyse' nur eine — etwa thesenartige — Angabe der längerfristigen öffentlichen Aufgaben, des für ihre Durchführung vorgesehenen Zeitraums und der dafür — in Blöcken zusammengefaßt — benötigten Finanzmittel nebst ihrer Aufbringung im Rahmen des gesamten Finanzvolumens erwartet"[6]).

b) Ressortübergreifende Planung

Politische Gesamtplanung auf Bundesebene würde sich — wenn es sie schon gäbe — von der ressortübergreifenden Planung auf Bundesebene durch einen wesentlich umfassenderen Ansatz, aber durch eine geringere Detaillierung unterscheiden. Die beim Bund vorhandenen oder vorgesehenen ressortübergreifenden Planungen benutzen jeweils nur einen Teilaspekt für ihre planerischen Festlegungen. So will die Bundesraumordnung im wesentlichen die Flächennutzung beeinflussen, während die Finanzplanung ihr Hauptaugenmerk auf zukünftige Haushaltsentscheidungen legt. Bei der Wirtschaftssteuerung

---

[4]) Einzelheiten bei REIMUT JOCHIMSEN: Zum Aufbau und Ausbau eines integrierten Aufgabenplanungssystems und Koordinationssystems der Bundesregierung. Bulletin des Presse- und Informationsamtes der Bundesregierung 1970, S. 949 ff.; HARTMUT BEBERMEYER: Das politische Planungssystem der Bundesregierung — Entwicklung und Stand der institutionellen Voraussetzungen und Instrumentarien. In: REIMUT JOCHIMSEN, UDO E. SIMONIS, (Hrsg.): Theorie und Praxis der Infrastrukturpolitik. Berlin 1970, S. 713 ff.

[5]) REIMUT JOCHIMSEN: Für einen Bundesentwicklungsplan. Die neue Gesellschaft 1969, S. 237 ff.

[6]) GÜNTER BRENKEN: Raumordnung und andere überfachliche Planung. Raumforschung und Raumordnung 1971, S. 149 ff. (250); vgl. zu der Tätigkeit der Planungsabteilung im Bundeskanzleramt auch HEINER FLOHR: Die Tätigkeit der Planungsabteilung im Bundeskanzleramt. Vortrag vor dem Kongreß der Deutschen Gesellschaft für Politische Wissenschaft in Mannheim vom 3. bis 6. 10. 1971; REIMUT JOCHIMSEN: Zum Aufbau und Ausbau eines integrierten Aufgabenplanungssystems und Koordinationssystems der Bundesregierung. Bulletin des Presse- und Informationsamtes der Bundesregierung 1970, S. 949; KLAUS KÖNIG: Planung und Koordination im Regierungssystem. Verwaltungsarchiv 1971, S. 1 ff.; besonders kritisch äußert sich KLAUS SEEMANN: Planungsprobleme in der Bundesregierung der sozial-liberalen Koalition. Köln 1971.

geht es um Konjunkturbeeinflussung, während das Umweltprogramm aus der Fülle der öffentlichen Aufgaben einen zur Zeit besonders beachteten Gegenstand überressortlicher Natur herausgreift.

(1) Raumordnung

Das Raumordnungsgesetz des Bundes sieht eine Planung für das Gesamtgebiet des Bundes nicht vor, wenn man nicht die Entschließungen der Ministerkonferenz für Raumordnung und die Empfehlungen des Beirats für Raumordnung als Bundesplanung ansieht. Ein gewisser Ersatz ist durch die im Abstand von zwei Jahren vorzulegenden Raumordnungsberichte gegeben. Einen ersten Schritt über den rein berichtenden Charakter hinaus in Richtung auf Prognosen tut der Bericht von 1968[7]. Diese Tendenz setzt sich in dem Bericht für 1970[8] fort.

Nachdem es viele Jahre als verfassungsrechtlich nicht zulässig galt, ein Bundesraumordnungsprogramm aufzustellen, wurde in der letzten Regierungserklärung der Bundesregierung die erstmalige Aufstellung eines Bundesraumordnungsprogramms[9] als ein Schwerpunkt der inneren Reformen der Bundesregierung angekündigt. Auch die Ministerpräsidenten der Länder erklärten im Oktober 1970 ihre Bereitschaft, ein Bundesraumordnungsprogramm gemeinsam mit dem Bund zu erarbeiten. Das Programm soll fünf Teile enthalten:

1. eine Gliederung in 38 Gebietseinheiten, die den regionalen Bezugsrahmen für die übrigen Programmteile bilden;
2. eine Prognose der regionalen Entwicklungstendenzen im Bundesgebiet;
3. das raumordnerische Zielsystem, das die Ziele der Fachplanungen und -maßnahmen der Bundesressorts sowie die Ziele in den Raumordnungsprogrammen und -plänen der Länder berücksichtigt;
4. eine Regionalisierung der raumwirksamen Bundesmittel für die letzten Haushaltsjahre;
5. Schwerpunkte und Prioritäten des zukünftigen Einsatzes raumwirksamer Bundesmittel. In diesem Abschnitt sollen die Konsequenzen aus Prognose, Zielsystem und Regionalisierung gezogen werden.

Mit dem Programm will man sich von der lange geübten Beschränkung der Raumordnung auf die Formulierung von Leitbildern, Grundsätzen und Zielvorstellungen lösen. Ziele und Mittel sollen nun auch von der Raumordnung im Zusammenhang gesehen werden. Es ist schon ein wesentlicher Fortschritt, wenn mit diesem Programm zum ersten Mal mit ein wenig Aussicht auf Erfolg das Problem bewältigt werden soll, die Vielfalt der strukturpolitischen Maßnahmen des Bundes an raumordnungspolitischen Prioritäten und Schwerpunkten zu orientieren.

Bei dem Programm wird es sich nur um einen Kabinettbeschluß handeln. Es wird eine überredende Planungsform bleiben. Schon jetzt weist man darauf hin, daß das Programm keine unmittelbaren Bindungswirkungen enthalten wird. Als ein Programm der Koordinierung lasse es keine Eingriffe in die Fachplanungen der Bundesressorts und in die Landes- und Regionalplanung zu. Der Raumbezug des Bundesraumordnungs-

---

[7]) Raumordnungsbericht 1968 der Bundesregierung vom 12. 3. 1969 (Bundestagsdrucksache V/3958).

[8]) Raumordnungsbericht 1970 der Bundesregierung vom 4. 11. 1970 (Bundestagsdrucksache VI/1340).

[9]) Bundesraumordnungsprogramm, Bericht über den Stand der Arbeiten am Bundesraumordnungsprogramm. In: Raum und Ordnung vom 10. 12. 1971.

programms soll zwar durch die 38 Gebietseinheiten hergestellt werden, unklar bleibt aber die Finanzproblematik. Ob das Bundesraumordnungsprogramm mit einem Planungszeitraum bis 1985 der mehrjährigen Finanzplanung mit einem fünfjährigen Planungszeitraum materiell vorrangig sein wird, muß wohl bezweifelt werden.

(2) Finanzplanung

Die fünfjährige Finanzplanung des Bundes[10]) ist erstmals 1967 aufgestellt worden. Es handelt sich dabei eigentlich nur um eine Vierjahresplanung, denn das jeweilig laufende Haushaltsjahr wird als erstes Jahr der Finanzplanung übernommen. Die Technik der Aufstellung der Finanzplanung ist in den letzten Jahren zwar verbessert worden, es ist aber eine Planungsart mit sehr grob aufgeteilten finanziellen Blöcken geblieben. Charakteristisch für die Finanzplanung ist der inputorientierte Planungsansatz. Die Aufgabenplanung setzt im Gegensatz zur Finanzplanung am Output staatlicher Aktivität an. Der Ablauf der Finanzplanung läßt sich in drei Phasen gliedern:
— die Ermittlung des Ausgabebedarfs,
— die Festsetzung der gesamtwirtschaftlichen Rahmendaten sowie
— den eigentlichen politischen Abstimmungsprozeß innerhalb der Bundesregierung, in dem der Ausgabebedarf mit den gesamtwirtschaftlichen Rahmendaten in Einklang zu bringen ist.

Von der Finanzplanung werden keine Perspektiven gegeben, wie sich die öffentlichen Aufgaben langfristig entwickeln sollen. Die Hauptsorge ist heute noch die mittelfristige Sicherung des Haushaltsausgleichs. Die Finanzplanung wird fast ausschließlich unter finanziellem, wenn nicht unter fiskalischem Aspekt gesehen. Man denkt vorwiegend in Quoten und Plafonds finanzieller Größen, dagegen nicht in materiellen Aufgaben. Das übliche Mittel ist die Fortschreibung. „Quoten und Plafonds sind Ausdruck der Tatsache, daß man das Problem bisher nur fiskalisch im Griff hat"[11]).

Die Finanzplanung hat bei uns so gut wie keinen Raumbezug. Eine wesentliche Einflußnahme der Raumordnung auf die Finanzplanung findet deshalb auch nicht statt. Die Geltungsintensität der Finanzplanung ist nicht sonderlich hoch, da das Verfahren der rollierenden Planung, die in jedem Jahr ein neues Planungsjahr an den Schluß setzt, zu einer jeweiligen Veränderung der Gesamtplanung führt. Technisch hat der Finanzminister mit der Finanzplanung natürlich ein gutes Abwehrmittel gegen Mehranforderungen der Ressorts. Von daher erhöht sich die Geltungsintensität wieder, aber nicht in Richtung auf neue Entwicklungen, sondern eher in stabilisierender Art[12]).

Neben der fünfjährigen Finanzplanung hat die Bundesregierung 1971 das zweite fünfjährige Investitionsprogramm vorgelegt[13]). Das Programm umfaßt rund ein Viertel der Gesamtausgaben der Finanzplanung des Bundes von 1970 bis 1974. Das Programm

---

[10]) §§ 9 ff. des Gesetzes zur Förderung der Stabilität und des Wachstums der Wirtschaft vom 8. 6. 1967 (BGBl. I S. 582).

[11]) REIMUT JOCHIMSEN: Zum Aufbau und Ausbau eines integrierten Aufgabenplanungssystems und Koordinationssystems der Bundesregierung. Bulletin des Presse- und Informationsamtes der Bundesregierung 1970, S. 954.

[12]) Auch HERBERT FISCHER-MENSHAUSEN (Mittelfristige Finanzplanung im Bundesstaat. In: JOSEPH H. KAISER (Hrsg.): Planung III, Baden-Baden 1968, S. 85, Anm. 6) bemängelt, daß die Formulierung des § 9 Abs. 1 S. 2 des Stabilitätsgesetzes den Eindruck erweckt, als habe der Finanzplan die voraussichtliche Entwicklung in Form einer Prognose lediglich zu registrieren; die programmatische Bedeutung des Finanzplans komme kaum zum Ausdruck.

[13]) Investitionsprogramm der Bundesregierung für die Jahre 1970 bis 1974 (Bundestagsdrucksache VI/1968). Das Investitionsprogramm des Bundes für die Jahre 1971 bis 1975 hat die Bundesregierung am 6. 4. 1972 dem Bundestag zugestellt (Bundestagsdrucksache VI/3290).

soll die Bundesregierung in die Lage versetzen, einer Gefährdung des gesamtwirtschaftlichen Gleichgewichts durch Raffen oder Strecken von Investitionsmaßnahmen rechtzeitig und gezielt begegnen zu können.

(3) Wirtschaftssteuerung

Im § 1 des Stabilitätsgesetzes werden für eine Globalsteuerung gesamtwirtschaftliche Ziele (das „magische Viereck": Stabilität des Preisniveaus; hoher Beschäftigungsstand; außenwirtschaftliches Gleichgewicht; stetiges und angemessenes Wirtschaftswachstum) und Rahmenbedingungen (Beachtung der Erfordernisse des gesamtwirtschaftlichen Gleichgewichts; Einhaltung des Rahmens der marktwirtschaftlichen Ordnung) definiert. Dann wird durch § 3 die „Konzertierte Aktion" als wirtschaftspolitisches Instrument installiert: „Im Falle der Gefährdung eines der Ziele des § 1 stellt die Bundesregierung Orientierungsdaten für ein gleichzeitiges aufeinander abgestimmtes Verhalten (konzertierte Aktion) der Gebietskörperschaften, Gewerkschaften und Unternehmensverbände zur Erreichung der Ziele des § 1 zur Verfügung. Diese Orientierungsdaten enthalten insbesondere eine Darstellung der gesamtwirtschaftlichen Situation. Der Bundesminister für Wirtschaft hat die Orientierungsdaten auf Verlangen eines der Beteiligten zu erläutern."

Als weiteres Instrument der Globalsteuerung der Wirtschaft besteht nach § 18 Stabilitätsgesetz der Konjunkturrat. Der Konjunkturrat hat sich insbesondere mit der aktuellen kurzfristigen Wirtschaftsentwicklung zu befassen und ferner zu beurteilen, wie die laufenden öffentlichen Haushalte damit in Einklang gebracht werden können. Der Konjunkturrat hat in regelmäßigen Abständen alle zur Erreichung der Ziele des Stabilitätsgesetzes notwendigen konjunkturpolitischen Maßnahmen und die Möglichkeiten zur Deckung des Kreditbedarfs der öffentlichen Haushalte zu beraten. Er ist zu hören, bevor über die Erhebung einer Konjunkturausgleichsrücklage oder über deren Freigabe entschieden wird oder Kreditbeschränkungen für die öffentliche Hand bzw. deren Aufhebung beschlossen werden sollen. Der Konjunkturrat schließt seine Beratungen in der Regel mit Stellungnahmen, Empfehlungen oder Entschließungen ab, z. B. mit der Empfehlung einer restriktiven Haushaltswirtschaft, der Empfehlung zur Anlage von Konjunkturausgleichsrücklagen, mit der Beurteilung von Steuerschätzungen oder mit sonstigen wirtschaftlichen Prognosen.

Den Orientierungsdaten für die „Konzertierte Aktion" sowie den Empfehlungen und Stellungnahmen des Konjunkturrates fehlt es an einer ausreichenden Festlegung für das zukünftige Handeln der Beteiligten. Es ist daher fraglich, ob sie überhaupt zu dem Bereich der „Planung" zu zählen sind. Es handelt sich allenfalls um eine Form der influenzierenden oder überredenden („persuasorischen") Planung, die bisher nur begrenzt erfolgreich gewesen ist[14]).

(4) Umweltprogramm

Das Umweltprogramm der Bundesregierung[15]) ist zuerst als Bundestagsdrucksache und „kürzlich" in der Reihe „betrifft" veröffentlicht worden. Die unbestimmte Zeit-

---

[14]) Kritische Analysen zur Konzertierten Aktion finden sich in dem Sammelband von ERICH HOPPMANN (Hrsg.): Konzertierte Aktion — Kritische Beiträge zu einem Experiment. Frankfurt a. M. 1971.

[15]) Umweltprogramm der Bundesregierung, Reihe „betrifft:", Heft 9, Bonn 1971 (auch als Bundestagsdrucksache VI/2710 vom 14. 10. 1971 — Materialienband vom 23. 12. 1971 veröffentlicht). Vorher gab es bereits das Sofortprogramm der Bundesregierung für den Umweltschutz (Bulletin des Presse- und Informationsamtes der Bundesregierung 1970, S. 1370).

aussage „kürzlich" ist hervorzuheben, denn wie planungsungewohnt muß man sein, wenn aus der gesamten Veröffentlichung von 88 Seiten nicht hervorgeht, wann das Umweltprogramm von der Bundesregierung beschlossen worden ist und von wann ab es für wen genau gilt.

Das Programm ist unterteilt in die Abschnitte „A Umweltpolitik" und „B Aktionsprogramm". Das Aktionsprogramm stellt unterteilt nach Umweltschutzbereichen (z. B. Boden, Abfall, Wasser, Luft, Lärm, Biozide und Arbeitsumwelt) alle Maßnahmen dar, die in den nächsten fünf Jahren (also offenbar 1972 bis 1976) mit Vorrang durchgeführt oder eingeleitet werden sollen. Außerdem werden weitergehende Ziele für die nächsten 10 bis 15 Jahre verdeutlicht. So steht es in einem Abschnitt „Ausgangslage", den man erst nach einigem Suchen findet. Wenn man dann näher nachsieht, werden in einem Anhangkatalog für 41 Maßnahmen Haushalts- bzw. Finanzplanbeträge ausgeworfen, die allerdings nur bis 1975 reichen, also nicht fünf, sondern nur vier Jahre umfassen.

Das Programm ist ein Kabinettbeschluß, der auf der Grundlage der Vorarbeiten einer interministeriellen Projektgruppe und eines Kabinettausschusses für Umweltfragen zustande gekommen ist. Ein Kabinettbeschluß hat natürlich Auswirkungen auf die Arbeit der Ressorts. Ob die finanziellen Festlegungen für vier Jahre allerdings nur nachrichtlichen Charakter haben — so scheint es — oder ob das Umweltprogramm, soweit es finanzielle Festlegungen auf Bundesebene enthält, einen Vorrang gegenüber der Finanzplanung als Aufgabenplanung hat, bleibt offen.

Die Publizität des Programms ist hervorragend gewesen; lesen kann man es nur mit Widerwillen. Die Darstellung bisheriger Tätigkeiten, wünschenswerter Ziele und tatsächlich beabsichtigter Maßnahmen geht dauernd durcheinander. Nicht einmal die durchgearbeitete formale Prägnanz etwa des Zwischenberichts zum Bildungsgesamtplan ist erreicht. Der dicke technische Anlageband ist in dieser Beziehung teilweise erheblich besser.

Die im Bundeshaushalt für Umweltschutzdinge bewegten Finanzen sind verschwindend gering; bezeichnenderweise fehlt eine Addition im Finanzkatalog. Eine Erfolgskontrolle des Programms ist nicht formalisiert und also nur politischer Natur. Das Ganze ist als technisches Planungsinstrument wohl von geringem Wert. Dennoch hat das erste formulierte Programm der Umweltpolitik einer Bundesregierung im Vergleich zu dem vorherigen Zustand bereits seine hohe politische Bedeutung bewiesen, allerdings wohl nur mit Hilfe des politischen Umweltschutz-„Windes", der immer noch weht. Die Grundgesetzänderung[16] und die Bundesgesetzgebung auf dem Gebiete des Umweltschutzes[17] waren nur mit diesem „Wind" in den Segeln so schnell erfolgreich. Es drängt sich jedoch die Frage auf, welchen tatsächlichen Geltungsrang die Planungsziele des Programms noch behalten werden, wenn die Öffentlichkeit in einigen Jahren wieder einen anderen öffentlichen Bereich mit einem absoluten Vorrang ausstattet.

c) *Ressortgebundene Fachplanung*

Die ressortgebundene Fachplanung auf Bundesebene hat im Vergleich zur ressortübergreifenden Planung und zur politischen Gesamtplanung bereits einen fortgeschritte-

---

[16] Der Bund wird in Zukunft die Gesetzgebungskompetenz für die Abfallbeseitigung, die Luftreinhaltung und die Lärmbekämpfung haben. Der Bundestag stimmte am 2. 3. 1972 einem Beschluß des Rechtsausschusses zu, den Art. 74 Grundgesetz entsprechend zu ergänzen (Bundestagsdrucksache VI/2947).

[17] Das Gesetz über die Beseitigung von Abfällen — Abfallbeseitigungsgesetz — hat der Bundestag am 2. 3. 1972 verabschiedet (Bundestagsdrucksache VI/3154).

nen Entwicklungsstand erreicht. Solche bereichsspezifischen Planungen sind allerdings teilweise für sehr schmale Sektoren der Bundespolitik und Bundesverwaltung aufgestellt. Als bedeutsame Beispiele ressortgebundener Fachplanungen auf Bundesebene sollen hier die Rahmenplanung für Gemeinschaftsaufgaben, die Bildungsplanung, die Verkehrsplanung und die Bundeswehrplanung genannt werden.

(1) Rahmenplanung für Gemeinschaftsaufgaben

Für die Gemeinschaftsaufgaben nach Art. 91 a GG, Ausbau und Neubau von Hochschulen, Verbesserung der regionalen Wirtschaftsstruktur sowie Verbesserung der Agrarstruktur und des Küstenschutzes, werden Rahmenplanungen durch Planungsausschüsse der zuständigen Minister von Bund und Ländern aufgestellt[18]). Als Beispiel für Form und Inhalt der Rahmenplanung für Gemeinschaftsaufgaben kann der erste Rahmenplan der Gemeinschaftsaufgabe „Verbesserung der regionalen Wirtschaftsstruktur" dienen[19]).

Im Mai 1970 wurde der Planungsausschuß für die Gemeinschaftsaufgabe „Verbesserung der regionalen Wirtschaftsstruktur" konstituiert. Zunächst sollte ein Rahmenplan mit Zielen aufgestellt, sodann sollten Förderungsgebiete abgegrenzt sowie Kriterien ausgesucht und Maßnahmen für die Regionalförderung geplant werden. Die Maßnahmen sollten in neuen regionalen Aktionsprogrammen zusammengefaßt werden. Die bisherigen Aktionsprogramme erfaßten nämlich bereits rund 60 % der Fläche des Bundesgebietes. Es gab knapp 300 Schwerpunktorte. Eine neue Abgrenzung in Richtung auf eine Konzentration der Mittel schien notwendig zu sein.

Tatsächlich wurde dieses Ziel nicht erreicht. Man hat im wesentlichen die bisherigen Förderungsgebiete des Bundes und der Länder sowie die Aktionsprogramme, die noch um einige vermehrt wurden, in die neue Planung einbezogen. Der erste Rahmenplan der Gemeinschaftsaufgabe „Verbesserung der regionalen Wirtschaftsstruktur" ist am 1. 1. 1972 in Kraft getreten[20]). Er erfaßt den Zeitraum von 1972 bis 1975. In dieser Zeit sollen in den Förderräumen rund 460 000 neue Arbeitsplätze geschaffen und 260 000 bestehende gesichert werden. Auch kommunale Infrastrukturen werden verstärkt gefördert. Es bestehen 21 regionale Aktionsprogramme. Das Zonenrandgebiet ist Bestandteil der Gemeinschaftsaufgabe „Verbesserung der regionalen Wirtschaftsstruktur"; die ergänzenden Maßnahmen für das Zonenrandgebiet sind im Zonenrandförderungsgesetz geregelt. Die Maßnahmen zur Verbesserung der regionalen Wirtschaftsstruktur auf Landes- und Bundesebene werden jährlich mit rund 1,2 Mrd. DM finanziert:

— Gemeinschaftsaufgabenmittel, die von Bund und Ländern je zur
   Hälfte aufgebracht werden   532 Mio. DM.
— Steuererleichterungen nach dem Investitionszulagengesetz   325 Mio. DM.
— ERP-Kredite, die außerhalb des Rahmenplanes laufen   300 Mio. DM.

---

[18]) Siehe das Gesetz über die Gemeinschaftsaufgabe „Ausbau und Neubau von wissenschaftlichen Hochschulen" (Hochschulbauförderungsgesetz) v. 1. 9. 1969 (BGBl. I S. 1556), geänd. durch Ges. v. 3. 9. 1970 (BGBl. I S. 1301); Gesetz über die Gemeinschaftsaufgabe „Verbesserung der Agrarstruktur und des Küstenschutzes" v. 3. 9. 1969 (BGBl. I S. 1573); Gesetz über die Gemeinschaftsaufgabe „Verbesserung der regionalen Wirtschaftsstruktur" v. 6. 10. 1969 (BGBl. I S. 1861).

[19]) Die Planung für die Gemeinschaftsaufgabe „Ausbau und Neubau von Hochschulen" wird im Abschnitt 2.132 Bildungsplanung mit behandelt; der erste Rahmenplan für die Gemeinschaftsaufgabe „Verbesserung der Agrarstruktur und des Küstenschutzes" wird noch vorbereitet. Er soll erst 1973 in Kraft treten, vgl. Agrarbericht 1972 der Bundesregierung, Bundestagsdrucksache IV/3090, S. 16.

[20]) Vgl. Bundestagsdrucksache VI/2451; PETER BECKER: Die Gemeinschaftsaufgabe „Verbesserung der regionalen Wirtschaftsstruktur". Die Verwaltung 1972, S. 59 ff.

— Sonderfond des Bundeswirtschaftsministeriums für Frachthilfen und
spezielle Förderungsmaßnahmen im Zonenrandgebiet außerhalb der
Gemeinschaftsaufgabe rund   50 Mio. DM.

(2) Bildungsplanung

Der im Januar 1970 konstituierte Planungsausschuß für die Gemeinschaftsaufgabe „Ausbau von Hochschulen" hat einen ersten Rahmenplan nach dem Hochschulbauförderungsgesetz für einen Planungszeitraum bis 1975 aufgestellt. Die Ausbaupläne der Länder wurden darin zunächst weitgehend übernommen. Neben dem Planungsausschuß nach Art. 91 a GG bemüht sich eine „Gemeinsame Kommission für Bildungsplanung" für Bund und Länder auf der Grundlage des Art. 91 b GG, einen ersten langfristigen Rahmenplan für das gesamte Bildungswesen (Bildungsgesamtplan) und ein Bildungsbudget aufzustellen[21]). Zwischen Bund und Ländern ist bisher in folgenden Zielsetzungen und Maßnahmen Übereinstimmung erreicht worden:

— Verstärkter Ausbau des Elementarbereiches;
— Erweiterung des Bildungsangebots für die Fünfjährigen;
— Zusammenfassung der beiden ersten Schuljahre des Sekundarbereiches I zur Orientierungsstufe;
— Sicherung einer an wissenschaftlichen Ergebnissen orientierten Grundbildung sowie zunehmende Wahl- und Leistungsdifferenzierung im Sekundarbereich I; Angebot eines qualifizierenden Sekundarabschlusses I für alle Schüler;
— Neugestaltung des Sekundarbereiches II mit dem Ziel, die Gleichwertigkeit von beruflicher und allgemeiner Bildung herzustellen;
— Inhaltliche und organisatorische Neuordnung des Hochschulbereiches; für das Studium Entwicklung eines durchlässigen Systems von abgestuften, aufeinander bezogenen Studiengängen und Studienabschlüssen; Vermehrung des Angebots an Studienplätzen;
— Förderung des Auf- und Ausbaues eines Weiterbildungssystems zu einem Hauptbereich des Bildungswesens.

Die Bund-Länder-Kommission für Bildungsplanung prognostiziert für das Jahr 1980 für den Hochschulbereich insgesamt 727 850 bis 788 250 deutsche Studenten. Hinzu kommen 45 000 ausländische Studenten sowie 27 850 Studenten des Aufbaustudiums. Die Bund-Länder-Kommission für Bildungsplanung geht also für das Jahr 1980 von etwa 800 000 bis 860 000 Studenten aus.

Der Beschluß über den Bildungsgesamtplan bindet nur die Regierungschefs, die ihm zugestimmt haben. Demgegenüber wird der erste Rahmenplan für den Hochschulbau für die Regierungen von Bund und Ländern verbindlich. Beide Planungen gründen sich weitgehend auf die (rechtlich unverbindlichen) „Empfehlungen zur Struktur und zum Ausbau des Bildungswesens im Hochschulbereich nach 1970" des Wissenschaftsrates[22]).

(3) Verkehrsplanung

Außergewöhnlich große Auswirkungen auf die räumliche und wirtschaftliche Entwicklung im Bundesgebiet haben einige Verkehrsplanungen des Bundes. Die in diesen Planungen festgelegten Bundesmittel sind außerordentlich hoch. Einheitliche, mit der

---

[21]) Zwischenbericht der Bund-Länder-Kommission für Bildungsplanung an die Regierungschefs des Bundes und der Länder über den Bildungsgesamtplan und ein Bildungsbudget, Bd. I, Bonn 18. 10. 1971, S. 4 f.

[22]) Wissenschaftsrat: Empfehlungen zur Struktur und zum Ausbau des Bildungswesens im Hochschulbereich nach 1970. 3. Bände, Bonn Oktober 1970.

Raum- und Finanzplanung vergleichbare Planungszeiträume sind bisher nicht erkennbar; meist gehen Planungsendpunkte weit über den Fünfjahreszeitraum der Finanzplanung hinaus.

Als wichtigste Beispiele für raumwirksame Verkehrsplanungen sind zu nennen:
— Die Straßenplanung des Bundes (Bundesautobahnen, Bundesstraßen) ist im Rahmen einer 15-Jahres-Gesamtplanung bis 1985 durch Gesetz aufgestellt[23]). Der Ausbauplan für die Bundesfernstraßen (1971 bis 1985) ist in drei Fünfjahrespläne unterteilt. Finanzielle Festlegungen sind nicht vorgesehen; soll der Plan vollständig durchgeführt werden, so ist ein Aufwand von rund 125 Mrd. DM erforderlich[24]).
— Die Ausbauplanungen für die Bundeswasserstraßen und die Neubauplanungen für Kanäle (Elbe-Seiten-Kanal, Main-Donau-Kanal) reichen zum großen Teil über das Jahr 1980 hinaus. Sie sind im Rahmen von Verträgen mit den jeweilig beteiligten Ländern festgelegt.
— Die voraussichtlich größte Zukunftsinvestition der Bundesbahn wird noch im Rahmen von Vorprojekten untersucht. Es handelt sich um eine Nord-Süd-Schnellbahnverbindung auf völlig neuer Trasse von Hamburg über das Ruhrgebiet und Frankfurt nach München, die Ende der achtziger Jahre betriebsfertig sein soll. Weit konkreter ist ein Ausbauprogramm für das Netz der Deutschen Bundesbahn vom Januar 1971. Für dieses Ausbauprogramm „Eisenbahn" 1971 bis 1985 sind nach dem Preis- und Planungsstand vom Juli 1970 für den Neubau von Ergänzungsstrecken, den Ausbau vorhandener Strecken, den Ausbau von S-Bahnnetzen und zahlreichen weiteren Maßnahmen insgesamt rund 31 Mrd. DM vorgesehen.

(4) Bundeswehrplanung

Die Bundeswehrplanung im Bundesverteidigungsministerium richtet sich nach einem Erlaß vom 19. 9. 1968. Sie besteht überwiegend aus lang- und mittelfristigen Planteilen. Nach der Bundeswehrplanung werden gegenwärtig rund 640 000 Menschen an militärischem und zivilem Personal und ein jährlicher Haushalt in Höhe von rund 20 Mrd. DM gelenkt. Der Aufbau des politischen Planungssystems der Bundesregierung und die Etwicklung der Bundeswehrplanung haben sich nahezu unverbunden nebeneinander vollzogen[25]).

d) Zwischenergebnis

Der Überblick über die bestehenden Instrumente der öffentlichen Planung auf der Bundesebene sowie die Beispiele der bisher vorgesehenen oder aufgestellten Planungen machen es sehr schwer, ein System in dem gegenwärtigen Zustand der Bundesplanungen zu entdecken. Man hat eher den Eindruck eines „Flickenteppichs". Als ausreichend eingeübt und praktiziert kann lediglich die Finanzplanung angesehen werden. Die Bundesraumordnung hat sich durch jahrelange Selbstbeschränkung bisher kein erprobtes Planungsinstrument schaffen können. Die übrigen Bereiche der Bundesplanung sind entweder persuasorischer Art (Frühkoordination, Konjunkturrat, konzertierte Aktion, langfristige Aufgabenplanung) oder sie hat gegenüber den nicht oder noch nicht pla-

---

[23]) Gesetz über den Ausbau der Bundesfernstraßen in den Jahren 1971 bis 1985 vom 30. 6. 1971 (BGBl. I S. 873); zur Begründung vgl. Bundestagsdrucksache VI/1180 vom 22. 9. 1970.

[24]) Begründung zu einem Entwurf eines Gesetzes über den Ausbau der Bundesfernstraßen in den Jahren 1971 bis 1985 vom 22. 9. 1970 (Bundestagsdrucksache VI/1180).

[25]) Vgl. GERHARD W. WITTKÄMPER: Die Bundeswehrplanung im Bundesverteidigungsministerium. Die Verwaltung 1971, S. 78 ff.

nenden Fachbereichen imperialistische Auswirkungen. So werden durch den Bundesfernstraßenausbauplan, die Bildungsplanung und die Bundeswehrplanung, aber auch durch die Rahmenpläne der Gemeinschaftsaufgaben (Wirtschaftsstrukturverbesserung und Hochschulbau) Finanzen und sonstige Ressourcen langfristig (gewöhnlich bis 1985) festgelegt, ohne daß wegen der fehlenden Langfrist-Aufgaben-Planung geprüft werden könnte, ob nicht andere Aufgabenbereiche des Bundes langfristig eine höhere Priorität der Erfüllung haben als bei den verbleibenden Restfinanzen möglich ist. Verbundplanungen zwischen Bundes- und Länder-Parallel-Ressorts werden bei den Gemeinschaftsaufgaben, aber auch bei sonstigen Planungen — etwa den Wasserstraßenausbau-Planungen und bei den Elekrifizierungs- und S-Bahn-Plänen der Bundesbahn — nicht selten dazu benutzt, ressortübergreifende Planungen im Bund und im Land mit der Begründung zu erschweren, die vertikalen Bund-Länder-Festlegungen seien nicht mehr veränderbar.

2. Länderplanungen

Zu den heute vorhandenen Planungsinstrumenten der Länder lassen sich generelle Aussagen nur schwer machen. Es ist daher notwendig, die gegenwärtige Lage der Länderplanungen einzeln darzustellen. Nur bei der fünfjährigen Finanzplanung der Flächenländer, die überall in den Finanzministerien ressortiert, kann auf die Lage beim Bund verwiesen werden. Auch in den Ländern dient die Finanzplanung bisher im wesentlichen dem mittelfristigen Haushaltsausgleich; als Instrument der Aufgabenplanung wird sie (bewußt) kaum benutzt. Ein Zusammenhang mit der Raumplanung ist nicht vorgeschrieben und wird auch praktisch wenig gepflegt. Die nach §§ 10 und 14 Stabilitätsgesetz vorgesehenen mehrjährigen Investitionsprogramme werden von den meisten Landesministern nicht vorgelegt.

Bei der raumbezogenen Landesplanung ist ein hoher Grad der Formalisierung der Aufstellung der Pläne erreicht. Überwiegend sind die Landesplanungsgesetze reine Organisationsgesetze. Die jüngste Entwicklung geht allerdings dahin, daß auch materielle Landesplanungsgrundsätze gesetzlich festgelegt werden. Obwohl es nach § 3 Abs. 2 Raumordnungsgesetz zur Aufgabe der Landesplanung gehört, auch raumwirksame Investitionen zu koordinieren, wird dies nach den Landesplanungsgesetzen nur als Flächennutzungs-Koordinierung verstanden. Zeitliche und finanzielle Prioritäten werden von der Landesplanung nicht festgelegt.

Neben der Finanzplanung und der Landesplanung gibt es in allen Ländern eine kaum übersehbare Zahl von ressortgebundenen Fachplanungen. Solche Krankenhauspläne, Altenpläne, Generalverkehrspläne, Leistungssportprogramme, Wasserwirtschaftspläne, Verwaltungsreformpläne, Wohnungsbauprogramme usw. können für die einzelnen Länder wegen ihrer Vielfalt und ihrem unterschiedlichen Geltungsrang nicht näher betrachtet werden.

a) Baden-Württemberg

In Baden-Württemberg sind zwei Planarten zu betrachten. Es handelt sich um den Landesentwicklungsplan und um eine Veröffentlichung „Modell für die Zukunft".

Nach dem Landesplanungsgesetz für Baden-Württemberg ist ein Landesentwicklungsplan[26]) für das ganze Land aufzustellen. Der Entwurf eines solchen Planes lag bereits im Dezember 1967 vor und wurde seither besonders auf kommunaler Ebene mehrere Jahre

---

[26]) Landesentwicklungsplan Baden-Württemberg vom 22. 6. 1971, Landtagsdrucksache V/5400.

lang diskutiert. Im Juni 1971 hat die Landesregierung dem Plan durch Beschluß zugestimmt. Der Inhalt des Planes wurde damit für die Landesverwaltung verbindlich. Der Entwurf eines Gesetzes über die Verbindlichkeitserklärung des Landesentwicklungsplans[27]), mit dem der Plan auch gegenüber allen sonstigen öffentlichen Planungsträgern, insbesondere gegenüber den Gemeinden und Gemeindeverbänden, Verbindlichkeit erlangen soll, liegt z. Z. dem Landtag vor.

Der Landesentwicklungsplan besteht aus verbalen Festlegungen. Die beigefügten umfangreichen Begründungen und Karten sollen die Festlegungen des Planes lediglich anschaulich machen. Der Landesentwicklungsplan ist ein großräumiges und langfristiges Rahmenprogramm, das sich auf raumbeeinflussende und raumbeanspruchende Maßnahmen und ihre Verwirklichung bis 1985 beschränkt. Der Finanzbezug fehlt; mittelfristige Investitionsprogramme sind als Ergänzung vorgesehen. Ansprüche auf Durchführungsplanungen können aus dem Plan nicht abgeleitet werden; die Durchführung richtet sich nach den jeweils zur Verfügung stehenden Haushaltsmitteln.

Der Plan soll die Maßnahmen des Staates und der Selbstverwaltung harmonisieren. Der Wirtschaft soll er eine Orientierungshilfe für ihre Investitionsentscheidungen bieten. Diesen Zwecken dient das dem Plan zugrunde liegende Raumordnungsmodell, das auf einem System von Entwicklungsachsen, zentralen Orten und Entlastungsorten sowie Freiräumen beruht. Der Plan legt die Verdichtungsräume und ihre Randzonen, die Verdichtungsbereiche und ländlichen Räume nach statistischen Merkmalen verbal fest, weist die Entwicklungsachsen aus und erfaßt die Städte des Landes im System der verschiedenstufigen Zentren.

Im Übersendungsschreiben des Ministerpräsidenten an den Landtag heißt es, daß Baden-Württemberg mit dem Landesentwicklungsplan über ein Instrument verfüge, „das nicht nur der raumbezogenen Planung der Gemeinden und Gemeindeverbände, sondern auch der Fachplanung des Landes einen festen Rahmen gibt, in dem sich fachliche und örtliche Initiativen eigenverantwortlich und selbständig bewegen können. Mit der Finanzplanung, dem Gesamtkonzept zur Verwaltungsreform und dem Landesentwicklungsplan ist das Grundgerüst der Planung in Baden-Württemberg nunmehr errichtet"[28]).

An diesem Punkte schließen die beiden unter der Bezeichnung „Modell für die Zukunft"[29]) Anfang 1972 vom Staatsministerium herausgegebenen Planungs- und Statistikbände an. Auf den ersten Blick hält man das Ganze für ein umfassendes Landesregierungsprogramm. Leinenumschlag und Holzfreiheit des Papiers und wolkenloser blauer Himmel über eindrucksvollen Farbaufnahmen interessanter Punkte Baden-Württembergs geben den Eindruck von Solidität und Problemlosigkeit. Man wird aber skeptisch, wenn man im Vorwort u. a. wörtlich liest: „Die Darstellung ist keine Werbeschrift"[30]). Warum mußte man dieses wohl behaupten? Es heißt weiter: „Erfaßt wird nicht die gesamte Landespolitik, sondern nur ihr planungsrelevanter Teil. Insoweit werden auch Angaben über Leistungen gemacht, die seit Bildung des Landes im Jahre 1953 erbracht worden sind"[31]). Bei genauerem Hinsehen zeigt sich dann, daß vielleicht

---

[27]) Entwurf vom 15. 7. 1971, Landtagsdrucksache V/5401.
[28]) Landesentwicklungsplan Baden-Württemberg, a. a. O., S. 1.
[29]) Modell für die Zukunft, Leistungen und Planungen des Landes Baden-Württemberg, Band 1: Planungen, Band 2: Statistik, herausgegeben vom Staatsministerium Baden-Württemberg, Stuttgart 1972.
[30]) Modell für die Zukunft, a. a. O., Band 1, S. 12.
[31]) Modell für die Zukunft, a. a. O., Band 1, S. 12.

mehr als ³/₄ der Darstellung auf das Bisherige und Heutige verwandt wird und daß der Planungsanteil relativ gering ist. Es bleibt fast gänzlich offen, was etwa 1974 mit wieviel Geld an welchem Ort getan werden soll. Dabei ist das Lesen nicht uninteressant, besonders in dem zweiten Band über Statistik. Es werden hier auch einige Prognosen gegeben. Das Ganze allerdings unter der Überschrift „Modell für die Zukunft" zu „verlegen"[32]), ist wohl nur unter dem Gesichtspunkt der Vorwahlzeit zu verstehen.

Im Gegensatz zu dem Landesentwicklungsplan handelt es sich bei diesem Modell nur um politische Absichtserklärungen. Da in Baden-Württemberg eine, wie es heißt, „Gesamtplanung", also eine integrierte Entwicklungsplanung mit Raum-, Zeit- und Ressourcenbezug, ausdrücklich abgelehnt wird[33]), ist das „Modell für die Zukunft" auch nicht als Schlußstein eines Süd-West-Planungsgewölbes anzusehen.

b) Bayern

In Bayern ist nach dem Landesplanungsgesetz[34]) ein Landesentwicklungsprogramm aufzustellen. Die Staatsregierung beschließt das Landesentwicklungsprogramm als Rechtsverordnung. Im „Vorgriff" auf dieses Programm hat die Bayerische Staatsregierung am 22. 4. 1969 ein „Programm für Bayern I"[35]) und am 29. 7. 1970 ein „Programm für Bayern II"[36]) beschlossen.

Das Bayern-Programm I gilt nur für die schwachstrukturierten Gebiete, sonstigen ländlichen Gebiete und die industriellen Problemgebiete. Es nennt in erster Linie Maßnahmen, durch die die Wirtschaftskraft des Landes verbessert werden soll. Dabei geht es um die Verkehrserschließung, die Energieversorgung und die Wasserwirtschaft. Im Rahmen des Bildungswesens sind örtliche Festlegungen für einen Schulentwicklungsplan vorgesehen. Im Wohnungswesen, bei den Sozialeinrichtungen und im Krankenhauswesen sind in erster Linie strukturelle Ziele angegeben, es werden nur vereinzelt örtlich oder regional festgelegte Investitionsentscheidungen getroffen.

Das Bayern-Programm II stellt dar, wie sich die elf städtischen Verdichtungsgebiete Bayerns in einer Abgrenzung nach dem Vorbild der Stadtregion weiter entwickeln sollen und wie die Lebensverhältnisse verbessert werden können. Es werden Ankündigungen über den Ausbau der Verdichtungsgebiete im Bereich des Verkehrswesens, der Energieversorgung, der Wasserwirtschaft, des Bildungswesens, des Wohnungswesens, der Sozialeinrichtungen, des Krankenhauswesens, der Naherholung, der öffentlichen Sicherheit, der Müllbeseitigung, des Immissionsschutzes und der kommunalen Leistungsfähigkeit gemacht. Hinzu treten einige räumliche Festlegungen für Investitionen. Zeitliche Festlegungen finden sich nur vereinzelt.

Offen ist, für welchen Zeitraum die Programme insgesamt gelten sollen. Im Programm I heißt es dazu lediglich, es stelle die Absicht der Staatsregierung für einen „größeren Zeitraum" dar. Die Programme geben auch nicht an, mit welchen finanziellen Mitteln die vorgesehenen Maßnahmen verwirklicht werden sollen. Da über längere Zeiträume Kosten nicht zuverlässig ermittelt werden könnten, wird auf die mittelfristige

---

[32]) Der Normalbürger muß die Bände über einen Verlag kaufen.
[33]) Modell für die Zukunft, a. a. O., Band 1, S. 25.
[34]) Art. 13 ff. des Bayerischen Landesplanungsgesetzes vom 6. 2. 70 (GVBl. Bay. S. 9).
[35]) Ein Programm für Bayern I, herausgegeben vom Bayerischen Staatsminister für Wirtschaft und Verkehr, München 1969.
[36]) Ein Programm für Bayern II, herausgegeben vom Bayerischen Staatsminister für Wirtschaft und Verkehr, München 1970.

Finanzplanung verwiesen. Hier seien für die Verwirklichung des Programms „erhebliche" Mittel eingeplant.

Nach dem neuesten Bayerischen Raumordnungsbericht[37]) sollen die Bayernprogramme I und II eine wichtige Grundlage des in Vorbereitung befindlichen Landesentwicklungsprogramms sein, das für die Mitte der laufenden Legislaturperiode angekündigt ist. Man rechnet 1973 mit diesem Programm.

c) Hessen

Das Instrumentarium für die Planung in Hessen ist durch das Gesetz über die Feststellung des hessischen Landesraumordnungsprogramms und zur Änderung des hessischen Landesplanungsgesetzes vom 18. 3. 1970 (GVBl. S. 265) neu geordnet worden. Die Aufgaben der Landesplanung werden durch das Landesraumordnungsprogramm, den Landesentwicklungsplan und die regionalen Raumordnungspläne erfüllt. Das vorhandene Instrument des „Großen Hessenplans" ist zum Landesentwicklungsplan[38]) umgestaltet worden. Er enthält überwiegend Investitionsfestlegungen für die Gebiete der fünf Regionen des Landes; nur vereinzelt gibt es örtliche Festlegungen. Der Planungszeitraum umfaßt 16 Jahre von 1970 bis 1985.

Die Finanzmittel sind bis 1985 nach Sozialpolitik, Kulturpolitik, Wirtschaftspolitik und Verkehrspolitik festgelegt. Weiter werden die Mittel auf die fünf hessischen Planungsregionen nach Summen verteilt. Für den Bereich der Bildungsplanung, der Umweltplanung, der Veränderung von Regierung und Verwaltung sowie der Veränderung der Stellung Hessens als Gliedstaat der Bundesrepublik enthält der Landesentwicklungsplan Perspektiven und politische Absichtserklärungen, die teilweise sogar über 1985 hinausreichen.

Im Rahmen des hessischen Planungssystems werden die im Landesentwicklungsplan HESSEN '80 festgelegten langfristigen Planungsabsichten der Landesregierung bis 1985 durch mittelfristige Durchführungsabschnitte konkretisiert. Der Erste Durchführungsabschnitt für die Jahre 1971 bis 1974, der im Juli 1971[39]) vorgelegt wurde, enthält als „Regierungsprogramm in Zahlen" alle wesentlichen Investitionen und gesellschaftspolitischen Vorhaben, die die Landesregierung in der laufenden Legislaturperiode direkt durchführen oder mitfinanzieren will. Besonders wichtig ist, daß der Landesentwicklungsplan und seine Durchführungsabschnitte die Qualität von „Zielen der Landesplanung und Raumordnung" im Sinne des Bundesbaugesetzes für die Gemeinden haben, denn bei diesen Plänen handelt es sich jetzt um „Landesplanung" nach dem Landesplanungsgesetz.

„Eine weitere Verfeinerung des Planungs- und Informationssystems in Hessen ist durch das Arbeitsprogramm der Hessischen Landesregierung für das Jahr 1972[40]) erfolgt, das im Februar 1972 vorgelegt wurde. Es sind dort alle im Jahre 1972 in Aussicht genommenen Gesetzesvorhaben sowie die sonstigen bedeutsamen gesellschaftspolitischen und administrativen Maßnahmen der Öffentlichkeit zur Kenntnis gegeben worden.

---

[37]) Bayerische Staatsregierung: Raumordnungsbericht 1971, hrsg. vom Bayerischen Staatsministerium für Landesentwicklung und Umweltfragen, München 1971, S. 6 f.

[38]) Landesentwicklungsplan Hessen '80, herausgegeben vom Hessischen Ministerpräsidenten, Wiesbaden 1970.

[39]) Landesentwicklungsplan Hessen '80, Durchführungsabschnitt für die Jahre 1971—1974, herausgegeben vom Hessischen Ministerpräsidenten, Wiesbaden 1971.

[40]) Arbeitsprogramm der Hessischen Landesregierung für das Jahr 1972, herausgegeben vom Hessischen Ministerpräsidenten, Wiesbaden, Februar 1972.

Solche Jahresarbeitsprogramme haben selbstverständlich nicht die Verbindlichkeit als „Ziel der Landesplanung und Raumordnung" gegenüber den Gemeinden, sie bringen die Landesregierung jedoch in einen starken politischen Zugzwang, so daß die ungefähre Erfüllung des Programms wahrscheinlich ist.

d) Niedersachsen

Das niedersächsische Landesraumordnungsprogramm vom März 1969[41]) enthält die Konzeption der Landesregierung für die künftige Entwicklung des Landes und für diejenigen Planungen, die aus großräumiger Sicht für bestimmte Landesteile von Bedeutung sind. Es ist inzwischen in Raumordnungsprogrammen für die Bezirke näher ausgeführt. Das Programm enthält keine zeitliche Begrenzung. Richtzahlen für die Bevölkerungsentwicklung in den einzelnen Bezirken werden für die Jahre 1990 und 2000 angegeben. Das Programm soll die Grundlage für die Koordinierung aller raumbedeutsamen Fachplanungen und Maßnahmen bilden. Es soll als Grundlage des Landesentwicklungsprogramms angesehen werden. Die räumlichen Festlegungen, insbesondere der zentralen Orte, der Schwerpunkträume und der Verkehrslinien, sind durch den Text des Programms im Zusammenhang mit der zeichnerischen Darstellung in drei Karten verhältnismäßig intensiv; allerdings enthält das Programm keine Aussagen über die Kosten der Durchführung oder über einzelne Etappenziele. Ziel des Programms ist ein Zustand, der irgendwann einmal, vielleicht Ende dieses Jahrhunderts, erreicht werden soll.

Der vom niedersächsischen Kabinett im Juni 1969 beschlossene „Entwicklungsplan des Landes Niedersachsen für die Jahre 1970 bis 1979"[42]) ist offenbar nicht das als Instrument der Landesplanung vorgesehene „Landesentwicklungsprogramm". Bei diesem Zehn-Jahres-Plan handelt es sich um eine sehr eingehende Aufstellung aller wesentlichen öffentlichen Investitionen. Dabei wird nach Bedarfsschätzungen vorgegangen, die sich an der Durchschnittsausstattung im Bundesgebiet orientieren. Neben den notwendigen Landesmitteln werden auch die Mittel des Bundes, der Kommunen und Dritter veranschlagt. Es sind zwei Fünf-Jahres-Durchführungsabschnitte vorgesehen, wobei für den ersten Abschnitt die erforderlichen öffentlichen Investitionen für jedes Jahr aufgeschlüsselt sind, während der Investitionsbedarf für den zweiten Fünf-Jahres-Abschnitt in seiner voraussichtlichen Gesamtsumme dargestellt ist.

Trotz der sehr sorgfältigen Ausarbeitung, vor allem des Tabellenteils, darf dies nicht darüber hinwegtäuschen, daß der Plan selbst nicht durchführbar ist. Mit dem Landesentwicklungsplan soll die Forderung auf Verbesserung der Infrastruktur in Niedersachsen durch Vergleiche mit anderen Ländern oder mit dem Bundesgebiet erhärtet werden. Die vorgesehenen Maßnahmen übersteigen aber bei weitem die finanzielle Leistungsfähigkeit des Landes. Für die Investitionsmaßnahmen im ersten Durchführungsabschnitt 1970 bis 1974 stehen nach der Finanzplanung Niedersachsens etwa 2,8 Milliarden DM zur Verfügung. Die Verwirklichung des Plans würde jedoch 8,6 Milliarden DM kosten, so daß sich ein Bedarfsüberhang von 5,8 Milliarden DM ergibt. Wie dieser ungedeckte Kostenanteil finanziert werden soll, bleibt offen.

---

[41]) Landesraumordnungsprogramm vom 18. 3. 1969, herausgegeben vom Niedersächsischen Minister des Innern, Hannover 1969.

[42]) Entwicklungsplan des Landes Niedersachsen für die Jahre 1970 bis 1979 (Landes-Entwicklungsplan Niedersachsen), Band I und II, herausgegeben vom Niedersächsischen Ministerpräsidenten, Hannover 1969.

Die neue Landesregierung hat dann auch 1970 bereits angekündigt, daß einem Planungsstab in der Staatskanzlei vor allem die Aufgabe übertragen werden soll, „den Landesentwicklungsplan weiter zu entwickeln"[43]. In Niedersachsen wird beabsichtigt, ein Landesentwicklungsprogramm „Niedersachsen 1985" aufzustellen, das 1973 veröffentlicht werden soll. 1974 soll dann ein erster „Durchführungsabschnitt 1974 bis 1978" vorliegen. Um ein regionales Bezugssystem für „Niedersachsen 1985" zu haben, hat man zunächst das Land in 14 Entwicklungsräume eingeteilt. Es wird abzuwarten sein, ob dies auch methodisch ehrgeizige Planungsprojekt Wirklichkeit wird. An den Landesentwicklungsplan aus dem Jahre 1969 fühlt man sich jedenfalls in Niedersachsen nicht gebunden, obwohl er nicht förmlich aufgehoben worden ist.

e) Nordrhein-Westfalen

In Nordrhein-Westfalen wird nach dem Landesplanungsgesetz die räumliche Gestaltung des Landesgebietes durch das Landesentwicklungsprogramm und die Landesentwicklungspläne beeinflußt. Das Programm und die Pläne sind jeweils nach 10 Jahren neu aufzustellen. Gegenwärtig sind das Landesentwicklungsprogramm[44] sowie die Landesentwicklungspläne I[45] und II[46] über zentrale Orte, Entwicklungsschwerpunkte und Entwicklungsachsen gültig. Das Programm und die Pläne enthalten keine finanziellen Festlegungen und keinen Zeitbezug; auch Durchführungsabschnitte sind nicht vorgesehen. Für die Bevölkerungsverteilung bis 1980 werden Zielsetzungen genannt, die bereits mehrfach geändert werden mußten. Im übrigen wird jeweils ein vorläufiger Endzustand angestrebt, der über den Zehnjahreszeitraum bis zur Neuaufstellung weit hinausgeht.

Neben der raumbezogenen Planung gibt es jedoch einen ressortübergreifenden mittelfristigen Handlungsplan der Landesregierung: das Nordrhein-Westfalen-Programm 1975[47]. Das Programm beruht nicht auf einer gesetzlichen Grundlage. Es enthält räumliche, zeitliche und finanzielle sowie (etwa bei den Lehrern) Ressourcen-Festlegungen. Es ist eine Fünf-Jahres-Aufgabenplanung für das gesamte Landesgebiet einschließlich der Finanzplanung, jedoch nur für etwa 30 % des Haushaltsvolumens. Das NWP 75 ist in der Regierungserklärung des Ministerpräsidenten im Jahre 1970 ausdrücklich zur Arbeitsgrundlage der neuen Regierung erklärt worden[48]. Ein Runderlaß ordnete eine behördeninterne Verbindlichkeit für die Landesverwaltung an[49].

Da das Nordrhein-Westfalen-Programm 1975 kein Ziel der Landesplanung und Raumordnung im Sinne des Bundesgesetzes ist, kann eine direkte Verbindlichkeit für die Bauleitplanung der Gemeinden nicht hergestellt werden. Das NWP 75 löst das Problem mit Hilfe des „goldenen Zügels". Nach den vorläufigen Richtlinien für die

---

[43]) Pressestelle der Niedersächsischen Landesregierung (Hrsg.): Politik in Niedersachsen. Die Regierungserklärung von Ministerpräsident Alfred Kubel am 8. 7. 1970, Hannover 1970, S. 8.

[44]) Landesentwicklungsprogramm vom 7. 8. 1964 (MBl. NW S. 1205).

[45]) Landesentwicklungsplan I vom 28. 11. 1966 (MBl. NW S. 2263) in der Fassung vom 17. 12. 1970 (MBl. NW 1971 S. 200).

[46]) Landesentwicklungsplan II vom 3. 3. 1970 (MBl. NW S. 494).

[47]) Nordrhein-Westfalen-Programm 1975, herausgegeben von der Landesregierung Nordrhein-Westfalen, Düsseldorf 1970.

[48]) In der Regierungserklärung vom 28. 7. 1970 heißt es dazu: „Die Koalitionsparteien haben die Zielsetzungen des Nordrhein-Westfalen-Programms 1975 gebilligt. Es ist daher die erklärte Arbeitsgrundlage dieser neuen Landesregierung".

[49]) Runderlaß des Ministerpräsidenten vom 7. 4. 1970 über das Nordrhein-Westfalen Programm 1975 (NWP 75) (MBl. NW. S. 807).

Aufstellung von Standortprogrammen vom Juni 1971[50]) wird den Gemeinden empfohlen, Standortprogramme (das sind Entwicklungsprogramme und Finanzierungspläne mit mittel- und langfristigem Zielhorizont) aufzustellen, da sie sonst ab 1975 auf Förderung mit Landesmitteln in den Bereichen Städtebau, Wohnungsbau, Verkehrswegebau, Industrieansiedlung und Bildungseinrichtungen nicht mehr zu rechnen haben.

Inzwischen wird das Nordrhein-Westfalen-Programm 1975 viel weitgehender als ersichtlich sein mag verwirklicht. Es hat sich zum Teil als vorrangig gegenüber der Finanzplanung erwiesen. Abweichungen vom Nordrhein-Westfalen-Programm bedürfen eines ausdrücklichen Kabinettbeschlusses. Jahresdurchführungsprogramme (wie in Hessen) sind offenbar nicht vorgesehen. Sie würden deutlicher zeigen, wo man jeweils steht.

Dem nordrhein-westfälischen Landtag liegt eine Novelle zum Landesplanungsgesetz[51]) vor. Wie bereits in Hessen, Bayern und Schleswig-Holstein soll das Landesentwicklungsprogramm zukünftig als Gesetz mit materiellen Raumordnungsgrundsätzen verabschiedet werden. Die Landesentwicklungspläne sollen der Zustimmung des Landesplanungsausschusses des Landtages unterliegen. Die Landesplanung, obwohl in der Staatskanzlei ressortierend, bleibt nach dieser Novelle im wesentlichen raumbezogene Planung. Was „Entwicklungsplanung" genannt wird, bezieht sich vorrangig auf Flächennutzung und wird weiterhin keinen Finanz- und Zeitbezug haben.

Bei dieser offenen Kampflage zwischen integrierter Entwicklungsplanung mittelfristiger Art und herkömmlicher Landesplanung ist es interessant, daß die Opposition im Februar 1972 einen eigenen Gesetzentwurf zur parlamentarischen Kontrolle der Regierungsplanung[52]) eingebracht hat. Der Gesetzentwurf schlägt eine Einbeziehung des Parlaments in das Planungsverfahren der Regierung durch Information über die Planziele, laufende Unterrichtung über die Planerarbeitung und eine Beteiligung an der Planaufstellung vor. Nicht uninteressant ist die Darstellung der Problematik: „In immer größerem Ausmaß werden mittel- und langfristige Planungen der Regierung zur Grundlage von Verwaltungsvorschriften und Einzelentscheidungen der Verwaltung gemacht. Die Pläne treten faktisch weitgehend an die Stelle gesetzlicher Regelungen; sie sind in vielen Bereichen wesentliche Handlungsrichtlinie der Verwaltung. Das Parlament erhält meist erst Kenntnis von diesen Plänen, wenn sie veröffentlicht werden. An ihrer Aufstellung ist es nicht beteiligt. Das führt dazu, daß große Aufgabenbereiche der parlamentarischen Mitwirkung praktisch entzogen sind."

f) Rheinland-Pfalz

Das Landesentwicklungsprogramm Rheinland-Pfalz[53]) aus dem Jahre 1968 stellt eine außerordentlich detaillierte raumbezogene Planung dar. Es handelt sich um eine langfristige und großräumige Raumordnungskonzeption für das gesamte Landesgebiet, in der alle wesentlichen Planungen von überörtlicher Bedeutung, aber auch zahlreiche Fachplanungen zusammengefaßt sind. Dem Programm ist das umfangreichste Kartenwerk aller Landesentwicklungsprogramme und aller Landesentwicklungspläne in der

---

[50]) Runderlaß des Innenministers über vorläufige Richtlinien für die Aufstellung von Standortprogrammen (NWP 75, Nr. 5.23), vom 14. 6. 1971 (MBl. NW. S. 1202).

[51]) Entwurf eines Gesetzes zur Änderung des Landesplanungsgesetzes, Landtag Nordrhein-Westfalen, Drucksache 7/1166 vom 19. 10. 1971.

[52]) Entwurf eines Gesetzes über die parlamentarische Kontrolle der Regierungsplanung (Planungskontrollgesetz — PKG), Landtag Nordrhein-Westfalen, Drucksache 7/1518 vom 28. 2. 1972.

[53]) Landesentwicklungsprogramm Rheinland-Pfalz, Band I und II, herausgegeben von der Staatskanzlei Rheinland-Pfalz, Mainz 1968.

Bundesrepublik beigegeben. Einer eingehenden Bestandaufnahme und Analyse der räumlichen Struktur des Landes folgt ein Gutachten über die räumlichen Entwicklungsmöglichkeiten. In einem Raumordnungsplan werden Planungsziele bis 1985 zusammengefaßt.

Die Kosten für die Durchführung der geplanten Maßnahmen sind nicht angegeben. Die Finanzplanung soll sich auf die Konzeption des Landesentwicklungsprogramms „einstimmen". Wann und inwieweit die einzelnen Projekte der Infrastruktur und die sonstigen Investitionsmaßnahmen durchzuführen sind, soll bei der Aufstellung der Finanzplanung und der Haushaltspläne jeweils entschieden werden.

Daß allerdings in Rheinland-Pfalz bereits ein Umdenken der Landesplanung eingesetzt hat, seigt der letzte rheinland-pfälzische Raumordnungsbericht. Dort wird für die Fortschreibung des Landesentwicklungsprogramms unter anderem angekündigt: „Die Finanzplanung zwingt alle Planungsträger zu mehrjährigen Vorausüberlegungen, so daß Prioritäten besser und vollständiger als bisher bestimmt werden können. In Ausnutzung dieser Möglichkeiten soll das Landesentwicklungsprogramm Rheinland-Pfalz, das ohnehin bereits stärker detaillierte Angaben als die Raumordnungspläne anderer Länder enthält, zu einer modernen Planungskonzeption gemacht werden. Es soll nicht nur die langfristigen Ziele möglichst genau anführen, sondern eingehende Prioritäten setzen und dazu in Abstimmung mit der Finanzplanung Angaben über die mittelfristig durchzuführenden Maßnahmen enthalten. Diese Planung wäre langfristig auf die zweite Hälfte der 80er Jahre, mittelfristig auf die zweite Hälfte der 70er Jahre ausgerichtet. Damit würde eine stärkere Verzahnung von Raumordnungspolitik und Investitionspolitik erreicht"[54].

g) Saarland

Nach dem Landesplanungsgesetz des Saarlandes wird die raumbezogene Planung durch das Raumordnungsprogramm und den Raumordnungsplan dargestellt. Das Raumordnungsprogramm ist bereits aufgestellt[55]. Es enthält die Leitsätze für die räumliche Entwicklung des Landes. Das Raumordnungsprogramm hat zwar keine bestimmte Geltungsdauer, die zugrunde liegenden Schätzungen und die daraus gezogenen Folgerungen erstrecken sich jedoch in der Regel über einen Zeitraum von zwei Jahrzehnten. Finanzielle Festlegungen enthält das Programm ebensowenig wie Bestimmungen der Durchführungsabschnitte. Bei der angestrebten Industrieansiedlung und Wohnsiedlungsentwicklung sind jedoch Prioritäten für einzelne Gemeinden oder Gemeindegruppen aufgestellt, die in ähnlicher Bestimmtheit in anderen Landesraumordnungsprogrammen fehlen.

Das Strukturprogramm Saar[56] aus dem Jahre 1969 ist eigentlich ein Gutachten, das mehrere Strategien für eine saarländische Wirtschaftspolitik vorsieht. Es geht um die

---

[54] Raumordnungsbericht 1971 der Landesregierung Rheinland-Pfalz, herausgegeben von der Staatskanzlei Rheinland-Pfalz — Oberste Landesplanungsbehörde —, Mainz 1972, S. 114 f.; vgl. auch GÜNTER BRENKEN: Raumordnung und andere überfachliche Planung. Raumforschung und Raumordnung 1971, S. 249 ff.

[55] Raumordnungsprogramm des Saarlandes, Allgemeiner Teil vom 10. 10. 1967, abgedruckt in „Raumordnung im Saarland", Zweiter Raumordnungsbericht 1970, Landesplanungsbehörde, Ministerium des Innern, Saarbrücken 1970, S. 55 ff.; Raumordnungsprogramm des Saarlandes, Besonderer Teil vom 28. 4. 1970, abgedruckt in „Raumordnung im Saarland", Zweiter Raumordnungsbericht 1970, Landesplanungsbehörde, Ministerium des Innern, Saarbrücken 1970, S. 61 ff.

[56] Strukturprogramm Saar, Möglichkeiten einer aktiven Sanierung der Saarwirtschaft, Ansatzpunkte, Maßnahmen, Kosten, vorgelegt von der Planungsgruppe beim Ministerpräsidenten des Saarlandes, Saarbrücken 1969.

Vollbeschäftigung der Arbeitskräfte und um die Beseitigung des Rückstandes im Sozialprodukt je Erwerbstätigen. Zu einem Regierungsprogramm wird dieses Gutachten dadurch, daß die Regierung in einer mit abgedruckten „Stellungnahme" sich für eine bestimmte Strategie, nämlich für die Erhaltung des Montanbereiches als Basis der Saarwirtschaft und für den Bau des Saar-Pfalz-Kanals, entscheidet. Das Ganze ist natürlich kein Handlungsprogramm mit Durchführungsabschnitten und festgelegten Maßnahmekosten. Immerhin ist dies auch eine Form der überredenden, ressortübergreifenden Planung von hoher Komplexität. Nur den Bund hat man bisher zum Bau eines Saar-Pfalz-Kanals nicht „überreden" können. Man arbeitet in Saarbrücken aber bereits an einem neuen Strukturprogramm.

h) Schleswig-Holstein

Für Schleswig-Holstein ist im Jahre 1969 ein Raumordnungsplan[57] aufgestellt worden. Er enthält die „Ziele der Landesplanung" für die Gemeinden. Der Landesraumordnungsplan ist als Leitlinie auch bei der Durchführung der Gebiets- und Verwaltungsreform einschließlich der Änderungen der Gerichtsorganisation beachtet worden. Er ist auf einen Zeitraum bis 1985 ausgerichtet und soll in Zeitabschnitten von etwa fünf Jahren überprüft und erforderlichenfalls neuen Entwicklungen angepaßt werden. Der Plan enthält keine finanziellen Festlegungen und ist nicht in zeitlich abgegrenzte Durchführungsabschnitte gegliedert.

i) Zwischenergebnis

Aufgrund eines kritischen Überblicks auf die zahlreichen Instrumente und Ausformungen der Länderplanung läßt sich folgendes Zwischenergebnis ableiten:
— Es gibt Länder, die sich im wesentlichen mit der raumbezogenen landesplanerischen Planung und der unverbunden danebenstehenden Finanzplanung begnügen.
— Es gibt Länder, bei denen zur Landesplanung und Finanzplanung eine ressortübergreifende Entwicklungsplanung mit Raum-, Finanz- und Ressourcenbezug hinzugetreten ist, wobei zwischen diesen verschiedenen Planungsarten jedoch noch ein unentschiedenes Kampfverhältnis besteht.
— Es gibt weiter Länder, bei denen der Entwicklungsplanung durch das Landesplanungsgesetz bereits der oberste Rang zuerkannt ist, wodurch ihre Geltung gegenüber der kommunalen Planung sichergestellt ist.
— Schließlich gibt es Länder, die so tun, als ob sie ressortübergreifende komplexe Planung betreiben; tatsächlich bleibt es aber bei „bunten Büchern".

Generell ist der Bereich zwischen Landesplanung, Finanzplanung, Entwicklungsplanung und Fachplanung in den Ländern sehr unübersichtlich. Die Gesamtsituation ist verhältnismäßig offen. Sie tendiert zur ressortübergreifenden integrierten Landesentwicklungsplanung, die die Finanzplanung und raumbezogene Landesplanung einbezieht.

3. Kommunale Planungen

Ein Überblick über die verschiedenen Instrumente der Planung und ihrer tatsächlichen Anwendung im Bereich der Gemeinden und Gemeindeverbände ist außerordent-

---

[57] Raumordnungsplan für das Land Schleswig-Holstein, Bekanntmachung des Ministerpräsidenten — Landesplanungsbehörde — vom 16. 5. 1969 (Amtsblatt für Schleswig-Holstein S. 315). Nach § 22 Abs. 3 des Landesplanungsgesetzes vom 13. 4. 1971 (GVBl. Schl.-H. S. 152) gilt der Landesraumordnungsplan fort. Daneben ist das Gesetz über Grundsätze zur Entwicklung des Landes vom 13. 4. 1971 (GVBl. Schl.-H. S. 157) zu beachten.

lich schwer zu erlangen. Im wesentlichen handelt es sich um folgende kommunale Planungsarten:
— die Bauleitplanung (Flächennutzungsplan, Bebauungsplan),
— die mehrjährige Finanzplanung,
— die Stadt-, Kreis- oder Gemeindeentwicklungsplanung,
— die Generalverkehrspläne,
— die kommunalen Fachplanungen (Schulplanungen, Bodenvorratsplanungen, Organisationsplanungen, Personalplanungen usw.).

Die rechtlich eingehendste Regelung hat die Bauleitplanung erhalten; sie wird auch von den Gemeinden als Hauptplanungsinstrument für die räumliche Entwicklung benutzt. Es hat sich allerdings herausgestellt, daß sehr kleine ländliche Gemeinden kaum in der Lage sind, dieses Instrument ohne Hilfestellung der Kreise zweckdienlich einzusetzen. Die schnellen räumlichen Veränderungen in den Verdichtungsgebieten haben andererseits dazu geführt, daß zahlreiche großstädtische Flächennutzungspläne über den Zustand des Entwurfs nicht hinaus gekommen sind.

Mittelfristige Finanzplanungen werden in den Gemeinden erst seit kurzem in Angriff genommen, obwohl gerade einige Großstädte durch den Versuch, mehrjährige Investitionsplanungen aufzustellen, auf diesem Gebiet Schrittmacherdienste geleistet haben. Erst nach dem Inkrafttreten des neuen Gemeindehaushaltsrechts im Jahre 1973 in den einzelnen Ländern wird für alle Gemeinden eine rechtliche Verpflichtung zur Aufstellung einer Finanzplanung geschaffen sein.

Hinsichtlich der Stadt- und Kreisentwicklungsplanung[58]) besteht ebenfalls zur Zeit eine Lage des Übergangs. Zahlreiche größere Städte und einige mittlere Städte und Kreise arbeiten an Entwicklungsplänen. Hierbei ergeben sich sehr unterschiedliche Ansätze. Überschneidungen vieler Art bestehen zu den Flächennutzungsplänen und den mehrjährigen Finanzplänen. Eine Vorstellung von der gegenwärtigen Lage können die Planungsbemühungen in Berlin, Bremen, Frankfurt, Hamburg, Hannover, München und Nürnberg geben.

a) Berlin

In Berlin arbeitet man an der Aufstellung einer Stadtentwicklungsplanung im Rahmen eines, so scheint es, ungemein komplizierten Verfahrens[59]).

Ein ressortübergreifendes Stadtentwicklungsprogramm konnte bisher nicht vorgelegt werden. Z. Z. arbeitet man in erster Linie an der Zielplanung und an der Ressortprogrammplanung. Es sollen bereichsspezifische Programme kurz-, mittel- oder langfristiger Natur aufgestellt werden. Die Zusammenfassung der für die Entwicklung der natürli-

---

[58]) Vgl. dazu ERHARD MÄDING: Organisationsprobleme der Stadtentwicklungsplanung. In: RUDOLF WURZER (Hrsg.): Raumplanungsseminar 1969, S. 29 ff.; ERHARD MÄDING: Verfahren der Stadtentwicklungsplanung. In: JOSEPH H. KAISER (Hrsg.): Planung V, Baden-Baden 1971, S. 319 ff.; FRIDO WAGENER: Zur Praxis der Aufstellung von Entwicklungsplanungen. Archiv für Kommunalwissenschaften 1970, S. 47 ff.; Kommunale Gemeinschaftsstelle für Verwaltungsvereinfachung: Verfahren der Stadtentwicklungsplanung, Köln 1969; Koordination der Planungen, Materialien zur Stadtentwicklungsplanung, Köln 1971, CHRISTIAN FARENHOLTZ: Vom Flächennutzungsplan zum Stadtentwicklungsprogramm. Raumforschung und Raumordnung 1971, S. 210 ff.

[59]) Bericht über längerfristige Planungen des Senats der Stadt Berlin und über moderne Planung der Stadtentwicklung, Mitteilungen des Präsidenten des Abgeordnetenhauses 1970, Nr. 55, S. 15 ff.; vgl. auch HORST GRYSCZYCK: Verwaltung in der Reform — Über den Stand einiger Reformen in der Berliner Verwaltung. Recht und Politik 1971, S. 133 ff. (136 f.).

chen, sozialen, wirtschaftlichen, kulturellen, technischen und administrativen Bedingungen erforderlichen Programmplanungen soll nach entsprechender Abstimmung und Koordination das Stadtentwicklungsprogramm darstellen. Das Stadtentwicklungsprogramm wird also nur als ein Teil der angestrebten Gesamtplanung verstanden. Der Entwurf des Stadtentwicklungsprogramms soll 1974 vorliegen.

Die Organisation der Planung baut darauf auf, daß jede Senatsverwaltung ihren Planungsbeauftragten bestellt. Er vertritt das Ressort in der Planungskommission, stellt die Verbindung zur Planungsleitstelle der Senatskanzlei her und nimmt die Aufgaben einer Planungsleitstelle bei ressorteigenen Planungen wahr. Zur Sicherung einer ressortübergreifenden Planung in Angelegenheiten besonderer Bedeutung sind Planungsteams für bestimmte Ziel- und Programmplanungen eingesetzt worden. Dem jeweiligen Planungsteam übergeordnet ist der Planungsausschuß für Vor- und Zwischenentscheidungen bei Planungsvorhaben. Im Planungsausschuß sind die Leitungsebene beteiligter Ressorts, Vertreter des Rates der Bürgermeister und Vertreter der zuständigen Ausschüsse des Abgeordnetenhauses vertreten. Darüber hinaus können andere gesellschaftlich relevante Gruppen hinzugezogen werden. Die Aufgabe des Planungsausschusses soll in der Abstimmung einzelner Planvorhaben mit der politischen Führung liegen.

Innerhalb der Senatskanzlei ist eine Planungsleitstelle eingerichtet. Ihr obliegt die Zeit- und Zielkoordination der eingesetzten Planungsteams und Planungsausschüsse. Die Leitstelle soll Trends verfolgen, Analysen erarbeiten, neue Methoden entwickeln und sicherstellen, daß in Wechselwirkung Planungen gesetzeskonform und Gesetze planungsgerecht gestaltet werden. Sie kann alternative Lösungen ausarbeiten.

Neben der Planungsleitstelle und den nicht ständigen Planungsausschüssen und Planungsteams wird eine Planungskommission gebildet. Als Institution der kooperativen Gesamtplanung soll sie bei ressortübergreifenden Planungen die Beteiligung der in Frage kommenden Verwaltungen sicherstellen. Sie erarbeitet Problemstellungen und konkrete Aufgaben für Planungsteams und Planungsausschüsse und hat auf die Koordination der Fachplanungen im Hinblick auf die Ressourcen zu achten. Die Planungskommission ist „Beirat" des Senats. Ständige Mitglieder sind die Planungsbeauftragten und ggf. die Senatsdirektoren der Verwaltung.

Eine Hauptaufgabe des Berliner Planungssystems soll in der Vermittlung neuer Konzepte für die Fachverwaltungen liegen. Die Planungsthemen der ressortübergreifenden Planung sind nicht flächendeckend im Sinne einer umfassenden Gesamtplanung; vielmehr konzentriert sich die Planung zunächst auf kritische, konflikthaltige und komplexe Probleme.

Das verwirrende Bild von Kommissionen, Ausschüssen, Teams und Stellen mit unterschiedlicher Funktion, Zuständigkeit und Dauerhaftigkeit täuscht wahrscheinlich über die tatsächlich ablaufenden Planungsprozesse in der Berliner Verwaltung. Man wird abwarten müssen, welche Ergebnisse ein solches Verfahren mit hohem organisatorischen und methodischen Anspruch hervorbringt. Skepsis erscheint nicht unangebracht.

b) Bremen

Bremen hat kurz vor der letzten Wahl den Entwurf eines Stadtentwicklungsprogramms[60]) der Öffentlichkeit als Diskussionsgrundlage vorgelegt. Das Programm ist

---

[60]) Entwurf des Stadtentwicklungsprogramms Bremen, herausgegeben vom Senator für das Bauwesen, Bremen, Juni 1971; vgl. dazu auch GERHARD BOEDDINGHAUS: Stadtentwicklungsplanung am Beispiel Bremens, Archiv für Kommunalwissenschaften 1970, S. 128 ff.

übersichtlich gestaltet. Der städtebauliche, räumliche Aspekt herrscht vor. Bei den Finanzen verweist man auf die Finanzplanung und auf „eine noch zu entwickelnde Vorausschau auf den zukünftigen Investitionsbedarf der einzelnen Bereiche"[61]).

Bei dem Entwurf handelt es sich um ein langfristiges Entwicklungsprogramm. Im Vorwort des Senators für Bauwesen wird angedeutet, daß diese „Ende-offen-Planung" vielleicht für 20 bis 30 Jahre gelten solle. Es sei aber keine Frist gesetzt, in der die Ziele des Entwicklungsprogramms erreicht werden sollten[62]). Später soll das Entwicklungsprogramm durch mittelfristige und kurzfristige Programme ergänzt werden. „In den mittelfristigen und kurzfristigen Programmen werden vor allem Angaben über die finanziellen Mittel zu machen sein, die zur Verwirklichung der Entwicklungsziele eingesetzt werden müssen. Darüber hinaus wird es notwendig sein, zur Konkretisierung der Einzelprogramme in den verschiedenen Sachbereichen „Entwicklungspläne" aufzustellen, beispielsweise einen Plan der „Entwicklungsachsen", einen „Generalverkehrsplan", einen „Sozialplan"[63]).

c) Frankfurt

Der Stadt Frankfurt ist es bisher nicht gelungen, ein einleuchtendes Konzept der Stadtentwicklungsplanung zu finden. Die Ansicht, daß man mit dem Flächennutzungsplan von 1959 nicht auskommt, ist zwar einhellig anerkannt, aber die Veröffentlichung „Stadtentwicklungsplanung und Gesamtverkehrsplan Frankfurt am Main, Band 1, Grundlagen"[64] ist nichts anderes als eine mit „Planungsphilosophie" angereicherte Bestandsaufnahme. Der vorliegende Band soll Ausgangspunkt einer Reihe weiterer Veröffentlichungen sein:

Band 2: Stadtentwicklungsplanung (Rahmenplan);
Band 3: Konzepte zur Stadterneuerung;
Band 4: Infrastrukturplanung als Grundlage langfristiger Investitionsplanung;
Band 5: Frankfurt Standort der Wirtschaft;
Band 6: Wohnungsbestand, Wohnungsversorgung, Wohnungsbau und Wohnungspolitik.

Seitens der Verkehrsplanung sind noch folgende Veröffentlichungen beabsichtigt:

Band 2b: Fließender Individualverkehr;
Band 3: Ruhender Verkehr;
Band 4: Öffentlicher Verkehr;
Band 5: Verkehrsbilanz.

Wenn man bedenkt, daß die Stadt seit nunmehr drei Jahren die Veröffentlichung des Bandes 2 „Stadtentwicklungsplanung (Rahmenplan)" als unmittelbar bevorstehend angibt, muß bezweifelt werden, ob es bislang gelungen ist, eine realisierbare Stadtentwicklungskonzeption zu erarbeiten. Auf dem Wege zu einem Gesamtverkehrsplan ist man vergleichsweise ein Stück weiter. Neben der gründlichen Bestandsaufnahme zur Verkehrssituation im erwähnten „Band I: Grundlagen" liegen mit dem vor dem „Band I: Grundlagen" veröffentlichten Band 2 a „Fließender Individualverkehr" sehr detaillierte

---

[61]) Stadtentwicklungsprogramm Bremen, a.a. O., S. 110.
[62]) Stadtentwicklungsprogramm Bremen, a. a. O., S. 5.
[63]) Stadtentwicklungsprogramm Bremen, a. a. O., S. 7.
[64]) Stadtentwicklungsplanung und Gesamtverkehrsplan Frankfurt am Main, Band 1, Grundlagen, Frankfurt 1969.

Untersuchungen und Prognosen auf diesem Gebiet vor. Ein Folgeband (Band 2 b: Fließender Individualverkehr) steht unmittelbar vor der Veröffentlichung. Das vorgesehene S- und Stadtbahnnetz ist in der Planung seiner Abschnitte zeitlich festgelegt. Die Finanzierung der einzelnen Projekte ist weitgehend gesichert. Aus den von der Stadt bisher veröffentlichten Planungen geht dies allerdings nicht hervor.

d) Hamburg

Hamburg hat — obwohl Land — kein Landesplanungsgesetz. Es gilt das Bundesbaugesetz. Dennoch ist ein eigenes Planungsinstrumentarium geschaffen worden. Es besteht ein „Entwicklungsmodell für Hamburg und sein Umland" aus dem Jahre 1969[65]). Das Hamburger Umland wird mit dem Hamburger Planungsraum zusammengefügt. Das Modell schließt z. B. Lüneburg, Bad Oldesloe und Elmshorn, also Teile von Niedersachsen und Schleswig-Holstein, ein. Für dieses Gebiet ist eine Leitvorstellung erarbeitet worden, die bis in das kommende Jahrhundert hineinreichen soll. Prioritäten für die Verwirklichung der Ziele und Maßnahmen sowie Finanzierungsfestlegungen sind in dem Entwicklungsmodell nicht getroffen worden.

Erst im Range nach dem „Entwicklungsmodell" strebt Hamburg als nächste Planungsstufe die Aufstellung eines Flächennutzungsplanes an. Bisher gilt noch der Aufbauplan 1960. Bis 1973 soll er durch einen neuen Flächennutzungsplan abgelöst werden. Der Flächennutzungsplan ist im Gegensatz zum Entwicklungsmodell auf das Hamburger Staatsgebiet begrenzt. Der Flächennutzungsplan mit einer Laufzeit von 10 bis 15 Jahren soll die erste Verwirklichungsstufe des „Entwicklungsmodells" darstellen. Für diesen Zeitraum soll auch eine langfristige Investitionsplanung aufgestellt werden. Eine synchrone Erarbeitung von Flächennutzungsplan und Investitionsplan soll eine Gesamtplanung ergeben, in der die raumwirksamen Faktoren aufeinander abgestimmt und die Realisierungsmöglichkeiten bezüglich des öffentlichen Haushalts berücksichtigt sind.

Auf den untersten Ebenen der Hierarchie der Planungsarten Hamburgs sollen schließlich einerseits Programm- und Ordnungspläne sowie Bebauungspläne (Flächenbezug) und andererseits mittelfristige Finanzpläne sowie der Haushaltsplan (Finanzbezug) stehen.

e) Hannover

Hannover begnügt sich nicht mit der Aufstellung eines Flächennutzungsplanes und einer mittelfristigen Finanzplanung. 1968 ist mit der Erarbeitung eines Stadtentwicklungsprogramms begonnen worden. Die Verwaltung hat Teile des Stadtentwicklungsprogramms (Finanzprojektion, Investitionsprogramm) vorgelegt[66]). Der Gesamtplan

---

[65]) Das Entwicklungsmodell für Hamburg und sein Umland, herausgegeben vom Senat der Freien und Hansestadt Hamburg, Nr. 186 der Berichte und Dokumente aus der Freien und Hansestadt Hamburg vom 18. 7. 1969; vgl. auch HARALD SCHULZE: Integration von flächenbezogener und finanzieller Planung. Recht und Politik 1970, S. 159 ff.; HELMUTH KERN: Ein Modell für die wirtschaftliche Entwicklung der Region Unterelbe. Schriftenreihe der Behörde für Wirtschaft und Verkehr der Freien und Hansestadt Hamburg, Nr. 9, Hamburg (1970); TILL KRÜGER: Das Entwicklungsmodell für Hamburg und sein Umland. Der Städtetag 1971, Heft 6 (Sonderdruck) S. 12 ff.

[66]) Stadtentwicklungsprogramm der Landeshauptstadt Hannover, Abschnitt 2: Finanzprojektion 1970—1979, Abschnitt 5: Investitionsprogramm 1970—1979, Verwaltungsentwurf, Anlage zur Drucksache Nr. 649/70, Hannover 1970.

soll 1972 veröffentlicht werden. Das Gesamtprogramm wird etwa wie folgt aufgebaut sein:
— Struktur- und Entwicklungsanalyse (Bevölkerung, Arbeitsplätze, Wirtschaftskraft usw.);
— Finanzprojektion 1970—1979;
— Bedarfsanalyse („Kommunale Marktforschung");
— Stadtpolitische Ziele;
— Investitionsprogramm mit fünf Varianten;
— Maßnahmen-Programm (z. B. Werbung und Öffentlichkeitsarbeit, Verbesserung des Service);
— Ableitung detaillierter Fachprogramme aus den Rahmenplänen (Investitionsprogramm, Maßnahmen-Programm), z. B. Altenplan, Bäderplan, Schulentwicklungsprogramm, Kindertagesstätten-Plan, Generalverkehrsplan, Krankenhaus-Bedarfsplan, Sport- und Freizeitplan, Jugendplan, Sozialplan;
— Stadtteil-Entwicklungsprogramme (Zusammenfassung der Investitionen und sonstigen Maßnahmen nach Stadtteilen);
— Flächennutzungsplan (Abschluß der Arbeiten — Zusammenfassung aller flächenbeanspruchenden Maßnahmen).

An dem bereits als Verwaltungsentwurf vorliegenden Investitionsprogramm 1970—1979 ist besonders bemerkenswert, daß es sich dabei nicht um eine Bedarfsrechnung (im Sinne einer bloßen Addition alles Wünschenswerten), sondern um ein auf die finanziellen Gegebenheiten abgestimmtes, insoweit also realisierbares Aktionsprogramm handelt. Die Investitionen sind in Listen unterteilt, je nachdem, ob es sich um Investitionen handelt, die in jedem Falle durchgeführt werden müssen oder sollen, oder ob es sich um Investitionen handelt, über deren Durchführung man noch relativ frei entscheiden kann. Da deren Dringlichkeit nicht objektiv beweisbar ist, sondern je nach Beurteilung der verschiedenen kommunalen Aufgabenbereiche so oder anders bewertet werden kann, sind hier fünf Programmvarianten erarbeitet worden, und zwar
— Variante A mit Schwerpunkt im Bereich Bildung/Jugend,
— Variante B mit Schwerpunkt im Bereich Soziales/Gesundheit,
— Variante C mit Schwerpunkt im Bereich Freizeit,
— Variante D mit Schwerpunkt im Bereich Verkehr.
— Variante E mit einer Zusammenfassung derjenigen Investitionen aus den vier „Fach-Varianten", denen von der Verwaltung eine besonders hohe Dringlichkeit beigemessen wurde.

Die Vertretungskörperschaft hat also zu entscheiden, welchen Investitionsschwerpunkten sie in den siebziger Jahren den Vorrang geben will.

f) München

Die Stadt München hat einen „Stadtentwicklungsplan mit Gesamtverkehrsplan" aufgestellt, dessen letzte Fassung aus dem Jahre 1968[67] stammt. Der Stadtentwicklungsplan ist kein Flächennutzungsplan im Sinne des Bundesbaugesetzes. Er soll für die Organe der Stadt München eine „Richtschnur" für alle ihre Investitionsmaßnahmen und sonstigen Entscheidungen sein. Aus dem Stadtentwicklungsplan soll der Flächennutzungsplan entwickelt werden. Der Stadtentwicklungsplan soll Auskunft über die generellen Absichten der Stadt geben und bei der Mitarbeit der Stadt im Planungs-

---
[67]) Landeshauptstadt München: Stadtentwicklungsplan mit Gesamtverkehrsplan, Kurzfassung, München 1968.

verband „Äußerer Wirtschaftsraum München"[68]) als Richtlinie dienen. Der Plan stellt die etwa bis zum Jahre 1990 anzustrebende städtebauliche und verkehrsmäßige Ordnung für die Stadt München und ihr Umland dar. Prioritäten bei der Durchführung der Maßnahmen und zeitliche Durchführungsabschnitte sind nicht vorgesehen. Auch über die voraussichtlichen Kosten der Maßnahmen werden keine Angaben gemacht.

Der Zusammenhang von Flächennutzungsplanung, Investitionsplanung und Finanzplanung wird in München seit 1966 zumindest institutionell durch die Einrichtung eines „Referats für Stadtforschung und Stadtentwicklung" erleichtert. Das als Stab eingerichtete Referat ist in die Arbeitsbereiche Stadtforschung, Stadtentwicklung und Planungsvollzug gegliedert. Die Fortschreibung und Modifizierung des Stadtentwicklungsplanes ist für 1973 vorgesehen. Dabei sollen sowohl zeitliche und finanzielle Prioritäten gesetzt als auch Strategien zur Verwirklichung der Zielvorstellungen aufgezeigt werden. Die gesellschaftspolitischen, sozialökonomischen und städtebaulichen Zielvorstellungen für die Überarbeitung des Stadtentwicklungsplanes sollen aus erarbeiteten oder noch zu erarbeitenden Forschungsergebnissen[69]) gefunden werden.

Die abschließenden Teiluntersuchungen zu den Themen
— Bevölkerungsentwicklung,
— Arbeitsstättenentwicklung,
— Untersuchung von Zentrenstandorten,
— Wohnen, Wohnungsmarktuntersuchung,
— Entwicklung eines verkehrspolitischen Konzepts,
— Untersuchung zur Flächennutzung,
— Regionale Verflechtungen,
— Freizeitverhalten und
— Prognose des Infrastrukturbedarfs
sollen im Herbst 1972 vorgelegt werden.

Eine Bilanz des Vollzugs des Stadtentwicklungsplanes 1968 mit der Darstellung des Widerspruchs zwischen Zielsetzungen und Zielerreichung soll ebenfalls im Herbst 1972 erfolgen.

---

[68]) Vgl. RAIMUND SCHÖNER: Planungsverband Äußerer Wirtschaftsraum München. KOMMUNAL 1971, S. 82 ff.

[69]) Inzwischen sind folgende Untersuchungen veröffentlicht worden: Investitionsplanungs- und Olympiaamt (Hrsg.): Wohnungen für Obdachlose, München 1967, Beitr. zur Stadtf. und Stadtentw. Nr. 1); W. HARTKE (Bearb.), Geografisches Institut der Technischen Hochschule München, Investitionsplanungs- und Olympiaamt (Hrsg.): Dörfliche Strukturen am Stadtrand — Eine sozialwissenschaftliche Analyse des alten Stadtteils Perlach, München 1968 (Beitr. zur Stadtf. u. Stadtentwicklung Nr. 2); D. KLINGBEIL (Bearb.): Zur Raumbedeutsamkeit von Telefon-Ortsnetzgrenzen. Vorbericht aus den Studien zur Telefonkommunikation am Stadtrand von München, Stadtverwaltung — Referat für Stadtforschung und Stadtentwicklung — München 1969 (Beitr. zur Stadtf. u. Stadtentw. Nr. 3); H. PFLAUMER (Bearb.): Öffentlichkeit und Verwaltung in einem demokratisierten Planungsprozeß, Stadtverwaltung — Referat für Stadtforschung und Stadtentwicklung — München 1970 (Beitr. zur Stadtf. u. Stadtentw. Nr. 4); Studiengruppe für Biologie und Umwelt, gemeinnützige Gesellschaft mbH (Hrsg.): Studie über den Systemzusammenhang in der Umweltproblematik, München 1971 (Beitr. zur Stadtf. u. Stadtentw. Nr. 5); Kommunales Planungsinformations- und Analyse-Systems f. München, KOMPAS, Konzeption, Stadtverwaltung — Stadtentwicklungsreferat — München 1971 (Arbeitsberichte zur Fortschreibung des Stadtentwicklungsplans Nr. 2); Kommunalpolitische Aspekte des Umweltschutzes in München — Problemstudie — Stadtentwicklungsreferat, München 1971 (Arbeitsberichte zur Fortschreibung des Stadtentwicklungsplans Nr. 3); Kommunalpolitische Aspekte des wachsenden ausländischen Bevölkerungsanteils in München — Problemstudie — Stadtentwicklungsreferat, München 1972 (Arbeitsberichte zur Fortschreibung des Stadtentwicklungsplans Nr. 4).

g) Nürnberg

Für Nürnberg wird ein sehr anspruchsvolles Projekt der Stadtentwicklungsplanung verfolgt. Inhaltliche Ergebnisse des „Nürnberg-Plans" liegen noch nicht vor. Das verhältnismäßig komplizierte Verfahren der Planaufstellung wurde jedoch von Anfang an öffentlich diskutiert[70]; wegen des umfangreichen methodischen Ansatzes konnten verbindliche Festlegungen in Verfahrensfragen erst zum Teil erreicht werden.

Die Nürnberg-Planung geht auf einen Auftrag des Oberbürgermeisters vom Frühjahr 1970 zurück. Ihm folgte der Erste Bericht zum Nürnberg-Plan vom 15. 5. 1970[71]), in dem u. a. die Grundstruktur und die institutionelle Lösung für die vorgesehene Entwicklungsplanung dargelegt werden. Der Nürnberg-Plan soll aus einer Hierarchie von Plänen vom Entwicklungsmodell bis zum Ausführungsplan bestehen. Dabei soll an den Plänen aller Stufen gleichzeitig gearbeitet werden. Mit der Planung befaßte Institutionen sind der Stadtrat und sein Ausschuß für Stadtforschung, Stadtentwicklung und Stadterneuerung auf politischer Ebene und die Arbeitsgruppe Nürnberg-Plan (AGN) auf seiten der Stadtverwaltung. Die AGN ist ein kooperatives Gremium, bestehend aus dem Oberbürgermeister als Vorsitzendem, dem Bürgermeister, den berufsmäßigen Stadträten (Referenten), weiteren namentlich benannten Vertretern der jeweiligen Fachbereiche (Fachplanern) sowie den — derzeit fünf — Mitgliedern des zentralen Planungsstabs der AGN. Zur vorbereitenden Arbeit der AGN werden Projektgruppen gebildet, in denen neben Vertretern der jeweils betroffenen Fachbereiche und einem Mitglied des AGN-Stabes teilweise auch Mitarbeiter des Kommunalwissenschaftlichen Forschungszentrums Berlin vertreten sind. Als Geschäftsstelle der AGN fungiert ihr zentraler Planungsstab.

Die praktische Arbeit der AGN hat ihre Schwerpunkte zunächst bei der Aufstellung von Konzeptionen für die Beteiligung der Öffentlichkeit an der Planung und bei der Suche nach brauchbaren Methoden für die mittelfristige und langfristige Finanz- und Investitionsplanung gehabt; in beiden Bereichen wurde bereits eine umfangreiche Grundlagenforschung betrieben[72]). Die Aufstellung der übergeordneten Ziele des Entwicklungsmodells ist in Arbeit.

Im Konzept für die Öffentlichkeitsbeteiligung werden folgende Maßnahmen vorgeschlagen:
— Einrichtung einer städtischen Umfrageforschung;
— Einrichtung eines Nürnberg-Forums;
— Vorbereitung einer Ausstellung Nürnberg-Plan;

---

[70]) Projektgruppe „Nürnberg-Beratung" im Kommunalwissenschaftlichen Forschungszentrum Berlin: Städtische Entwicklungsplanung als kooperative Aufgabe von Wissenschaft und Praxis. Der Städtetag 1971, Heft 6 (Sonderdruck), S. 2 ff.

[71]) Stadt Nürnberg: Wirtschaftsreferat, Erster Bericht zum Nürnberg-Plan. Amtsblatt der Stadt Nürnberg 1970, S. 664 ff.

[72]) Vgl. Kommunalwissenschaftliches Forschungszentrum Berlin: Nürnberg-Beratung, Vorstudie, Februar 1971, S. 4 ff., 35 ff.; eine populäre Darstellung der Finanzprobleme gibt HANS GEORG SCHMITZ: Finanzierung der Stadtentwicklung Nürnberg, vervielfältigtes Manuskript, das in einer der Reihen zum Nürnberg-Plan veröffentlicht werden soll; Stadt Nürnberg: Integration von Stadtforschung, Statistik und Einwohnerwesen, Beiträge zum Nürnberg-Plan, Reihe D, Heft 1, Nürnberg Juli 1971; Stadt Nürnberg: Nürnbergs Stellung im öffentlichen Personenverkehr seines weiteren Einflußbereiches, Beiträge zum Nürnberg-Plan, Reihe E, Heft 5, Nürnberg Dezember 1971; HANS-ERHARD HAVERKAMP, DIETER VON LÖLHÖFFEL, KLAUS TRUTZEL: Umfragen '71 zur Stadtentwicklung, Repräsentative Bevölkerungsumfrage und Befragung meinungsbildender Persönlichkeiten, Stadtverw. — Arbeitsgruppe Nürnberg-Plan —, Nürnberg 1971, Beitrag zum Nürnberg-Plan, Reihe C, Öffentlichkeitsbeteiligung, Heft 1.

— Veröffentlichungen zur Dokumentierung der bereits geleisteten Arbeit („Beiträge zum Nürnberg-Plan", „Informationen zum Nürnberg-Plan");
— Periodischer Versand von Bürgerbriefen;
— Durchführung einer Vortrags- und Diskussionsreihe;
— Darstellung des Themas Nürnberg-Plan in der Presse;
— Diskussionen in den laufenden Bürgerversammlungen.

Augenblicklich bemüht sich die Stadtverwaltung bei ihrer Öffentlichkeitsarbeit um Verständnis für Notwendigkeit, Umfang und Schwierigkeiten der Nürnberg-Planung; die Diskussion um Planungsinhalte steht demgegenüber noch im Hintergrund. Als Endprodukt der Nürnberg-Planung werden alternative Bedarfs- und Investitionspläne mit verschieden gelagerten Schwerpunkten angestrebt. Die Planung soll gleitend aufgebaut werden. Die langfristigen Rahmenplanungen sollen nach dem Muster und Rhythmus der mittelfristigen Finanzplanung revidiert werden.

Es bleibt zu hoffen, daß die sehr frühzeitig verkündeten anspruchsvollen Ziele tatsächlich erreicht werden können. Die schwierigen Phasen einer integrierten Stadtentwicklungsplanung stehen in Nürnberg erst bevor.

h) Zwischenergebnis

Die zahlreichen Bemühungen der wichtigsten deutschen Großstädte um den Aufbau einer Stadtentwicklungsplanung zeigen deutlich, daß offenbar ein Bedürfnis besteht, die bisherigen Planungsinstrumente der Bauleitplanung und der Finanzplanung in eine Verbindung zueinander zu bringen und darüber hinaus ein umfassenderes Planungsinstrument zur Steuerung der zukünftigen Entwicklung des hochkomplexen Gebildes „Großstadt" zu erhalten. Keine Stadt ist bisher auf diesem Wege zu einem bereits zufriedenstellenden Modell der Entwicklungsplanung gekommen. Sowohl das Verfahren als auch (soweit man bereits dahin vorgedrungen ist) die Inhalte der Planung weichen nicht unbeträchtlich voneinander ab. Ganz überwiegend ist man noch in der Phase des Experimentierens.

III. Mängel des heutigen Planungssystems

1. Zu wenig Systematik

Für den Außenstehenden und sogar für den Fachmann sind die heute für Bund, Länder und Gemeinden angebotenen Planungsinstrumente kaum in eine prägnante Systematik zu bringen. Die Planungsformen und Planungsarten sind in jeweils unterschiedlichen Bedürfnislagen der öffentlichen Verwaltung entstanden. Gewöhnlich hat man die neuen Instrumente entwickelt und angewandt, ohne das überkommene System aufzuheben oder anzupassen. So stehen etwa politische Gesamtplanung, Raumplanung, Finanzplanung und Bundeswehrplanung relativ unverbunden nebeneinander. Die Intensität der Planungsarten ist so unterschiedlich, daß sich häufig hinter gleichartigen Bezeichnungen in der Sache unvergleichbare Planungsinstrumente verbergen[73]). Die langfristig planenden Ressorts beim Bund (Verkehr, Verteidigung, Bildung) und den Ländern belegen in imperialistischer Weise die knappen Ressourcen ohne ausreichende Berücksichtigung der nicht oder nur mittelfristig planenden Bereiche.

---

[73]) Man denke etwa an die zwei Bände Landesentwicklungsprogramm des 4-Mio.-Einwohner-Landes Rheinland-Pfalz und an die fünf Ministerialblatt-Seiten des Programms für das 17-Mio.-Einwohner-Land Nordrhein-Westfalen.

2. Zu wenig Maßnahmenbezüge

Überwiegend werden bei den heutigen Planungen keine Maßnahmen genannt, die dazu geeignet sind, die verkündeten Ziele zu erreichen oder ihnen näher zu kommen. Die Planung der Durchführung erscheint insgesamt unterbewertet. Die Planung von Maßnahmen wird als „technokratisch" verketzert, um die Einigung auf Ziele zu ermöglichen, die häufig nichts anderes sind als Leerformeln. Auf manches Ziel hätte verzichtet werden müssen, weil bei der Planung der zur Erreichung des Zieles notwendigen Maßnahmen die Uneinigkeit der Beteiligten deutlich geworden wäre. Der mangelnde Maßnahmenbezug der heutigen Planung erklärt zum Teil den großen Abstand, der zwischen den zahlreich genannten Zielen und der entgegengesetzten täglichen Regierungs- und Verwaltungspraxis besteht.

3. Zu wenig Zeitbezüge

Die meisten Planungsinstrumente leiden am mangelnden Zeitbezug. Es gibt zu viele Ende-offen-Planungen. Selbst, wo Landesentwicklungspläne oder Gebietsentwicklungspläne nach zehn Jahren neu aufgestellt werden müssen, geben sie nicht an, für welchen Zeitraum sie gelten sollen. Ohne Zeitbezug können keine Etappenziele für Zwischenprogramme angegeben werden. Man kann auch keine Prioritäten in Teilabschnitten festlegen. Damit muß auf die Feststellung des Planfortschritts verzichtet werden. Erfahrungen bei der Planrealisierung werden nicht genutzt und eine rechtzeitige Plananpassung ist nicht möglich. Ohne Etappenziele gibt es auch keine Antriebe für eine möglichst schnelle Zielerreichung; man hat ja immer noch Zeit genug[74]).

4. Zu wenig Finanzbezüge

Das Landesentwicklungsprogramm Rheinland-Pfalz sagt in seinem Vorwort wörtlich: „Die Kosten für die Durchführung der geplanten Maßnahmen oder gar die Aufbringung der Mittel anzugeben, ist nicht Sache des Landesentwicklungsprogramms. Mit guten Gründen hat der Gesetzgeber davon abgesehen, die Raumordnungspläne mit finanziellen Vorausdispositionen oder Finanzierungsberechnungen zu belasten." An den „guten Gründen" muß heute gezweifelt werden. Die Finanzplanung und insbesondere die Finanzplaner sind nicht in der Lage, die Kosten der Herstellung des Zustandes, der von den Raumordnern angestrebt wird, auch nur annähernd zu schätzen oder sonst zu berücksichtigen. Im Ergebnis stellen die Finanzplanungen daher nur eine Fortschreibung der gegenwärtigen Haushaltsblöcke mit Hilfe von Einnahmeprognosen und Wachstumsschätzungen einzelner Bereiche dar. Die dabei auftretende Mangellage wird dann je nach politischer Kraft der Beteiligten oder auch nur prozentual aufgeteilt.

5. Zu wenig Komplexitätsbeachtung

Bei der sozialen und wirtschaftlichen Entwicklung hängt alles von allem anderen ab. Das ökologische und wirtschaftliche System ist von einer unvorstellbaren Komplexität und Unübersichtlichkeit. Diese Vermaschung jeder Planungsentscheidung mit unzähligen, oft ungewollten Nebenwirkungen wird bei einem Teil der Planungen zu wenig beachtet. Selbst, wo bei Planungen die Finanzbezüge hergestellt sind, werden die Knappheit sonstiger Ressourcen (Lehrer, Baukapazität, Boden, Organisation) und die gesamtwirtschaftlichen Nebenwirkungen des Geplanten zu oft vernachlässigt.

---

[74]) Auf diese Mängel hat HEINRICH REINERMANN den Verfasser in einer Stellungnahme zum Manuskript hingewiesen.

6. Zu wenig Wissenschaftsskepsis

Diejenigen, die die hohe Komplexität des Planungsprozesses berücksichtigen wollen, berauschen sich nicht selten an möglichst schwierigen wissenschaftlichen Planungsmethoden. Ohne endloses Analysen- und Methodenpalaver geht es dann nicht ab. Die Planung der Planung wird wichtiger als der Inhalt der Planung. Die realen Möglichkeiten der Wissenschaft zur Beratung der öffentlichen Planung werden wesentlich überschätzt.

7. Zu wenig Operationalität

Bestandsaufnahmen und Analysen der Planungen sind gewöhnlich umfangreicher als die operational formulierten Ziele. Wenn Ziele formuliert werden, arten sie nicht selten in Gemeinplätze aus. Etwa in der Art: „Herbeiführung einer geordneten, am Gemeinwohl orientierten Entwicklung unter Berücksichtigung der freien Entfaltung der Persönlichkeit in der Gemeinschaft." Es dürfte wohl außer den Raumordnungsplänen keine Literatur in Deutschland geben, die so häufig Adjektive wie gesund, zweckmäßig, sinnvoll, vernünftig, zumutbar, günstig usw. benutzt. Wenn eines dieser Worte benutzt wird, sind Planungsziele nicht operational formuliert. Man weiß nicht, wohin der Weg in welchem Tempo führen soll.

8. Zu wenig Wichtigkeitskonzentration

Die Instrumente der Raumplanung sind relativ gut, die Instrumente der Ausgabenplanung in ersten Ansätzen und die Instrumente für die Aufgabenplanung überhaupt nicht entwickelt. Eine Konzentration der Planungstätigkeit auf die wichtigsten Aufgabenbereiche der öffentlichen Hand findet nicht statt. Relative Nebensächlichkeiten werden am intensivsten geplant, weil am wenigsten politisch umstritten. Große Teile der Erfolgsfaktoren für gute Leistungen des Staates an seine Bürger sind durch die Regelung der Raumnutzung überhaupt nicht oder kaum zu beeinflussen. Als Beispiele seien die Gewinnung hochqualifizierter Führungskräfte, die Aus- und Weiterbildung von Personal, die funktionale Verwaltungsreform, weite Teile des Umweltschutzes, des Gesundheitswesens, der Bildung[75]), überhaupt der Sektor von Kultur, Wissenschaft und Forschung genannt. Normativ geregelte Planungsinstrumente für diese Bereiche staatlicher Tätigkeit werden so gut wie nicht zur Verfügung gestellt. Aber gerade hier entscheidet sich aller Voraussicht nach das Schicksal der Nation. Der Aufbau der Führungsorganisation, und dazu gehört die Planung und das Führungsinformationssystem, ist nicht auf die spezifischen Erfolgsfaktoren für das „Unternehmen" Staat ausgerichtet. Zwischen den öffentlichen Bereichen mit den wichtigsten Erfolgschancen und den Bereichen mit den besten Planungsinstrumenten klafft heute eine breite Lücke.

9. Zu wenig Alternativplanungen

Viel zu selten werden von den Raum-, Investitions- und Finanzplanern Planungsalternativen ausgearbeitet, die im Hinblick auf Kosten und Nutzen miteinander verglichen werden. Die politischen Vertretungskörperschaften des Bundes, der Länder und der Gemeinden haben bei der heutigen Art der Planungsentwürfe nahezu keine Möglichkeiten, begründete Entscheidungen zu fällen, weil die Verwaltung für ihre

---

[75]) Ein erster Ansatz der Zusammenschau von Bildung und Raum findet sich in „Bildungsplanung und Raumordnung", Band 61 der Forschungs- und Sitzungsberichte der Akademie für Raumforschung und Landesplanung, Hannover 1971.

Planentwürfe keine Alternativen aufgestellt hat und die Auswirkungen von Variationen daher nicht abgeschätzt werden können. Auch die Öffentlichkeit muß sich daher mit dem einen Plan zufrieden geben. Die gesellschaftliche Rückkopplung ist unmöglich.

10. Zu wenig Querkoordinierung

Die Raumordner, Finanzplaner, Verkehrsplaner, Bildungsplaner, Umweltschützer und Wirtschaftsstrukturverbesserer auf Bundes- und Länderebene koordinieren ihre Ziele in vertikaler Richtung schlecht und recht. Dies funktioniert immer noch besser als die Querkoordination zwischen den Bundesressorts und zwischen dem Bund und allen Ländern zusammen. Die Abstimmung der Gesamtentwicklungspläne der Länder, soweit solche Pläne überhaupt vorhanden sind, gibt es als Form des kooperativen Föderalismus zwischen den Ländern noch nicht.

IV. Konzept einer zukünftigen Planungsorganisation

Die geschilderten Mängel des heutigen Planungssystems können nicht ohne tiefgreifende Reformen beseitigt oder gemildert werden. Es soll daher ein Zukunftskonzept der Instrumente und der Organisation der Planung aufgestellt werden. Dies geschieht in der Form kurzer Thesen, weil die Überlegungen mangels Diskussion in Fachkreisen noch nicht ausgereift sind.

1. Entwicklungsplanung auf allen Ebenen

Auf allen Hauptebenen der öffentlichen Aufgabenerfüllung, wo ein größeres Bündel von Aufgaben mit einem eigenen Haushalt und einem demokratisch gewählten Vertretungsorgan besteht, muß Entwicklungsplanung getrieben werden. Das heißt unter den gegenwärtigen und absehbaren zukünftigen Bedingungen in der Bundesrepublik: Es müssen Bundes-, Landes-, Kreis- und Gemeinde-Entwicklungsprogramme aufgestellt werden.

Alle Programme müssen den Charakter von Rahmenplanungen behalten. Beim Bundesentwicklungsprogramm ist die Regelungsintensität am geringsten. Die Planungen der nachgeordneten Ebenen der öffentlichen Aufgabenerfüllung müssen sich in die der übergeordneten einfügen. Das setzt weitgehend einheitliche Planungsformen und Planungsinstrumente auf allen Ebenen voraus.

2. Vergrößerung der Planungs- und Verwaltungseinheiten

Wo die Aufgabenbündel die Aufstellung einer eigenen Entwicklungsplanung nicht lohnen, muß durch Vergrößerung der Gebiete und Delegation von Aufgaben ein ausreichend großes Bündel von Aufgaben zusammengefaßt werden. Das bedeutet eine Mindestgröße für kleine Gemeinden, eine wesentliche Vergrößerung der Landkreise und eine Auflösung der kleinen Länder.

3. Lang-, mittel- und kurzfristige Planungen

Bei der Entwicklungsplanung auf allen Ebenen muß zwischen langfristigen Perspektivplanungen (intelligente Spekulation), mittelfristigen strategischen Plänen und

Jahresplänen unterschieden werden. Perspektivpläne (Entwicklungsmodelle) sind Ende-offen-Pläne. Mittelfristige strategische Pläne umfassen einen Zeitraum von fünf, zehn oder 15 Jahren und können in zwei oder drei Durchführungsabschnitte aufgeteilt werden. Jahrespläne umfassen einen Zeitraum von ein oder zwei Jahren.

4. Mittelfristige strategische Planungen

Mittelfristige strategische Pläne sind nach jeweils drei Jahren, Zweijahrespläne nach jeweils einem Jahr (rollierend) unter Berücksichtigung der sich wandelnden Umweltbedingungen und des Standes der Planverwirklichung fortzuschreiben.

Mittelfristige strategische Pläne enthalten auf der Ebene des Bundes, des Landes, des Kreises und der Gemeinde in abgestufter Intensität je einen Abschnitt Flächennutzung, Aufgabenplanung und Ausgabenplanung („Ressourcenplanung"). Die Flächennutzung muß umfassender und intensiver geplant werden als die beiden anderen Bereiche, weil sie auch Richtlinie für die private Flächennutzung sein muß. Die Aufgabenplanung umfaßt die öffentlichen Aufgaben und ist in der Hauptsache (aber keineswegs ausschließlich) auf Investitionen ausgerichtet. Für den Abschnitt Finanzen (Ressourcen) muß vorgeschrieben werden, daß keine Planung aufgestellt werden darf, bei der nicht aufgrund realistischer Schätzungen eine Finanzierung und sonstige Sicherung der vorgesehenen Maßnahmen gesichert ist.

Entwürfe von mittelfristigen strategischen Plänen sind von der Exekutive so auszuarbeiten, daß für die Öffentlichkeit und für die Entscheidung durch die demokratisch gewählten Vertretungsorgane gangbare Alternativen aufgezeigt werden.

5. Veröffentlichung von Planungen

Entwicklungsplanungen (mit Raum-, Aufgaben- und Ressourcenbezug) müssen wenigstens neun Monate vor Beginn des Planungszeitraumes veröffentlicht werden. Nur so können die einzelnen, die Wirtschaft und die Verwaltung sich auf die neuen Ziele und die zu ihrer Erreichung durchzuführenden Maßnahmen rechtzeitig einstellen.

6. Fachplanungen

Entwicklungsplanungen sind in ihren Teilen ganz überwiegend durch Beiträge der Fachplanung bestimmt. Fachplanungen sind daher notwendig und zulässig. Ist eine Entwicklungsplanung aufgestellt, dann müssen sich die Fachplanungen jedoch in die Ziele der jeweilig höheren oder gleichen Ebene der Entwicklungsplanung einpassen. Änderungen der aufgestellten Entwicklungsplanung werden ihre Grundlage überwiegend in neuen Erkenntnissen der Fachplanung haben.

7. Europäische Planungen

Zukünftige europäische Planungsinstrumente[76]) müssen dem hier vorgeschlagenen nationalen Planungssystem in den Grundzügen entsprechen.

---

[76]) Siehe dazu Europarat: Raumordnung, ein europäisches Problem. Bericht der Beratenden Versammlung, 1968, deutsche Übersetzung, Hachenburg, September 1970; Kommission der Europäischen Gemeinschaften: Eine Regionalpolitik für die Gemeinschaft, Luxemburg 1970.

Rechts- und Verwaltungsfragen der kommunalen Entwicklungsplanung
— eine Einführung —

von

Walter Bielenberg, Bonn-Bad Godesberg

I. Zum Begriff und zur Aufgabe der kommunalen Entwicklungsplanung

Im folgenden soll als Ansatz für die Begriffsbildung und die Verdeutlichung der Aufgabe zunächst von der Stadt-(Gemeinde-)entwicklung ausgegangen werden. An späterer Stelle wird die über den gemeindlichen Bereich hinausgreifende kommunale Entwicklungsplanung, insbesondere die Entwicklungsplanung der Kreise, in die Betrachtung einbezogen.

Im Schrifttum wird, soweit es überhaupt auf begriffliche und systematische Fragen eingeht und sich nicht nur auf Schilderungen der Probleme oder einzelner Beispiele der Praxis beschränkt, unter Stadt-(Gemeinde-)entwicklung allgemein der Prozeß und das Ergebnis einer Stadt-(Gemeinde-)entwicklungsplanung einschließlich ihres Vollzugs verstanden[1]). Stadt-(Gemeinde-)entwicklung ist somit sowohl die Tätigkeit als auch das Ergebnis der Tätigkeit, das Ergebnis ist die nach materiellen Zielvorstellungen entwickelte Stadt (Gemeinde)[2]). Planerische Grundlage hierfür ist der Stadt-(Gemeinde-)entwicklungsplan bzw. das Stadt-(Gemeinde-)entwicklungsprogramm[3]), in dem im Idealfall nach

---
[1]) Koordination der Planungen, Materialien zur Stadtentwicklungsplanung, Kommunale Gemeinschaftsstelle für Verwaltungsvereinfachung (KGSt), Köln 1971; MÄDING: Organisationsprobleme der Stadtentwicklungsplanung. Schriftenreihe des Instituts für Städtebau, Raumplanung und Raumordnung, Wien, Bd. 13, S. 30; Verfahren der Stadtentwicklungsplanung. In: Kaiser, Planung V, 319. Vgl. auch die Zusammenfassung: Organisation der kommunalen Entwicklungsplanung, KGSt. Köln 1972.

[2]) Hier scheint sich eine ähnliche Begriffsentwicklung zu vollziehen wie in der Raumordnung: Raumordnung wird heute sowohl als Ergebnis (der nach materiellen Zielvorstellungen „geordnete" Raum) als auch als Tätigkeit (Planung, Koordination usw.) verstanden.

[3]) Die Frage, ob es sich nur um eine Planung bzw. Programmierung, d. h. um einen ständigen Planungsprozeß, handelt oder ob als Gesamt- oder als Teilergebnisse auch abgeschlossene, förmlich verabschiedete, u. U. sogar institutionalisierte Pläne bzw. Programme in Erscheinung treten können und sollten, ist noch nicht endgültig geklärt; bereits die verwaltungsinterne Wirksamkeit dürfte, auch in kommunalpolitischer Hinsicht, als Zwischenergebnisse einer allerdings auf Fortschreibung angelegten Programmierung bzw. Planung Plan- bzw. Programmwerke erfordern.

materiellen, auf die Gesamtentwicklung des Gemeinwesens ausgerichteten Grundsätzen und Zielen alle relevanten Aktivitäten der Stadt (Gemeinde) integriert sind.

Eine wesentliche, wenn nicht sogar die wesentlichste Aufgabe dieser Planung ist die Zusammenführung der flächenbezogenen Planung (im gemeindlichen Bereich des Flächennutzungsplans nach dem Bundesbaugesetz) und der Investitionsplanung als Vollzugsstufe der Finanzplanung, und zwar sowohl in ihrer mittelfristigen, d. h. auf den Zeitraum der Finanzplanung, als auch in ihrer langfristigen, d. h. weitgehend auf die Aktionszeiträume der Flächenplanung bezogenen Form (vgl. hierzu näher Abschn. V.).

Die Stadt-(Gemeinde-)entwicklungsplanung muß sich in einem geordneten, mindestens verwaltungsintern geregelten Verfahren vollziehen, das nach den Grundsätzen der Verfahrenslehre zu entwickeln ist[4]) und hiernach grundsätzlich die folgenden Planungsstufen[5]) berücksichtigen muß:

(1) Vorbereitung, Bestandsaufnahme,

(2) Prognose der künftigen Bedürfnisse,

(3) Zielaufstellung[6]),

(4) Aufstellung des Programms, möglichst mit Alternativen,

(5) Ausführung des Programms[7]),

(7) Ergebniskontrolle, Fortführung[8]).

Das von der Kommunalen Gemeinschaftsstelle für Verwaltungsvereinfachung entwickelte Verfahrensmodell[9]) für eine koordinierte, integrierende Stadt-(Gemeinde-)entwicklungsplanung versteht sich selbst als eine „Planung der Planung". Es wird ein sachlogischer, zielführender Ablauf aller Verwaltungstätigkeiten und der sonstigen zur Stadtentwicklungsplanung gehörenden Aktivitäten idealtypisch konstruiert. Das hierbei entstehende Modell ist als ein systematischer, die wesentlichen, regelmäßig beteiligten Faktoren umfassender Verfahrensentwurf und Steuerplan zu verstehen, der im Anwendungsfall die Erfassung und Einordnung der tatsächlich beteiligten Faktoren in ihrer wechselseitigen Abhängigkeit erleichtern soll. Es ist kein vollständiges Totalmodell der Stadtentwicklungsplanung, sondern ein Rahmen, der die Einordnung der Probleme, Sachverhalte und Abläufe erleichtern soll[10]).

---

[4]) Vgl. zu dem Versuch eines reinen Verfahrensmodells — es enthält somit keine materiellen Ziele der Stadt-(Gemeinde-)entwicklung — Koordination der Planungen (Anm. 1) und das dort mitgeteilte Rundschreiben der KGSt 19/1969; vgl. hierzu auch MÄDING (Anm. 1).

[5]) Das darf nicht zeitlich verstanden werden; es handelt sich um ein kybernetisches Modell.

[6]) Zu den Zielen, insbesondere in ihrer gesellschaftspolitischen Bedeutung, vgl. Oberbürgermeister Dr. VOGEL: Stadtentwicklung, Ziele und Organisation. Vortag im Institut für Städtebau und Wohnungswesen, München, am 25. 2. 1971 (soweit ersichtlich, nicht veröffentlichtes Manuskript).

[7]) Strenggenommen gehört die Ausführung des Programms nicht mehr zur Entwicklungsplanung, sie ist Aufgabe der Fachstellen der Gemeinde; die Sicherstellung der Ausführung, schließlich auch die Ergebniskontrolle (vgl. oben zu (7), gehört aber zweifellos zum Aufgabenbereich der für die Entwicklungsplanung zuständigen Organisationseinheit.

[8]) MÄDING (Anm. 1) definiert das Verfahren der Stadt-(Gemeinde-)entwicklungsplanung als die „organisatorische Regelung der zielführenden (integrierenden) Koordination des Verwaltungshandelns der Gebietskörperschaft zur Vorbereitung, Entscheidung (Festlegung des Programms), Ablaufkontrolle und Fortführung der Stadtentwicklungsplanung".

[9]) Vgl. Anm. 4.

[10]) So MÄDING a. a. O.

Aus der Praxis sind bisher nur erste tastende Versuche einer Arbeitsablaufs- bzw. Verfahrens- und Organisationsordnung bekannt geworden. Stadt-(Gemeinde-)entwicklungsplanungen der hier vorausgesetzten Art sind übrigens, soweit ersichtlich, bisher nur in einigen größeren Städten eingeleitet oder durchgeführt worden[11]). Die systematische Erforschung der Verfahrens- und Organisationsfragen einer solchen Planung und die Durchführung praktischer Experimente sind neben der Einführung und der Erprobung moderner Planungstechniken und Planungsmethoden sowie der systematischen Klärung der benötigten Daten und der Möglichkeiten ihrer Bereitstellung und Aufbereitung für diese Zwecke besonders dringlich (vgl. hierzu näher Abschn. IX).

II. Gründe für eine kommunale Entwicklungsplanung

Als Gründe für eine kommunale Entwicklungsplanung sind vor allem zu nennen:

(1) Die Notwendigkeit, vielfältige Planungsprozesse in bezug auf Grundsätze, Ziele und Maßnahmen zu integrieren, und zwar zunächst im Zuständigkeitsbereich der kommunalen Gebietskörperschaft selbst, weil die einzelnen Ämter einer Gebietskörperschaft, wenn sie eine bestimmte Größenordnung erreicht, zunehmend selbständig planen und handeln und die erforderliche Ausrichtung auf Gesamtziele[12]) sowie — damit im Zusammenhang stehend — die Integration der zahlreichen Einzelmaßnahmen in eine

---

[11]) Vgl. BESTE: Gedanken zur Erstellung eines Stadtentwicklungsplans, DSt 1969, 107 und 172; BOEDDINGHAUS: Stadtentwicklungsplanung am Beispiel Bremen, AfK 1970, 128; EBERT/SCHMIDT-REICHBERG/ZECH: Entwicklungsmodell für Hamburg und sein Umland. Bauwelt 1969, 206; zum Hamburger Entwicklungsmodell vgl. auch KRÜGER: DSt 1971, 6, Sonderheft, S. 12; SCHULZE: Integration von flächenbezogener und finanzieller Planung, (dargestellt am Beispiel Hamburg). In: Kaiser VI; für Bremen vgl. den Entwurf eines Stadtentwicklungsprogramms, vorgelegt vom Senat der Freien und Hansestadt Bremen der Öffentlichkeit als Diskussionsgrundlage, herausgegeben vom Senator für das Bauwesen, Juni 1971.

Besonders die Großstädte betreiben seit längerer Zeit eine Entwicklungsplanung. Bereits 1963 stellte München einen Stadtentwicklungsplan auf (Stadtentwicklungsplan mit Gesamtverkehrsplan, Landeshauptstadt München, 1965). Im Schrifttum (DHEUS: Strukturanalyse und -prognose, 1969, S. 15, Neue Schriften des Deutschen Städtetages, Heft 24) wird dieser Plan „als Ideenskizze für die künftigen Flächennutzungs- und Bebauungspläne" und als „praktische Grundlage für Investitions- und andere Führungsentscheidungen" bezeichnet, die Investitionsplanung wird ihrerseits als ein „Vollzugsinstrument" der Stadtentwicklungsplanung gesehen (vgl. ABRESS: Gemeindliche Investitionsplanung, Bauwelt 1968, 1419). Das Schrifttum stimmt darin überein, daß der Münchener Stadtentwicklungsplan zwar als ein Modellfall zukunftsgerichteter gemeindlicher Planung zu werten ist, aber nicht mit einer Stadt-(Gemeinde-)entwicklungsplanung der hier erörterten Art identisch ist (vgl. u. a. BESTE, a. a. O., S. 107 f., und BOEDDINGHAUS, a. a. O., S. 132 zu II). Aus der räumlichen Entwicklungsplanung, so — im örtlichen Bereich — des Städtebaus, und der Finanzplanung (Investitionsplanung) hat sich allmählich die übergeordnete gemeindliche Entwicklungsplanung entwickelt.

[12]) Die Gesamtziele müssen operationabel sein, d. h. einen solchen Grad an Konkretheit aufweisen, daß Interdependenzen und Widersprüche zwischen den Einzelzielen und -maßnahmen genügend deutlich werden, Handlungsalternativen beurteilt werden können und eine Erfolgskontrolle ermöglicht wird. Die bisher bekanntgewordenen Ziele der Stadt-(Gemeinde-)entwicklung im örtlichen und übergeordneten Bereich (vgl. hierzu die Zusammenstellung von FRIDO WAGENER: Ziele der Stadtentwicklung nach Plänen der Länder, veröffentlichtes Gutachten, erstattet im Auftrag des Bundesministeriums für Städtebau und Wohnungswesen, Schriften zur Städtebau- und Wohnungsbaupolitik, Bd. 1, Göttingen 1971) weisen noch einen hohen Grad von Abstraktion auf. Zu den Zielen und der damit verbundenen Problematik vgl. auch VOGEL, a. a. O. (Anm. 6), und HESSE, AfK 10,26.

Gesamtplanung auf die Dauer nicht mehr allein von den an sich hierfür zuständigen Führungs- und Leitungsorganen der Gebietskörperschaft bewirkt werden können.

(2) Nur die Einbeziehung des Zeitfaktors und der Durchführungsmaßnahmen, insbesondere auch ihrer Finanzierung im Rahmen einer Investitionsplanung, geben ein einigermaßen zutreffendes Bild von der voraussichtlich auch tatsächlich eintretenden Entwicklung eines Gemeinwesens, soweit die öffentliche Hand die Entwicklung gestaltet oder sonst beeinflußt; die flächenbezogene Planung allein gibt weitgehend nur planerisch mögliche Entwicklungen wieder[13]).

Flächenbezogene Planung einerseits sowie Zeit- und Finanzplanung andererseits, insbesondere Investitionsplanung, können im Hinblick auf die vielfältigen Sach- und Bedingungszusammenhänge innerhalb einer Gebietskörperschaft nicht als getrennte Vorgänge behandelt werden.

(3) Die für die — insbesondere auch räumliche — Entwicklung der Gebietskörperschaften nur begrenzt zur Verfügung stehenden Finanzmittel müssen möglichst rationell, wirksam und wirtschaftlich eingesetzt werden. Das gilt insbesondere im Bereich der Infrastruktur, in dem ein hoher Nachholbedarf und ein ständig wachsender Zukunftsbedarf besteht. Durch eine Entwicklungsplanung werden Handlungsspielräume gewonnen, die es ermöglichen, auch künftig neu entstehenden Bedarf zu berücksichtigen. Auf Grund der veränderten Aufgabenstellung des Städtebaues (vgl. hierzu näher Abschn. IV/1) kommt der Integration von flächenbezogener Planung, Finanzplanung (Investitionsplanung) und der Zeitplanung auf der Ebene einer übergeordneten Stadt-(Gemeinde-)entwicklungsplanung besondere Bedeutung zu. Nur die lang- und mittelfristige Sicherung der Finanzierung der angestrebten städtebaulichen Entwicklung und die Konzentration der nur beschränkt zur Verfügung stehenden Finanzmittel auf die räumlichen und sachlichen Schwerpunkte nach Maßgabe einer Investitionsplanung führen zu realisierbaren Konzepten für die städtebauliche Entwicklung. Die Zusammenführung von flächenbezogener Planung und Finanzplanung macht die Bedeutung beider Planungsbereiche für die Gesamtentwicklung des Gemeinwesens deutlich. Allgemein zwingen Verfahren und Funktion der integrierten Entwicklungsplanung zur Kooperation bisher mehr oder weniger auch innerhalb einer Gebietskörperschaft getrennter Einzelbereiche.

(4) Die Entwicklungsplanung macht Lücken in der Information, den Planungsgrundlagen und den Planungsgrundsätzen bzw. -zielen erkennbar und zeigt auf, daß vielfach noch Entscheidungen auf ungesicherter Basis getroffen werden[14]). Neben der Sicherung eines Handlungsspielraums für künftige Entwicklungen gilt es auch, die Folgen der gegenwärtig zu treffenden Entscheidungen für die Zukunft aufzuzeigen. „Um die vorhandene Fläche des Stadtgebiets konkurrieren eine Fülle von alternativen Stadtfunktionen, wie Wohnen, Arbeitsstätten, Freizeit, Verkehrseinrichtungen und sonstige öffentliche Ein-

---

[13]) Das von der Bundesregierung für Ende 1972 in Aussicht gestellte Bundesraumordnungsprogramm wird (noch) kein Bundesentwicklungsprogramm sein, auch nicht in bezug auf die Raum- und Siedlungsstruktur. Der „Rückstand" der Gesetzgebung zeigt sich darin, daß trotz inzwischen erfolgter allseitiger Anerkennung des Bedürfnisses für ein Bundesraumordnungsprogramm das Raumordnungsgesetz ein solches Programm nicht vorsieht. Auch trägt die Gesetzgebung über die Raumordnung und Landesplanung beim Bund und den Ländern nicht ausreichend der Verzahnung zwischen übergeordneter Entwicklungsplanung, die auf der Grundlage einer Aufgabenplanung Raum, Zeit und Finanzen (Investitionen) zusammenzuführen sucht, Rechnung (vgl. hierzu oben Abschn. VI), ganz zu schweigen davon, daß weder die Verfassung noch die Gesetzgebung die Planungskoordination bzw .einen weitergehenden Planungsverbund auf der Ebene der darüber hinausgreifenden übergeordneten Entwicklungsplanung überhaupt anspricht (vgl. hierzu Abschn. IV/4).

[14]) Vgl. hierzu näher Abschn. IX.

richtungen. Allein damit werden schon eine Reihe von Entscheidungsproblemen aufgeworfen, die um so größer und schwieriger werden, je mehr die Tendenz zur Stadtsanierung und zum Stadtumbau geht. Damit nämlich werden augenblickliche Bestände nicht mehr Daten, sondern Variable des Entscheidungsproblems darstellen. Es ist bekannt, daß diese Konkurrenz der verschiedenartigen Sradtfunktionen um die gegebene Fläche hinsichtlich der Entscheidung außerordentlich stark differenziert werden muß. So ist z. B. die Wohnnutzung des Bodens abzustufen nach der baulichen Dichte, nach der Qualität des Wohnungsbaues, nach der Berücksichtigung soziologischer Verhältnisse oder Ziele, nach dem charakteristischen Bild eines Stadtteils usw. Auch die Nutzung durch Arbeitsstätten erscheint nicht als ein homogenes Problem, sondern differenziert außerordentlich stark nach Flächen für Servicefunktionen innerhalb der Hierarchie zentraler Orte, nach Arbeitsplätzen des Managementbereichs und den verschiedenen gewerblichen Arbeitsplätzen ... So gesehen konkurrieren nicht also einfach zwei homogene Funktionen, wie Wohnen und Arbeitsstätten, um die vorhandene Fläche, sondern außerordentlich heterogene Einheiten, die die Zahl der Entscheidungsvariablen und Kombinationsmöglichkeiten außerordentlich stark erhöhen. Wird darüber hinaus beachtet, daß über die räumliche Verteilung dieser verschiedenartigen Funktionen über das Stadtgebiet unter Wahrung auch regionalpolitischer Aspekte entschieden werden muß, so wird die Komplexität des Entscheidungsproblems deutlich, dies um so mehr, je längerfristig die Planung angesetzt wird, weil mit Ansteigen des Planungshorizonts die Zahl der Variablen wächst"[15]).

Alle Einzelgründe lassen sich auf den Grundgedanken zurückführen, daß auch bei Wahrung und Förderung privater Initiativen die Städte (Gemeinden) sich nicht mehr in dem notwendigen Maße selbst entwickeln, sondern entwickelt werden müssen. Die autonomen Entwicklungen bedürfen zunehmend der Steuerung, die sich im Bereich der städtebaulichen Planung nicht mehr an allen Orten und in allen Fällen auf eine weitgehend nur den Rahmen setzende oder eine initiierende Planung beschränken darf, sondern vielmehr auf eine planvolle Stadt-(Gemeinde-)entwicklung abzielen muß. Daß auch künftig der rahmensetzenden und initiierenden städtebaulichen Planung Bedeutung zukommt, versteht sich von allein. Daneben muß der bewahrenden Planung angesichts **des starken Drucks,** der sich aus dem Markt und wirtschaftlichen Entwicklungen ergibt, zur Verhinderung städtebaulich und gesellschaftspolitisch unerwünschter Entwicklungen in zunehmendem Maße Aufmerksamkeit geschenkt werden. Die Entwicklung der Städte (Gemeinden) und die Bewahrung des zu Erhaltenden erfordern auch die Fortbildung der städtebaulich relevanten Rechtsordnung (vgl. näher Abschn. X).

Da sich alle Gebietskörperschaften im Bundesstaat in einem Verbund befinden, zieht die Inangriffnahme einer Entwicklungsplanung der hier vorausgesetzten Art das Aufgreifen dieser Aufgabe auch im Bereich der übrigen Gebietskörperschaften notwendigerweise nach sich. Planungssystematisch erweitern sich die Aufgaben einer vertikalen und horizontalen Planungskoordination zwischen Bund, Ländern und Kommunen über die zahlreichen Einzelbereiche sowie die flächenbezogene Planung (Raumordnung, Landesplanung, Städtebau) hinaus auf eine mittel- und längerfristige Aufgabenplanung im Zusammenhang mit der Finanzplanung. Auf die engen Zusammenhänge zwischen kommunaler Entwicklungsplanung und staatlicher Entwicklungsplanung (Bund, Länder) sei bereits an dieser Stelle hingewiesen, das Koordinations- und Integrationsproblem der kommunalen Entwicklungsplanung mündet in wesentliche Teilaspekte der Planung im Gesamtstaat ein (vgl. Abschn. IV/4).

---

[15]) So H. J. KRUSE: Integrierte Planung am Beispiel eines Liniar-Programming-Modells. In: Kaiser, Planung VI.

III. Gesetzgeberische Maßnahmen oder Planung im gesetzesfreien Raum?

Zur Zeit ist noch nicht endgültig geklärt, ob die Entwicklungsplanung in dem hier erörterten Sinne überhaupt einer Institutionalisierung durch Gesetz zugänglich ist. Die Planung kann sich auch auf eine Art verwaltungsinterner Steuerungstechnik zur Verbesserung der Führungs- und Leitungsfunktionen der dazu berufenen Organe der Gebietskörperschaft beschränken. In diesem Falle würde sie sich nur mittelbar über die extern in Erscheinung tretenden Planungen und sonstigen Maßnahmen in den einzelnen Aufgabenbereichen der Gebietskörperschaft auswirken. Die zentrale Bedeutung einer solchen Planung für die jeweilige Gebietskörperschaft sowie die horizontale und vertikale Einordnung der Entwicklungsplanung der einzelnen Gebietskörperschaft in die entsprechenden Entwicklungsplanungen anderer Gebietskörperschaften könnten indessen für die Institutionalisierung der Entwicklungsplanung durch Gesetz sprechen. Als Gründe für gesetzgeberische Maßnahmen können u. a. angeführt werden:

(1) die Einführung eines geordneten, förmlichen Planverfahrens (z. B. Regelung der Zuständigkeiten und Mitwirkungen) sowie die Normierung des Inhalts und der Wirkungen der Pläne bzw. Programme; damit verbunden wäre die — mindestens klarstellende — Bestimmung der politischen Verantwortlichkeit, die zugleich zur politisch gebotenen Absicherung einer längerfristigen Programmierung im zentralen Bereich aller wesentlichen Aktivitäten der Gebietskörperschaft führt;

(2) die weitgehend nur durch Gesetz zu begründende Pflicht der Gebietskörperschaften zur vertikalen und horizontalen Abstimmung, ggf. ist sogar ein darüber hinausgehender Planungsverbund geboten (zu Ansätzen zwischen Bund und Ländern vgl. die Gemeinschaftsaufgaben, vgl. zum Planungsverbund Abschn. IV/4).

Auch hieraus wird deutlich, daß die Probleme der kommunalen Entwicklungsplanung in die Planung der staatlichen Gebietskörperschaften (Bund, Länder) hineinreichen und in das Gesamtproblem der Planung im Bundesstaat einmünden. Insoweit muß der kommunale Bereich in die Aufgaben der Entwicklungsplanung im Bundesstaat einbezogen werden, bestimmte gesetzgeberische Maßnahmen berühren das Verfassungsrecht oder setzen neue verfassungsrechtliche Grundlagen voraus (vgl. Abschn. IV/4). Auch soweit ein engerer Bereich gesetzgeberischer Maßnahmen das Verhältnis einer Entwicklungsplanung, die Raum, Zeit und Finanzen zu integrieren sucht, zu den Einzelbereichen, vor allem dem Städtebau und der Raumordnung, zum Gegenstand hat, können diese Maßnahmen sich nicht allein auf den kommunalen Bereich beschränken. Denn auch hierbei werden Planungs- und Entwicklungsaufgaben angesprochen, die entweder dem staatlichen Bereich angehören oder aus denen sich Koordinations- und Integrationsaufgaben zwischen Staat und Kommunen ergeben.

IV. Abgrenzung zur baulichen Gemeindeentwicklung (Städtebau) und zur Raumordnung/Landesplanung

1. Städtebau heute

Das Bundesbaugesetz enthält sich einer Begriffsbestimmung des Städtebaus. Nach § 1 Abs. 1 BBauG hat die Bauleitungsplanung die städtebauliche Entwicklung zum

Gegenstand. Nach dem Städtebaubericht 1970 der Bundesregierung[16]) werden unter Städtebau die Erfüllung der Anforderungen an die bauliche Umwelt, z. B. im Bereich des Wohnens und Arbeitens, des Verkehrs sowie der Bildung, der Erholung und der Freizeit, durch Planungen sowie ordnende und bauliche Maßnahmen im gemeindlichen Bereich verstanden. An zahlreichen Stellen des Berichts ist von der baulichen Gemeindeentwicklung die Rede[17]). Das Bundesbaugesetz begreift unter der „Entwicklung" im Sinne des § 1 Abs. 1 in erster Linie eine von den autonomen Kräften getragene Entwicklung, die von der Gemeinde durch die Bauleitplanung zu „ordnen" ist. Der Planungskonzeption, die dem Bundesbaugesetz zugrunde liegt, entspricht in der Planungstheorie die sogenannte „Auffangplanung"[18]). In der Praxis und der Theorie ist aus der Bauleitplanung als „Auffangplanung", die autonomen Entwicklungen weitgehend nur eine lenkende Hand durch Rahmensetzung bieten soll, zunehmend eine Entwicklungsplanung geworden. Zwar wurde im Laufe der Zeit immer stärker von den mit dem Städtebau unmittelbar Befaßten die komplexe Natur der städtebaulichen Planung und damit notwendigerweise die politische Bedeutung ihres Tuns erkannt. Es dauerte aber noch lange, bis der Politik und der Öffentlichkeit die Funktion der integrierten räumlichen Planung für die Entwicklung des örtlichen Gemeinwesens deutlich wurde. Die technischen und architektonischen Aspekte der Planung standen lange Zeit im Vordergrund. In sozialer Hinsicht erschöpfte sich die Planung weitgehend in der Sicherung gesunder, d. h. hygienisch einwandfreier Wohnverhältnisse und in der Vorsorge für einzelne öffentliche Einrichtungen, wie öffentliche Parks und dgl. Das entsprach auch dem Stand der Rechtsentwicklung. Erst allmählich begann man die Konsequenzen daraus zu ziehen, daß die Planung langfristig Daten setzt für alle Betätigungen, die auf eine Flächennutzung angewiesen sind, und das sind praktisch alle wesentlichen gemeindlichen Funktionsbereiche, vor allem das Wohnen, das Arbeiten, die Wirtschaft, der Verkehr, das Soziale und das Kulturelle.

Mit der Zunahme gemeindlicher Aufgaben, insbesondere mit der wachsenden Bedeutung der städtebaulichen Infrastruktur, wurden auch allmählich die Rechtsgrundlagen für Planungen, die nur die Festlegung einzelner Stadtelemente, z. B. der Straßen und öffentlichen Plätze, zum Gegenstand hatten, zu Rechtsgrundlagen für integrierende räumliche Vollplanungen fortgebildet. Auch löste sich die Planung aus dem engen, mehr statisch-ordnenden Bereich der Regelung des Anbaus. Diese Regelungen waren noch dazu auf polizeiliche Gesichtspunkte der Gefahrenabwehr beschränkt. Der schnelle und tiefgreifende Strukturwandel in fast allen Lebensbereichen führte zu der Erkenntnis, daß es nicht ausreicht, eine vorgegebene Entwicklung zu ordnen und zu leiten, sondern daß es notwendig ist, auf die Entwicklung selbst Einfluß zu nehmen. Immer stärker wurde die Forderung nach einer den Zukunftsbedarf antizipierenden städtebaulichen Entwicklungsplanung[19]). Die Entwicklungen sollten nicht mehr nur ermöglicht, allenfalls initiiert, sondern darüber hinaus auch tatsächlich herbeigeführt werden. Die städtebauliche Planung, konzipiert als Entwicklungsplanung, erfordert nicht nur wesentliche Änderungen in den Verfahren, den Planungsmethoden und den Planungstechniken sowie

---

[16]) Vgl. Bt.-Drucks. VI/1497 S. 15. Diese Terminologie verwendet auch der Städtebaubericht '69 des Bundesministers für Wohnungswesen und Städtebau.
[17]) Vgl. Anm. 16, u. a. S. 15.
[18]) Vgl. hierzu ALBERS, u. a. Über das Wesen der räumlichen Planung, Versuch einer Standortbestimmung, Stadtbauwelt 1969, 10. Stellungnahme der Unabhängigen Kommission zum Aufbauplan 1960 der Freien und Hansestadt Hamburg, Hamburg 1967, S. 23 f.
[19]) Vgl. hierzu ALBERS und die Stellungnahme der Unabhängigen Kommission (Anm. 18).

verbesserte Planungsgrundlagen[20]). Auch das dem Vollzug der Planungen dienende rechtliche Instrumentarium muß der veränderten Aufgabenstellung angepaßt werden (vgl. hierzu Abschn. X).

Eine gemeindliche Entwicklungsplanung ist bereits aus dem Grunde für die bauliche Gemeindeentwicklung (Städtebau) von besonderer Bedeutung, weil erst die Einordnung der flächenbeanspruchenden Maßnahmen in ein übergeordnetes Konzept, das auch die Realisierung der städtebaulichen Maßnahmen in einem Investitionsprogramm sichert, einer auf Verwirklichung angelegten städtebaulichen Planung voll gerecht wird. Die Einbeziehung des Städtebaus in die gemeindliche Entwicklungsplanung macht die Bedeutung städtebaulicher Maßnahmen für wesentliche Aufgabenbereiche der Stadt (Gemeinde) eindrucksvoll deutlich, vor allem in bezug auf die gemeindliche Infrastruktur.

2. Stadt- (Gemeinde-)entwicklungsplanung und städtebauliche Planung

Die bisher sichtbar gewordenen neuen Entwicklungen im gemeindlichen Planungswesen werfen die Frage auf, in welchem Verhältnis die städtebauliche Entwicklungsplanung zur Stadt-(Gemeinde-)entwicklungsplanung steht. Unterscheidet sich die Stadt-(Gemeinde-)entwicklungsplanung so wesentlich durch ihren Gegenstand, ihre Funktion und ihre Wirkungsweise von der bisherigen städtebaulichen Planung (Flächennutzungsplan und Bebauungsplan, ggf. auch nichtförmlichen Zwischenplänen, z. B. Programm- und Ordnungsplänen[21]), daß sie als eine besondere, zusätzliche Planungsaufgabe und Planungsebene gedeutet werden muß, oder sind die Planungsaufgabe, die Plantypen, die Organisation und das Verfahren einschließlich der Planungsmethoden und Planungstechniken im Städtebau nur fortzuentwickeln?

---

[20]) Vgl. hierzu im einzelnen den Städtebaubericht '69 des Bundesministers für Wohnungswesen und Städtebau und den Städtebaubericht 1970 der Bundesregierung, a. a. O.
Die Schwierigkeiten bei der Bewältigung bereits der *raum*planerischen Aufgaben wachsen in dem Maße, wie die Entwicklungen in den einzelnen Bereichen immer schneller und tiefgreifender fortschreiten, auch die zu befriedigenden Bedürfnisse vielfältiger werden und schwieriger im voraus zu erkennen sind (z. B. die Wohnbedürfnisse sowie die Bedürfnisse, die sich aus sozialen und soziologischen, verstärkt aber auch aus technologischen Entwicklungen ergeben). Dabei treten qualitative und strukturelle Gesichtspunkte immer stärker in den Vordergrund (z. B. müssen Folgerungen aus der angestrebten Änderung eines früher vorwiegend auf Bedarfsbefriedigung gerichteten Wohnungsbaus zu einem auch qualitativ befriedigenden Wohnungsbau gezogen werden, d. h. der Wohnungsbau muß stärker in Raumordnung und Städtebau integriert werden, das Schlagwort lautet: „vom wohnungsbauorientierten Städtebau zum städtebauorientierten Wohnungsbau"). Die Forderungen nach einem hohen Wohnwert, Erholungs- und Gesundheitswert, neuerdings auch nach Verbesserung der Umweltqualitäten zwingen zur stärkeren Berücksichtigung immaterieller Lebensbedürfnisse. Das erfordert bei der Aufstellung von Stadt-(Gemeinde-)entwicklungszielen — vereinfacht ausgedrückt — vor allem Entscheidungen zwischen materiellen, d. h. stark ökonomisch bedingten Zielen, und den genannten immateriellen Zielen. Hierüber kann — wie Oberbürgermeister Dr. VOGEL (a. a. O., Anm. 6) dargelegt hat — schließlich nur aus gesellschaftlicher Sicht entschieden werden.

[21]) So sind in der Hamburger Praxis als Stufe zwischen Flächennutzungs- und Bebauungsplan Programmpläne zur Detaillierung der städtebaulichen Nutzung in Stadt- und Ortsteilen sowie Ordnungspläne mit den Standorten und Flächen für die einzelnen Arten der Einrichtungen und Anlagen der Infrastruktur entwickelt worden. Diese räumliche Planung soll eingeordnet werden in eine übergeordnete Investitionsplanung, die sich aus der Entwicklungsplanung für das Hamburger Staatsgebiet ergibt. Die Erweiterung auf den regionalen Bereich soll durch ein — zunächst wohl vorwiegend der Raumplanung angehörendes — Entwicklungsmodell für Hamburg und sein Umland erreicht werden; die Einordnung solcher über Landes- und Kommunalgrenzen hinausgreifender Entwicklungsmodelle der Raumplanung in eine übergeordnete Entwicklungsplanung setzt zwischenstaatliche bzw. zwischenkommunale Zusammenarbeit voraus.

Zur Entwicklungsplanung gehört der Gesamtbereich gemeindlicher Tätigkeit, d. h. von ihr werden nicht nur die raumwirksamen, sondern darüber hinaus alle sonstigen Maßnahmen erfaßt, die für die Stadt-(Gemeinde-)entwicklung Bedeutung haben. Der Planungsgegenstand spricht somit bereits für eine über den Städtebau hinausgehende Aufgabenstellung. Von geringerer Bedeutung ist allerdings, daß eine so konzipierte Stadt-(Gemeinde-)entwicklung über den bisherigen Zuständigkeits- und Aufgabenbereich der für den Städtebau zuständigen Dienststellen der Gemeinde hinausgeht. Die Organisation und die Zuständigkeit müßten und könnten ggf. der sich ändernden Sachaufgabe angepaßt werden; Organisations- und Zuständigkeitsregelungen haben nur dienende Funktionen. Die Entwicklung in der Praxis scheint aber darauf hinauszulaufen, die Stadt-(Gemeinde-)entwicklungsplanung als eine allen übrigen gemeindlichen Planungen übergeordnete Planung zu behandeln. Die Bauleitplanung einschließlich ihres Vollzugs sowie die Finanz- und die Investitionsplanung erscheinen dann als Vollzugsstufen dieser übergeordneten Entwicklungsplanung[22]). Zweifellos können bei getrennten Planverfahren mit Abstimmungen zwischen Finanz-(Investitions-)planung und flächenbezogener Planung nicht die Ergebnisse erzielt werden wie bei einer Zusammenführung beider Bereiche auf der Ebene einer integrierten Entwicklungsplanung. Nur wenn über die im Interesse der Gesamtentwicklung zu treffenden Maßnahmen aus übergeordneter Sicht entschieden werden muß, werden auch die Zusammenhänge und Abhängigkeiten zwischen der städtebaulichen Planung einschließlich ihres Vollzugs und zahlreichen (förmlichen und nichtförmlichen) Fachplanungen und Fachmaßnahmen erkennbar, besonders aber die Rückwirkungen städtebaulicher Planung und der Finanzplanung. Der Ausbau einer kommunalen Entwicklungsplanung kann neben der Fortentwicklung der städtebaurechtlich relevanten Rechtsbereiche, insbesondere des planakzessorischen Instrumentariums, wesentlich dazu beitragen, die städtebauliche Planung als räumliche Entwicklungsplanung wirksamer zu machen.

3. Stadt-(Gemeinde-)entwicklungsplanung als fortentwickelte städtebauliche Planung?

Es dürfte sehr schwerfallen, die Stadt-(Gemeinde-)entwicklungsplanung, wie sie hier verstanden wird, unter die fortentwickelte Aufgabenstellung des Städtebaus zu subsumieren. Hiergegen spricht in erster Linie, wie bereits angedeutet, die Einbeziehung aller für die Stadt-(Gemeinde-)entwicklung relevanter Maßnahmen in diese Planung mit der Folge, daß ein integriertes Gesamtprogramm aufgestellt wird. Die Entwicklungsplanung kann ihrerseits die städtebauliche Planung nicht ersetzen, somit auch nicht den Flächennutzungsplan (vgl. näher Abschn. V).

Eine gesetzliche Regelung der kommunalen Entwicklungsplanung im Sinne einer Vollregelung (Plan- bzw. Programmtyp, Wirkungen des Plans bzw. Programms, Planverfahren) würde — vorausgesetzt, eine solche Regelung wäre überhaupt zweckmäßig (vgl. Abschn. III) — die städtebaurechtliche Kompetenz des Bundes (Art. 74

---

[22]) So SCHULZE (Anm. 11) und das Verfahrensmodell der KGSt (Anm. 4). Das „Hamburger Entwicklungsmodell" soll Grundlage der Folgepläne sein. Es steht in Verbindung zur langfristigen Investitionsplanung, und eine Synchronisierung von Flächennutzungsplan und Investitionsplan auf der Grundlage des „Entwicklungsmodells" wird angestrebt (so EBERT/SCHMIDT-REICHENBERG/ZECH (Anm. 11), S. 206); vgl. hierzu auch Anm. 21. Der Charakter der Bauleitplanung, insbesondere des Flächennutzungsplans, als „Vollzugsstufe" der übergeordneten Planung setzt indessen voraus, daß die „Zeithorizonte" bei der Planung mindestens übereinstimmen; auch die Funktion des Flächennutzungsplans dürfte die obige Aussage nur z. T. rechtfertigen (vgl. näher Abschn. V).

Nr. 18 GG) überschreiten[23]). Nur dort, wo sich Städtebau und Entwicklungsplanung berühren, könnte der Bund aufgrund seiner städtebaurechtlichen Kompetenz Regelungen treffen, z. B. um die aus städtebaurechtlichen Gründen erforderliche Verzahnung zwischen beiden Planungen herzustellen. Auch in anderen, mit der kommunalen Entwicklungsplanung im Zusammenhang stehenden Rechtsbereichen (Finanzplanung, Kommunalwesen — der zuletzt genannte Bereich gehört aber ausschließlich dem Landesrecht an) kann den Gesichtspunkten kommunaler Entwicklungsplanung besonders Rechnung getragen werden. Die für weitergehende, zusammenfassende Regelungen auf allen Planungsebenen entscheidende Frage ist, ob die Gesetzgebungskompetenz für die Raumordnung (Bundesrechtsrahmenkompetenz nach Art. 75 Nr. 4 GG, ausfüllende Landeskompetenz) diesen gemeindlichen und — unter Einbeziehung der Kreise — weitergehenden Bereich voll erfassen kann[24]). Wäre diese Frage zu bejahen, so könnte ein **system- und funktionsgleiches Steuerungsinstrument** auf allen Ebenen der Gebietskörperschaften in der Bundesrepublik Deutschland geschaffen werden, das neben seiner Aussagekraft (Vergleichbarkeit) nicht nur zur Zielkonformität, sondern auch zur Gewichtung und Wertung der Aufgaben sowie zur Bildung von Rangordnungen entscheidend beitragen könnte. Dem Versuch, die kommunale Entwicklungsplanung der Raumordnung zuzuordnen, würde aber mit Recht entgegengehalten werden, daß nach dem Gutachten des Bundesverfassungsgerichts aus dem Jahre 1954[25]) die Raumordnung und Landesplanung eine der örtlichen Planung übergeordnete Planung darstellt. Außerdem ist die Frage, ob und wieweit die Raumordnung auf der übergeordneten Ebene von der Raumplanung zu einer Raum, Finanzen (Investitionen) und Zeit integrierenden Entwicklungsplanung fortentwickelt werden kann und sollte, noch nicht endgültig geklärt. Es dürfte allenfalls die Fortentwicklung der Raumordnung und Landesplanung zu einer die *Siedlungs-* und *Raumstruktur* betreffenden *räumlichen* Entwicklungsplanung

---

[23]) Vgl. zum Inhalt dieser Kompetenz das Gutachten des Bundesverfassungsgerichts BVerfGE 3, 407: Bei dem Bodenrecht handelt es sich immer um bodenbezogene Wirkungen des Rechts, so ist es ersichtlich dem BVerfG nicht ganz leichtgefallen, den Flächennutzungsplan und das Erschließungsbeitragsrecht unter diese Rechtsmaterie zu subsumieren.

[24]) Das neugefaßte schlesw.-holst. Gesetz über die Landesplanung (Landesplanungsgesetz) vom 13. 4. 1971 (GVBl. Schlesw.-Holst., S. 152) sieht eine Entwicklungsplanung der Kreise und kreisfreien Städte vor (Zweiter Teil des Gesetzes, §§ 11 bis 13). Die Entwicklungspläne (zu ihrem Inhalt vgl. § 11 Abs. 2) sind als übergeordnete Planungen Grundlage für Entscheidungen über eigene Maßnahmen und die mittelfristige Finanzplanung der Kreise und kreisfreien Städte sowie für die Förderung von Maßnahmen anderer Träger (§ 12 Abs. 1); übergeordnete kommunale Gebietskörperschaften und sonstige Verbände haben bei ihren Planungen die Entwicklungsplanungen der Kreise zu beachten (§ 12 Abs. 2), und Landesbehörden sollen die Entwicklungsplanungen der Kreise und kreisfreien Städte bei ihren Planungen, Maßnahmen, Zuwendungen und Förderungsprogrammen berücksichtigen (§ 12 Abs. 3). Auch das bad.-württ. Landesplanungsgesetz in der Fassung des Zweiten Gesetzes zur Verwaltungsreform (Regionalverbandsgesetz) vom 26. 7. 1971 (Ges.Bl. S. 336) sieht in § 20 a Entwicklungsprogramme der Landkreise vor. Hiernach stellen die Landkreise Entwicklungsprogramme auf, in denen die Maßnahmen des Kreises, der kreisangehörigen Gemeinden und anderer Träger gemeindlicher Aufgaben, die zur Verwirklichung der in den Regionalplänen festgelegten Ziele der Raumordnung und Landesplanung erforderlich sind, nach ihrer Dringlichkeit und unter Angabe des voraussichtlichen Finanzbedarfs zusammenfassend dargestellt werden. Die Regionalverbände sowie die Gemeinden und anderen Träger gemeindlicher Aufgaben sind bei der Ausarbeitung des Entwicklungsprogramms zu beteiligen.

Da die Länder nicht nur für die Ausführung des auf Rahmenrecht beschränkten Raumordnungsgesetzes, sondern auch für das Kommunalrecht zuständig sind, können sie die Materie der Entwicklungsplanung auch auf dieser Kompetenzgrundlage regeln. Denkbar wäre allerdings auch eine — weitergehende — Regelung im Kommunalverfassungsrecht, und zwar im Zusammenhang mit einer gesetzlichen Normierung der Aufgabenplanung insgesamt.

[25]) Vgl. Anm. 23.

zu erreichen sein. Die Aufgaben- und Finanzplanung als solche kann aus rechtlichen, verfassungsrechtlichen sowie praktischen Gründen kaum jemals Aufgabe der Raumordnung werden (vgl. auch im folgenden zu 4.).

4. Kommunale Entwicklungsplanung als Teilbereich des Kommunalwesens, Einordnung der kommunalen Entwicklungsplanung in übergeordnete Zusammenhänge — Gesetzlich geregelter Planungsverbund der Entwicklungsplanung der Gebietskörperschaften im Bundesstaat auf neuen verfassungsrechtlichen Grundlagen?

Nach der derzeitigen Verfassungsrechtslage kann eine gesetzliche Vollregelung der kommunalen Entwicklungsplanung nur auf die Gesetzgebungskompetenz der Länder für das Kommunalrecht gestützt werden. Der Bund könnte nur in den Sachbereichen, in denen ihm die Gesetzgebungskompetenz zusteht (z. B. Bodenrecht, Art. 74 Nr. 18 GG, und Raumordnung, Art. 75 Nr. 4 GG), den Zusammenhängen zwischen kommunaler Entwicklungsplanung und den betreffenden Sachbereichen Rechnung tragen. Die Kompetenz zur Vollregelung der kommunalen Entwicklungsplanung steht ihm nicht zu[26]).

Die kompetenzrechtlich mögliche Zuordnung der kommunalen Entwicklungsplanung im Sinne einer Integration von Raum-, Finanz- und Zeitplanungskomponenten zum Kommunalwesen darf nicht dazu führen, die sich aus der Entwicklungsplanung ergebenden Aufgaben und Probleme zu eng zu sehen. Die Befugnis zur internen Aufgaben- und Finanzplanung, dazu die Befugnis zur Entwicklung des Gebiets im Rahmen der gesetzlichen Zuständigkeiten, steht jeder Gebietskörperschaft aus der *Natur der Sache* zu. Hierfür sprechen ähnliche Erwägungen, wie sie das Bundesverfassungsgericht zur Kompetenz des Bundes auf dem Gebiet der Raumordnung angestellt hat[27]). Anders als in der Raumordnung hat der Bund indessen keine verfassungsrechtlich verankerten Gesetzgebungskompetenzen im Sachbereich der integrierten Entwicklungsplanung zur Regelung dieser Planung auf den Ebenen der Planungsträger. Nach dem oben erwähnten Gutachten des Bundesverfassungsgerichts aus dem Jahre 1954 hat der Bund auf dem Gebiet der Raumordnung allerdings auch das Recht, die Einordnung der Pläne auf den verschiedenen Planungsebenen zu regeln[28]). Hiervon hat er noch nicht einmal auf dem Gebiet der Raumordnung voll Gebrauch gemacht.

Auch durch Zusammenfassung der Gesetzgebungskompetenzen in den verschiedenen Teilbereichen kann eine entsprechende Regelung auf dem Gebiet der Entwicklungsplanung im Bundesstaat gegenwärtig nicht erreicht werden. Zwar kann der Bund durch Erweiterung des Raumordnungsgesetzes die Einordnung der Programme und Pläne auf dem Gebiet der Raumordnung weitergehender als nach der derzeitigen Gesetzeslage regeln; auch könnte ein Bundesraumordnungsprogramm, in dem die Programme und Pläne der Länder einzufügen sind, gesetzlich vorgesehen werden[29]). Die Planung und Programmierung auf dem Gebiet der Raumordnung beschränkt sich indessen, wie dargelegt, auf die *räumliche* Entwicklungsplanung in bezug auf die Siedlungs- und Raum-

---

[26]) Der Verfasser stimmt insoweit SCHMIDT-ASSMANN (vgl. in diesem Band) zu.
[27]) Vgl. Anm. 23, S. 427.
[28]) BVerfG E 3, 428; vgl. zur Kompetenz des Bundes auf dem Gebiet der Raumordnung auch: BIELENBERG. In: ERNST-ZINKAHN-BIELENBERG: BBauG, Einleitung, Rdnrn. 87 f.; ZINKAHN-BIELENBERG: Kommentar zum Raumordnungsgesetz, 1965, Einleitung, Rdnrn. 9 ff. sowie BIELENBERG: Raumordnung und Verfassung, Informationsbriefe für Raumordnung, Kohlhammer-Deutscher Gemeinde-Verlag, Heft R 3. 1. 1.
[29]) Vgl. hierzu das Schrifttum Anm. 28 m. weit. Hinweisen.

struktur. Die Gesetzgebungskompetenz des Bundes auf dem Gebiet des Städtebaus (Bodenrecht, Art. 74 Nr. 18 GG) kann — abgesehen von der gegenständlichen Beschränkung auf den städtebaulichen Bereich — nur die unterste Ebene der Planung (dazu gehört u. U. allerdings auch die Ebene der Landkreise, wenn Elemente der Bauleitplanung diesen zugeordnet werden, vgl. Abschn. VIII) erfassen. Zwar kann das Städtebaurecht auch die Einordnung der Pläne der untersten Planungsebene in übergeordnete Pläne regeln (vgl. § 1 Abs. 3 BBauG), eine darüber hinausgehende Bundeskompetenz ist indessen aus Art. 74 Nr. 18 GG nicht herzuleiten.

Die Entwicklungsplanung im kommunalen Bereich führt somit zur Grundsatzfrage des *Planungsverbundes* zwischen Bund, Ländern und Kommunen (Gemeinden, Kreisen), diese Fragen sind bisher nur in Teilbereichen gelöst worden, z. B. im Bereich der Gemeinschaftsaufgaben zwischen Bund und Ländern[30]), teilweise in der Finanzplanung und in der Raumordnung[31]). Im Bereich des Kommunalwesens fehlt dem Bund z. Z. jede Gesetzgebungskompetenz[32]).

Als Ergebnis ist festzustellen, daß eine gesetzliche Regelung der Entwicklungsplanung, wie sie hier verstanden wird, auf allen Ebenen der Planungsträger durch Bundesgesetz — unterstellt, eine solche Regelung ist zweckmäßig — voraussetzt, daß vorher die verfassungsrechtlichen Grundlagen für einen Planungsverbund zwischen Bund, Ländern und Kommunen geschaffen werden[33]). Davon unabhängig steht jedem

---

[30]) Die Befugnisse des Bundes im Rahmen der Mitfinanzierungsgesetze nach Art. 104 a Abs. 4 GG sind z. Z. Gegenstand verfassungsgerichtlicher Prüfung. Die Bayerische Staatsregierung hat Normenkontrollklage gegen § 71 Abs. 3 S. 3 und 4 StBauFG erhoben.

[31]) Zur Raumordnung vgl. Anm. 13.

[32]) Der 49. Deutsche Juristentag wird sich im Herbst 1972 mit der Frage befassen, ob es sich empfiehlt, eine Rahmengesetzgebungskompetenz des Bundes für das Kommunalrecht zu begründen. Eine solche Kompetenz hätte nicht nur Bedeutung für die Kommunalstruktur, sondern auch für die Regelung einer — dann allerdings auf den Kommunalbereich — beschränkten kommunalen Aufgabenplanung, schließlich auch für die bundeseinheitliche Regelung von Beteiligungen und Mitwirkungen der Bürger am kommunalen Geschehen (vgl. zur stärkeren Mitwirkung der Bürger und der Öffentlichkeit im Bereich des Städtebaus Abschn. IV).

[33]) Die Maßnahmen nach den Art. 91 a, 91 b, und 104 a Abs. 4 GG, die überdies nur z. T. eine Mitplanungskompetenz des Bundes vorsehen, müssen in einen weitergehenden Planungsverbund eingeordnet werden. Ist zwar auch bei der Finanzverfassungsreform schließlich politisch nicht mehr bestritten worden, daß der Bund auf der Grundlage des Art. 104 a Abs. 4 GG sich an der Finanzierung des Städtebaus und Wohnungsbaus beteiligen darf, so stehen doch nach den Voraussetzungen, die Art. 104 a Abs. 4 GG aufführt, wirtschaftliche Gesichtspunkte im Vordergrund, obwohl es sich in der Sache um die von der Verfassung her gebotene Gleichwertigkeit der Lebensverhältnisse im Bundesgebiet handelt. Die genannten Verfassungsvorschriften können aus planerischer Sicht nur als erste Ansätze für eine koordinierte Aufgaben- und Maßnahmenplanung in Lebensbereichen, die für die Entwicklung des Bundesgebiets besonders wichtig sind, gewertet werden. Wie im Verhältnis Staat — Kommunen dürfte die Alternative auch künftig im Verhältnis von Bund — Ländern nicht in der Alternative „Eigenständigkeit der Länder" oder „möglichst wirksame und rationelle Erfüllung der Aufgaben des Gesamtstaates" liegen. Die Lösung sollte vielmehr im Wege der Kooperation mit dem Ziel einer bundeseinheitlichen Aufgabenerfüllung in den Bereichen gesucht werden, die für den Gesamtstaat von besonderer Bedeutung sind. Dabei handelt es sich nicht allein oder auch nur vorwiegend um das Problem der Verteilung der Finanzmittel oder eines Finanzausgleichs nach geeigneten Bedarfsmerkmalen. Im Vordergrund steht das Planungsproblem.

Die bisherigen Erfahrungen haben eindeutig ergeben, daß in der Aufgabenplanung die Ziel-, die Programm- und die Ressourcenplanung nicht getrennt werden können (so Bulletin des Presse- und Informationsamtes der Bundesregierung vom 23. 7. 1971, Nr. 113, S. 1248).

Wie auch bereits in der Raumordnung und Landesplanung sowie in den übrigen Planungsbereichen, in denen politisch bedeutsame Entscheidungen getroffen werden, stellt sich die Frage einer Beteiligung der Parlamente. Beim Bund und bei den Ländern ist die Suche nach geeigneten

Planungsträger mit der Eigenschaft einer Gebietskörperschaft, wie dargelegt, aus der Natur der Sache das Recht zu, im Rahmen seiner Zuständigkeit eine Entwicklungsplanung, die Raum, Finanzen und Zeit integriert, aufzustellen. Eine solche Entwicklungsplanung kann indessen nur *interne* Wirkung haben.

Die Bundesländer können die kommunale Entwicklungsplanung voll auf der Grundlage der Kompetenz für das Kommunalrecht gesetzlich regeln. Grenzen können sich allerdings aus Art. 28 Abs. 2 GG ergeben. Soweit ein über Abstimmungen hinausgehender Planungsverbund im Sinne einer gemeinsamen Planung und Integration auf den verschiedenen Ebenen der Planungsträger angestrebt wird, stellt sich das Problem von Gemeinschaftsaufgaben oder eines anderweitigen Planungsverbundes auch im Verhältnis Land — Kommunen[34]). Die Institutionalisierung von Gemeinschaftsaufgaben oder eines anderweitigen Planungsverbundes in diesem Sinne würde eine Änderung des Art. 28 Abs. 2 GG voraussetzen. Im Schrifttum[35]) sind bereits Bedenken gegen die Einflußnahme des Staates aufgrund der Raumordnungs- und Landesplanungsgesetzgebung auf die raumbedeutsame kommunale Wirtschaftsförderung angemeldet worden. Diese Bedenken können allerdings nicht geteilt werden. Die Einordnung der kommunalen Planungen und sonstigen Maßnahmen in die übergeordneten staatlichen Planungen und Maßnahmen gehört zur wesensmäßigen Beschränkung kommunalen Handelns. Verfassungsfragen werfen nur die darüber hinausgehende *gemeinsame Planung* und die *Integration* von kommunalen und staatlichen Maßnahmen auf. Auch soweit Gesetze die Kommunen zu einem aktiven Handeln verpflichten (z. B. zur Aufstellung, Änderung oder Aufhebung von Bauleitplänen, vgl. § 1 Abs. 3 BBauG, oder zur Durchführung von Entwicklungsmaßnahmen nach förmlicher Festlegung eines Entwicklungsbereichs, vgl. § 53 in Verbindung mit § 54 StBauFG, vgl. für Sanierungen § 8 Abs. 1 StBauFG), sind grundsätzlich verfassungsrechtliche Bedenken nicht zu erheben. Zweifellos sind aber aus der Sicht des Art. 28 Abs. 2 GG solche staatlichen Einflußnahmen auf die Kommunen von besonderer Bedeutung, die darüber hinaus in den Bereich der kommunalen Aufgaben- und Finanzplanung mit dem Ziel Einfluß nehmen, die Kommunen nicht nur zu einem koordinierten Vorgehen für den Fall zu veranlassen, daß sie aus eigenem Antrieb Tätigkeiten entfalten, sondern sie — u. U. auch gegen ihren Willen — zum aktiven Handeln mit entsprechenden Dispositionen beim Einsatz der Finanzmittel verpflichten. Besondere Probleme wirft insoweit auch die Konjunktursteuerung und in diesem Zusammenhang die staatliche Konjunktursteuerung gegenüber den Gemeinden auf. Der 47. Deutsche Juristentag hat sich im Jahr 1968 auf der Grundlage des Stabilitätsgesetzes ausführlich mit diesen Fragen befaßt[36]). Da die

Formen und Verfahren noch nicht abgeschlossen. Die sich hieraus ergebenden Probleme verschärfen sich, wenn in Fällen gemeinsamer Planung durch die Bundes- und Länderexekutive das Verhältnis der Regierungen zu ihren Parlamenten in die Betrachtung einbezogen wird. Jede längerfristige Planung der Regierung, ggf. auch unter Beteiligung des Parlaments, hat sich mit der weiteren Frage auseinanderzusetzen, ob sich die damit verfolgten Ziele gegenüber den u. U. ganz anderen Zielen und Absichten der Opposition absichern lassen; die Fragen, ob und wieweit die Opposition in einen solchen Planungsprozeß einzubeziehen ist, sind bisher auch nicht in Ansätzen geklärt.

[34]) Vgl. hierzu BIELENBERG: Raumordnung und Landesplanung, Heft 62 der Mitteilungen aus dem Institut für Raumordnung, Bad Godesberg, 1969, Tagungsbericht über das 1. Seminar des Instituts für Raumordnung vom 11. bis 13. 12. 1967, S. 32.

[35]) KÖTTGEN: Der heutige Spielraum kommunaler Wirtschaftsförderung, Raumordnung und gesetzesfreie Verwaltung, 1963.

[36]) Vgl. Verhandlungen des 47. Deutschen Juristentages mit dem Gutachten von STERN (Konjunktursteuerung und kommunale Selbstverwaltung — Spielraum und Grenzen, München 1968), den Referaten und Diskussionsbeiträgen.

Konjunktursteuerung nicht nur das Ziel hat, die Gemeinden zur Einschränkung von Ausgaben und Investitionen, sondern auch zur verstärkten Ausgaben- und Investitionstätigkeit zu veranlassen, liegt ein Vergleich mit den Wirkungen einer staatlichen Entwicklungsplanung auf die Kommunen nahe. Eine gesetzliche Verpflichtung der Kommunen, die Ergebnisse (Ziele?) staatlicher Entwicklungsplanung bei ihren eigenen Entwicklungsplanungen nicht nur zu beachten, sondern mit darauf abgestimmten eigenen Maßnahmen, einschließlich des Einsatzes von Finanzmitteln, zu verwirklichen, dürfte mit Art. 28 Abs. 2 GG vereinbar sein[37]). Eine darüber hinausgehende gesetzliche Regelung, die eine gemeinsame Planung oder sogar eine Integration der Maßnahmen im staatlichen und kommunalen Bereich fordert, setzt, wie dargelegt, eine Verfassungsänderung voraus.

V. Stadt-(Gemeinde-)entwicklungsplanung und Flächennutzungsplanung nach dem Bundesbaugesetz

Wie dargelegt, werden im Rahmen der Stadt-(Gemeinde-)entwicklungsplanung Flächennutzungsplanung und Investitionsplanung integriert. Die übergeordnete Planung ist die Grundlage für den stufenweisen Vollzug durch die städtebauliche Planung und andere gemeindliche Aktivitäten, insbesondere durch die auf der Grundlage der Investitionsplanung vorgesehenen städtebaulich relevanten Investitionen. Im Idealfall sind die Ausgangs- oder Grunddaten für alle Einzelplanungen, so auch für die Bauleit- und Finanz-(Investitions-)planung, voll aufeinander abgestimmt; sie werden auf der Grundlage eines Stadt-(Gemeinde-)entwicklungsmodells allen Einzelplanungen zugrunde gelegt. Weiterhin sollte die Aufstellung und Fortschreibung von Entwicklungs-, Flächen-

---

[37]) Nach § 1 Abs. 3 sind die Gemeinden nur verpflichtet, Bauleitpläne den Zielen der Raumordnung und Landesplanung anzupassen. Dazu gehört allerdings auch die Pflicht, durch Aufstellung, Änderung oder Aufhebung von Bauleitplänen tätig zu werden, d. h. die Anpassungsverpflichtung beschränkt sich nicht auf den Fall, daß eine Gemeinde aus eigenem Antrieb Bauleitplanung betreibt. Das Bundesbaugesetz enthält sich indessen jeder Bestimmung darüber, daß die Gemeinde die Bauleitpläne auch auszuführen hat. Das hängt zweifellos z. T. mit der Grundkonzeption dieses Gesetzes zusammen, die nicht ausreichend dem Entwicklungsgedanken Rechnung trägt. Auch sind bisher die Ziele der Raumordnung und Landesplanung auf *Raum*planungsziele beschränkt gewesen, d. h. sie stellten keine räumlichen Entwicklungsziele in dem hier verstandenen Sinne dar. Das Recht der Raumordnung und Landesplanung kann aber in dieser Beziehung fortentwickelt werden (vgl. oben Abschn. VI). Auch das Städtebaurecht könnte die Verpflichtung der Gemeinde begründen, Bauleitpläne durchzuführen, wenn es aus übergeordneten Gründen erforderlich ist. Das Städtebauförderungsgesetz hat zwar die Pflichten der Gemeinde verstärkt, es steht indessen der Gemeinde auch nach diesem Gesetz frei, Sanierungsmaßnahmen durchzuführen. Nur wenn nach Genehmigung eine Sanierungssatzung in Kraft getreten ist, hat die Gemeinde nach § 8 Abs. 1 StBauFG alles im Rahmen ihrer Zuständigkeiten liegende zur Durchführung der Sanierung zu unternehmen. Die Entwicklungsmaßnahmen werden durch die Landesregierung eingeleitet (§ 53), nach Einleitung begründet § 54 die Pflicht der Gemeinde, die Entwicklungsmaßnahmen weiter vorzubereiten und durchzuführen. Angesichts der Erweiterung des Sanierungsbegriffs — er erfaßt auch funktionelle Schwächen der Gemeinde (§ 3 Abs. 2, 2. Alternative, Abs. 3 Nr. 2) — und im Hinblick auf die Bedeutung der Behebung funktioneller Schwächen gerade aus Gründen der Raumordnung und Landesplanung ist die sich aus dem Städtebauförderungsgesetz ergebende freie Entscheidung der Gemeinde über die Einleitung von Sanierungsmaßnahmen auf die Dauer nicht vertretbar; entweder sollte das Problem der Begründung von Pflichten der Gemeinden zur Durchführung von städtebaulichen Maßnahmen im novellierten Bundesbaugesetz generell geregelt oder es sollte durch entsprechende Fortentwicklung des Raumordnungs- und Landesplanungsrechts der Durchführungsbereich in den zulässigen Inhalt von Zielen der Raumordnung und Landesplanung aufgenommen werden. — Zu den verfassungsrechtlichen Fragen vgl. näher Schmidt-Assmann in diesem Band.

nutzungs- und Finanz-(Investitions-)planungen so verzahnt werden, daß durch Rückkoppelung im kybernetischen Verfahrensmodell die notwendigen Modifikationen in beiden Vollzugsbereichen u. a. auf Grund hier deutlich gewordener Abhängigkeiten sowie nicht beeinflußbarer Rahmenbedingungen vorgenommen werden können. Flächennutzungs- und Investitionsplanung haben indessen unterschiedliche „Zielhorizonte", und das ist bei allen Versuchen einer möglichst weitgehenden Verzahnung zu berücksichtigen[37a].

Nach dem derzeitigen Stand der Entwicklung im kommunalen Planungswesen hat es den Anschein, als ob der Flächennutzungsplan als selbständiges Instrument des Städtebaus grundsätzlich erhalten bleibt. Der Flächennutzungsplan soll weder den Stadt-(Gemeinde-)entwicklungsplan bzw. das Stadt-(Gemeinde-)entwicklungsprogramm ersetzen, noch soll der Entwicklungsplan bzw. das Entwicklungsprogramm an die Stelle des Flächennutzungsplans treten. Nach den bekanntgewordenen Verfahrensmodellen und praktizierten Verfahren sind nur Modifikationen des Flächennutzungsplans und des Planverfahrens wahrscheinlich. Dazu gibt insbesondere der enge Zusammenhang zwischen Flächennutzungsplan und Investitionsplan Anlaß. Zunächst wurden in der Praxis die Handlungszeiträume der Investitionsplanung auf den Zeitraum der mittelfristigen Finanzplanung bezogen. Die Zusammenführung von Flächennutzungsplanung und Investitionsplanung wirkt sich für die flächenbezogene Planung vor allem dahin aus, daß räumliche Teilbereiche des Flächennutzungsplans praktisch Akträume des Städtebaus werden. Inzwischen hat sich das Bedürfnis ergeben, die Investitionsplanung stärker auf den längerfristigen Flächennutzungsplan zu beziehen. Das ist aber nur dann möglich, wenn der Flächennutzungsplan selbst stärker einer längerfristigen Stadt-(Gemeinde-)entwicklungsplanung Rechnung trägt. Damit werden auch Veränderungen des erst seit kurzer Zeit bestehenden zweistufigen Finanzplanungssystems sichtbar: Ein längerfristiger Investitionsplan tritt zu dem mittelfristigen Invetsitionsplan hinzu, d. h. aus den Bedürfnissen längerfristiger flächenbezogener Planung entwickelt sich ein dreistufiges Finanzplanungssystem. Die Längerfristigkeit soll den Handlungsspielraum sichern.

Da der Flächennutzungsplan nach dem geltenden Recht inhaltlich und verfahrensrechtlich nur einen geringen Grad von Elastizität aufweist, vor allem auch nicht kurzfristig fortgeschrieben werden kann, die Investitionsplanung aber kurzfristig (wohl alle zwei bis drei Jahre) fortgeschrieben werden muß, ergibt sich das Bedürfnis, den langfristigen Flächennutzungsplan mit Planreserven zu versehen[38]. Bei einer Novellierung des Bundesbaugesetzes ist zu prüfen, ob und wieweit eine stärkere inhaltliche und verfahrensrechtliche Elastizität des Flächennutzungsplans sowie eine stärkere Verzahnung mit der übergeordneten Entwicklungsplanung erreicht werden kann. Das ist erforderlich, um die Funktion des Flächennutzungsplans zu sichern, er läuft sonst Gefahr, mindestens in der kommunalpolitischen und verwaltungsinternen Wirklichkeit von der übergeordneten Entwicklungsplanung — jedenfalls solange sie eine nichtförmliche Planung darstellt und bereits aus diesem Grunde schneller als eine förmliche Planung auf Veränderungen der Planungsgrundlagen reagieren kann — faktisch „überholt" zu werden. Nur eine entsprechende inhaltliche Ausgestaltung und größere verfahrensrechtliche Elastizität sowie eine ausreichende Verzahnung mit der übergeordneten Entwicklungsplanung können den Flächennutzungsplan in seiner Funktion als Bindeglied zwischen Stadt-(Gemeinde-)entwicklungsplanung und verbindlicher flächenbezogener städtebaulicher Planung (Bebauungsplan) sichern. Zu Einzelheiten einer Fortentwicklung des

---

[37a] Vgl. Anm. 22.
[38] So SCHULZE (Anm. 11) zur Entwicklung in Hamburg.

Planungsrechts des Bundesbaugesetzes muß auf Darlegungen an anderer Stelle bezug genommen werden[39]).

Es hat den Anschein, als ob der Flächennutzungsplan, wenn das Planungssystem des Bundesbaugesetzes grundsätzlich beibehalten wird, künftig zweierlei zum Ausdruck bringen wird:

(1) die bereits oben erwähnten städtebaulichen Aktivgebiete, in denen bei Sicherung der Finanzierung städtebaulich relevante Investitionen mittel- und längerfristig anstehen,

(2) daneben die Gebiete, Bereiche und Standorte, in denen solche Maßnahmen erst nach diesen Zeiträumen zu erwarten sind.

Die Darstellung auch der Gebiete zu (2) ist notwendig, um das städtebauliche Grundgerüst geschlossen und in seinen Zusammenhängen aufzuzeigen; darin zeigt sich die Funktion des Flächennutzungsplans, die es nicht gestattet, ihn durch ein Gemeindeentwicklungsprogramm zu ersetzen.

VI. Stadt-(Gemeinde-)entwicklungsplanung und Raumordnung (Landesplanung)

Wie bereits wiederholt erwähnt (vgl. Abschn. IV/3 und Abschn. IV/4), erfaßt die Raumordnung und Landesplanung nicht den Gesamtbereich der Entwicklungsplanung, die auf der Grundlage einer Aufgabenplanung Raum, Finanzen und Zeit zu integrieren sucht. Die gemeinsame verbindliche Planung oder ein anderweitiger Planungsverbund setzt, wie gleichfalls bereits dargelegt (Abschn. IV/4), Verfassungsänderungen voraus, so auch bei Institutionalisierung einer solchen Planung zwischen Staat und Kommunen.

Aufgrund der bestehenden Verfassungsrechtslage kann indessen im Raumordnungsgesetz des Bundes und in den Landesgesetzen über die Raumordnung und Landesplanung vorgesehen werden, daß die Programme und Ziele der Raumordnung und Landesplanung unter Berücksichtigung der Ergebnisse der Entwicklungsplanungen aufzustellen sind.

---

[39]) Vgl. BIELENBERG: Empfehlen sich weitere bodenrechtliche Vorschriften im städtebaulichen Bereich? Gutachten für den 49. Deutschen Juristentag, Bd. I (Gutachten), Teil B, München 1972, S. B 21 ff., insbesondere S. B 24 bis 26 zur Berücksichtigung der Entwicklungsplanung in einem novellierten Bundesbaugesetz und S. B 34 ff. zum Flächennutzungsplan. Wie dort dargelegt, könnte das Bundesbaugesetz nicht nur die Berücksichtigung, sondern auch die Aufstellung von übergeordneten gemeindlichen Entwicklungsplanungen vorschreiben, soweit die städtebauliche Planung es erfordert (a. a. O., B 25). In der Praxis wird die Aufstellung von Entwicklungsplanungen als Voraussetzung für die Förderung verlangt: Das Nordrhein-Westfalen-Programm 1975 sieht (S. 86) ab 1975 als Voraussetzung für die Förderung mit Landesmitteln in den Bereichen Städte- und Wohnungsbau, Verkehrswegebau, Industrieansiedlung und Bildungseinrichtungen in den Gemeinden, die als Entwicklungsschwerpunkte nach dem Landesentwicklungsplan II außerhalb der Ballungskerne vorgesehen sind, sowie in Gemeinden mit auszubauenden Stadt- und Stadtteilzentren die Aufstellung von Standortprogrammen (Entwicklungsprogrammen und Finanzierungsplänen) mit mittel- und langfristigem Zielhorizont vor; bemerkenswerterweise sollen auch die voraussehbaren privaten Investitionen einbezogen werden. Vgl. die vorläufigen Richtlinien hierzu vom 14. 6. 1971 (MBl. NW 1971, S. 2313.) Nach dem nordrh.-westf. Erl. über die Förderung der Durchführung städtebaulicher Maßnahmen vom 23. 3. 1971 (MBl. NW 1971, S. 629) ist u. a. Voraussetzung für die Förderung, daß sich die Zweckmäßigkeit und Dringlichkeit der zu fördernden Maßnahme aus übergeordneten Plänen ergibt; dazu zählen auch Stadtentwicklungspläne. Die Stadtentwicklungspläne als auch die Standortprogramme sind indessen ersichtlich keine übergeordneten gemeindlichen Entwicklungsprogramme, wie sie in dieser Abhandlung erörtert werden. Die Standortprogramme sind auf die räumlichen Aktivgebiete beschränkt, d. h. es wird keine Standortprogrammplanung für das ganze Gemeindegebiet gefordert.

Wie beim Flächennutzungsplan (vgl. hierzu Abschn. V), würde dadurch die Verzahnung der Ziele der Raumordnung und Landesplanung mit der übergeordneten Entwicklungsplanung erreicht. Die entsprechende Ausgestaltung der Programme und Pläne auf der Ebene der Raumordnung und Landesplanung einerseits und des Städtebaus andererseits würde es ermöglichen, die Investitionsplanungen, soweit sie raumwirksam sind, in die Abstimmungen einzubeziehen. Die Ziele der Raumordnung und Landesplanung würden echte räumliche Entwicklungsziele, die auch den kommunalen Bereich binden würden (zum Städtebaurecht vgl. § 1 Abs. 3 BBauG, die Bindung im Planungsbereich wäre grundsätzlich auf den Durchführungsbereich zu erweitern, vgl. Abschn. IV/4[40]).

Dürfte auch die gesetzliche Institutionalisierung einer umfassenden Entwicklungsplanung auf allen Planungsebenen der einzige, auch rechtlich zweifelsfreie Weg sein, die erforderliche Zielkonformität in der Entwicklung der Gebietskörperschaften im Bundesstaat zu erreichen, so können doch in dieser Beziehung wesentliche Verbesserungen in bezug auf die Siedlungs- und Raumstruktur bereits durch die vorgeschlagene Verzahnung des Raumplanungsrechts auf allen Ebenen mit der Entwicklungsplanung bewirkt werden. Die Bereiche der sog. großräumigen Siedlungs- und Raumstruktur und der sog. innergemeindlichen Struktur sind von der Sache her kaum voneinander zu trennen[41]). Größen und Lagen der Gemeinden können kein sachgerechtes Abgrenzungskriterium sein. Die übergeordnete Siedlungsstruktur und die innergemeindliche Struktur können und sollten nicht mehr in dem Maße unabhängig voneinander geplant werden, wie es gegenwärtig geschieht und auch weitgehend dem gegenwärtigen Recht entspricht. Die Zuordnung der gesamten innergemeindlichen Struktur zum Städtebau (Ortsplanung) läßt aber — so jedenfalls nach dem geltenden Recht — vom Ansatz her jeder Gemeinde fast vollständige Gestaltungsfreiheit. Daß die Praxis sich bemüht und bemühen muß, wesentliche Strukturelemente, die bisher rein innergemeindlich, d. h. örtlich gesehen worden sind, auf die übergeordnete Ebene „zu heben", zeigt das Nordrhein-Westfalen-Programm 1975 u. a. mit seinem Stadt- und Ortsteilprogramm[42]).

---

[40]) Zur Verstärkung der gemeindlichen Pflichten im Durchführungsbereich vgl. Anm. 37; nach § 4 des neugefaßten schlesw.-holst. Landesplanungsgesetzes (Anm .24) haben alle Träger der öffentlichen Verwaltung, unbeschadet ihrer sachlichen oder örtlichen Zuständigkeit, für die Verwirklichung der Raumordnungspläne *einzutreten*. Damit korrespondiert die Pflicht der Kreise und kreisfreien Städte nach § 11, zur geordneten Entwicklung ihres Gebietes die langfristigen Raumordnungspläne des Landes durch mittelfristige Entwicklungspläne, die auch die zur Plandurchführung notwendigen Maßnahmen und die Finanzplanung einbeziehen, zu ergänzen (vgl. näher Anm. 24).

[41]) Vgl. hierzu den Städtebaubericht 1970 der Bundesregierung (Anm. 16) Abschn. 2.2, Aufgabenbereiche des Städtebaus, der eine scharfe Trennung vermeidet; diese Trennung ist während der Arbeiten an dem Bericht (z. T. aus Gründen der Kompetenzverteilung zwischen dem für den Städtebau zuständigen Bundesministerium für Städtebau und Wohnungswesen und dem für die Raumordnung zuständigen Bundesministerium des Innern) vergeblich versucht worden. Der Bericht zählt die Strukturelemente nach dem Sachzusammenhang auf, sucht aber noch die Probleme des innergemeindlichen Siedlungsgefüges gesondert darzustellen. Zahlreiche der dort genannten Aufgaben stehen aber in untrennbarem Sach- und Bedingungszusammenhang mit dem „außergemeindlichen" Siedlungsgefüge, während dieses wiederum die gleichen Interdependenzen mit dem innergemeindlichen Bereich aufweist.

[42]) Bemerkenswerterweise richten sich die Möglichkeiten des Landes, auf diese Maßnahmen, soweit sie Sanierungs- und Entwicklungsmaßnahmen nach dem Städtebauförderungsgesetz sind, auf die Einleitung und Planung (Dimension) Einfluß zu nehmen, nach der Einordnung der Maßnahmen in das Gesetz als Sanierungs- oder Entwicklungsmaßnahme. Die Einleitung von Sanierungsmaßnahmen stellt das Städtebauförderungsgesetz der Gemeinde weitgehend frei, obwohl hier auch enge Zusammenhänge zur übergeordneten Raumentwicklung bestehen (vgl. Anm. 37). Die Grenzen zwischen beiden Maßnahmentypen sind durch die Erweiterung der Sanierung um die Sanierung aus Funktionsschwäche und die Möglichkeit, Ersatz- und Ergänzungsgebiete — ins-

VII. Koordination und Integration von Bauleitplanung und Fachplanungen

Die Einrichtung einer Entwicklungsplanung auf allen Planungsebenen würde bei Abstimmungen zwischen den Planungsebenen die Einordnung von Fachplanungen und sonstigen Fachmaßnahmen auch in die integrierenden räumlichen Planungen (Raumordnung, Bauleitplanung) wesentlich erleichtern.

Bei einer Novellierung des Bundesbaugesetzes sollten die Vorschriften dieses Gesetzes über das Verhältnis von Bauleitplanung bzw. Fachmaßnahmen überprüft werden. Nach dem Vorbild des § 4 Abs. 4 StBauFG sollten die Träger öffentlicher Belange und die Gemeinde zur möglichst frühzeitigen und vollständigen Unterrichtung verpflichtet werden. Die rechtlichen Möglichkeiten, förmliche Fachplanungen durch Festsetzung im Bebauungsplan zu ersetzen, sollten verbessert werden; es sollte vorgesehen werden, daß sowohl die Gemeinde als auch der Fachplanungsträger grundsätzlich verpflichtet ist, einen Ersatz der Planfeststellung vorzunehmen, wenn dadurch die aus städtebaulichen Gründen erforderliche Einordnung der Fachplanung erreicht wird und berechtigte Belange des Fachplanungsträgers nicht entgegenstehen. Der Träger der Bauleitplanung und der Träger der Fachplanung müssen auch verpflichtet werden, eng zusammenzuwirken, wenn eine Fachplanung die Änderung bestehender Bebauungspläne im Sinne des § 30 BBauG erfordert. Eine Fachplanung darf nicht mit der Wirkung allein aufgrund des Fachplanungsgesetzes durchgeführt werden, daß die städtebauliche Ordnung wesentlich beeinträchtigt wird; auch in diesen Fällen kommt ein städtebaurechtliches und fachplanerisches Parallelverfahren oder die Ersetzung der Fachplanung durch Änderung des Bebauungsplans in Betracht.

Die in den §§ 7 und 38 BBauG enthaltenen Kollisionsregeln, die Fachplanungsträger weitgehend privilegieren, müßten entsprechend geändert werden. Die stärkere verfahrensrechtliche Bindung der Fachplanungsträger und sonstigen Träger öffentlicher Belange an die Bauleitplanung darf allerdings nicht dazu führen, daß die Träger dieser Maßnahmen in einem nicht mehr vertretbaren Maße beschränkt werden. Die Fachbelange sollten daher stärker in den Grundsätzen der Bauleitplanung (§ 1 Abs. 4 und 5 BBauG) zum Ausdruck kommen; dadurch werden die Rechtsgrundlagen für die Genehmigungsbehörden im Bauleitplan-Genehmigungsverfahren verbessert[43]).

---

besondere außerhalb der bebauten Teile — im Zusammenhang mit Sanierungen festzulegen (§ 11), einerseits und die Einbeziehung von bebauten Ortsteilen als Anpassungsgebiete (§ 62) in die Entwicklungsmaßnahmen andererseits fließend geworden. Die städtebauliche Aufgabenstellung ist aber dem Grunde nach einheitlich, sie besteht in der Entwicklung der Gemeinden, und diese geschieht entweder durch Erneuerung des Vorhandenen oder Entwicklung von Neuem. Die Aufteilung der Maßnahmen im Städtebauförderungsgesetz ist nur noch entstehungsgeschichtlich verständlich. Das Sondergesetz des Städtebauförderungsgesetzes verschärft auch rechtlich die Situation des Städtebaus in der Bundesreprblik, die einheitliche Aufgabenstellung erfordert ein einheitliches Recht, daher ist die Fortentwicklung des Bundesbaugesetzes dringend geboten (vgl. Abschn. X.) Weitere Schwierigkeiten ergeben sich aus der scharfen Trennung von Raumordnung und Städtebau, die auf das Gutachten des Bundesverfassungsgerichts aus dem Jahre 1954 (BVerfGE 3,407) zurückgeführt wird. Das Gutachten befaßt sich indessen nur mit der Kompetenzfrage, aus der aus diesem Anlaß vorgenommenen Abgrenzung zwischen „Ortsplanung" und Raumordnung (Landesplanung) i. S. eines kompetenzrechtlichen „Aliuds" hat sich ein *planerisches* „Aliud" entwickelt. Auch ohne diese scharfe Trennung hätte die Ortsplanungsebene rechtlich in angemessener Weise gegen übermäßige staatliche Eingriffe abgeschirmt werden können; nach der geltenden Rechtsordnung in der Bundesrepublik hat es aber den Anschein, als ob es sich im Verhältnis von Raumordnung (Landesplanung) und städtebaulicher Planung um grundsätzlich Unterschiedliches handelt.

[43]) Vgl. hierzu im einzelnen BIELENBERG (Anm. 39), S. B 27 zu 2.2.

Rechtspolitisch geht es nicht nur darum, die bestehenden Fachplanungen stärker in integrierende Planungen auf allen Planungsebenen einzuordnen. Auch muß der besonders in letzter Zeit wieder stärker werdenden Tendenz entgegengewirkt werden, neue, gesetzlich zu regelnde Fachplanungen aus dem Bereich der integrierenden Planungen herauszuhalten. Solche Bestrebungen zeigen sich besonders gegenüber der Bauleitplanung, d. h. der Planung im örtlichen Bereich. Auch der Umweltschutz läßt aber ein isoliertes Vorgehen nicht zu.

VIII. „Planungshoheit" der Gemeinden, die Planungsebene der Kreise — Rechts- oder Fachaufsicht?

Im Mittelpunkt der Diskussion über die sogenannte „Planungshoheit" der Gemeinden steht die „Hochzonung" des Flächennutzungsplans. Mit der Fortentwicklung des gemeindlichen Planungswesens zu einer Entwicklungsplanung, die Raum, Finanzen und Zeit zu integrieren sucht, ist die Entziehung des flächenbezogenen Bestandteils dieser Planung nicht vereinbar. Auch reicht es regelmäßig nicht aus, nur raumplanerische Instrumentarien auf einen anderen Aufgabenträger zu übertragen, d. h. es im übrigen bei den Zuständigkeiten der Gemeinde für das planakzessorische Instrumentarium zu belassen.

Der Grundsatz, daß Planungsverantwortung und Durchführungs-, insbesondere Finanzverantwortung grundsätzlich nicht voneinander getrennt werden sollten, erhält durch die Entwicklungsplanung ein besonderes Gewicht. Denkbar wäre allerdings, daß Aufgabenträgern, die für einen bestimmten Raum eine detaillierte übergeordnete Entwicklungsplanung betreiben, diejenigen Elemente der Flächennutzungsplanung zugeordnet werden, die sie für die Aufstellung der ihnen obliegenden Entwicklungsplanung benötigen. Damit würde dem Prinzip der Zusammengehörigkeit von Planungs- und Durchführungsverantwortung voll entsprochen werden. Maßnahmen allein im Bereich der Raumplanung mit dem Ziel der Veränderung originärer Zuständigkeiten können nicht vorgeschlagen werden. Davon unabhängig sollten allerdings im Planungsrecht des Bundesbaugesetzes neben einer stärkeren Berücksichtigung der Raumordnung und Landesplanung die Planungspflichten der Gemeinde nicht unwesentlich verstärkt und die Möglichkeiten des Staates, unter bestimmten Voraussetzungen aus gegebenem Anlaß Aufgaben der Gemeinde nach dem Bundesbaugesetz auf andere Träger zu übertragen, erweitert werden (vgl. auch § 54 Abs. 4 StBauFG)[43a]. Bei der Übertragung von Elementen der Flächennutzungsplanung kreisangehöriger Gemeinden auf Kreise könnte das Städtebaurecht an Fortentwicklungen im Recht der Raumordnung und Landesplanung anknüpfen. Das neugefaßte schleswig-holsteinische Landesplanungsgesetz[44] regelt im zweiten Teil ausführlich die Entwicklungsplanung der Kreise und kreisfreien Städte. Es regelt diese Planung, auch in bezug auf die kreisfreien Städte[45], im Rahmen der Raumordnung und Landesplanung. Das baden-württembergische Landesplanungsgesetz i. d. F. des Regionalverbandsgesetzes[46] sieht in § 20 a ein Entwicklungsprogramm

---

[43a] Vgl. zu entsprechenden Änderungen des Bundesbaugesetzes BIELENBERG, a. a. O., S. B 42 bis 44 (Zusammenfassung).

[44] Vgl. Anm. 24.

[45] Sie sind zugleich Träger der Bauleitplanung, zur Vermeidung von Konflikten zwischen beiden Rechtsbereichen, d. h. im Verhältnis von Bundes- und Landesrecht, müssen gesetzliche Regelungen dieser Art sorgfältig zwischen Bund und Ländern abgestimmt werden.

[46] Vgl. Anm. 24.

der Kreise vor[47]). Mit dem Bundesbaugesetz ist 1960 eine Entwicklung abgeschnitten worden, die den Landkreisen originäre Zuständigkeiten im Bereich der Bauleitplanung zuerkannte. Die Gesetzgebung über die Raumordnung und Landesplanung hat ihnen zwar Teilaufgaben aus diesem Bereich übertragen, an einer Kompetenz aufgrund originärer Raumplanungszuständigkeiten fehlt es aber auch hier, in fast allen Bundesländern leisten die Landkreise indessen Amtshilfe gegenüber kreisangehörigen Gemeinden, u. a. auch durch Ausarbeitung von Bauleitplänen[48]). Auch noch das Städtebauförderungsgesetz hat die Möglichkeit, den Kreisen Aufgaben der Gemeinden im Entwicklungsbereich zu übertragen, stark eingeschränkt[49]). In dem Maße, in dem die Landkreise im Rahmen der Verwaltungsreform den veränderten Verhältnissen angepaßt werden und der Gedanke einer kommunalen Entwicklungsplanung weiter Raum gewinnt, wächst das Bedürfnis der Kreise nach originären Planungszuständigkeiten, und zwar nicht nur für Einzelbereiche, sondern für die Grundzüge der Flächennutzung und Infrastruktur, in diesem Zusammenhang aber auch nach einer integrierten Kreisentwicklungsplanung für das Kreisgebiet. Wie erwähnt, trägt das Recht der Raumordnung und Landesplanung diesem Bedürfnis kaum Rechnung, nur die neugefaßten Landesplanungsgesetze von Baden-Württemberg und Schleswig-Holstein machen hiervon eine Ausnahme.

Die Grundsatzdiskussion über die Frage, ob es im Bundesbaugesetz grundsätzlich bei der „Planungshoheit" der Gemeinden aller Größenordnungen verbleiben soll, wird wahrscheinlich erst mit der Novellierung dieses Gesetzes beginnen.

Bemerkenswerterweise ist dem Wunsch der Kommunalen Spitzenverbände auf ausdrückliche Normierung der Aufgaben der Gemeinden nach dem Städtebauförderungsgesetz als Selbstverwaltungsaufgabe vom Gesetzgeber nicht entsprochen worden. Ist auch grundsätzlich von der eigenverantwortlichen Wahrnehmung der Aufgaben, soweit sie den Gemeinden obliegen, auszugehen[50]), so kann doch das Ausmaß der eigenverantwortlichen Wahrnehmung dieser Aufgaben nur durch Auslegung der jeweiligen Gesetzesnorm ermittelt werden.

Die Fortschritte in der Fortentwicklung der Kommunalstruktur, die nicht unwesentliche Verstärkung der Planungspflichten der Gemeinden bei Novellierung des Bundesbaugesetzes, die stärkere Berücksichtigung der Raumordnung und Landesplanung, deren Ziele nach den neueren bzw. novellierten Landesplanungsgesetzen im regionalen Bereich im Vergleich zu früher und zu älteren Landesplanungsgesetzen einen wesentlich konkreteren Inhalt haben sollen, in diesem Zusammenhang auch die zunehmende Intensität der Landesplanung, weiterhin die detailliertere und stärkere Verankerung der Belange von Trägern der Fachplanungen und sonstigen Fachmaßnahmen in den Grundsätzen der Bauleitplanung (§ 1 Abs. 4 und 5 BBauG), damit verbunden auch die Verstärkung der Pflichten zur gegenseitigen Kooperation und endlich weitergehende Möglichkeiten des Staates, Aufgaben der Gemeinde unter bestimmten Voraussetzungen, insbesondere bei Nichterfüllung der sich aus der vorstehenden Aufzählung ergebenden Pflichten, auf

---

[47]) Zum Inhalt der Pläne vgl. Anm. 24.

[48]) Vgl. zur Stellung der Kreise in der Planung von der Heide: Landkreise und Regionalplanung, AfK 1970, 47.

[49]) Angesichts der Funktionen der Kreise ist es nicht recht verständlich, daß das Einvernehmen der Gemeinde gerade in diesem Fall gefordert wird (§ 54 Abs. 4 S. 2).

[50]) Vgl. zu dem Gesetzentwurf SCHMIDT-ASSMANN: Die kommunale Selbstverwaltung im Regierungsentwurf des Städtebauförderungsgesetzes (1970), Die Verwaltung 1970, 421; zu dem Gesetz vgl. BIELENBERG: Kommentar zum Städtebauförderungsgesetz (erscheint Ende 1972 im Vahlen-Verlag), Erläuterungen zu § 1.

andere Träger zu überführen[51]), lassen es vertretbar erscheinen, grundsätzlich an der *Rechtsaufsicht* festzuhalten[52]).

Würde die nach dem Bundesbaugesetz und grundsätzlich auch nach dem Städtebauförderungsgesetz bestehende Rechtsaufsicht über die Gemeinden in eine Fachaufsicht umgewandelt werden, so würde im Ergebnis der zuständige Referent bzw. Dezernent bei der Genehmigungsbehörde Bauleitplanung betreiben.

IX. Zu neuen Planungsmethoden, Planungstechniken und Planverfahren; zur stärkeren Mitwirkung der Bürger und der Öffentlichkeit und zur Sozialplanung; zu Organisationsfragen

Bereits eine integrierende *Raum*planung, d. h. eine Planung, die noch nicht den Zeit- und Finanzfaktor als bestimmendes Element einbezieht, erfordert wesentlich verbesserte und auch völlig neue Planungsmethoden, Planungstechniken und Planverfahren sowie erhebliche Erweiterungen und Verfeinerungen der Planungsgrundlagen. Das alles trifft in noch stärkerem Maße auf die Stadt- (Gemeinde-) entwicklungsplanung zu. Erforderlich sind auch umfangreiche und intensive Grundlagenforschungen sowie objektbegleitende Forschungen. Aus der Erweiterung der Planungsaufgaben ergeben sich neue Sachbereiche und Schwerpunkte der Stadt-(Gemeinde-)forschung. Soziologische, soziale und ökonomische Gesichtspunkte, schließlich auch der Umweltschutz, d. h. die Qualität der durch Planung zu beeinflussenden Umweltverhältnisse, rücken stark in den Vordergrund[53]). Durch die verbesserten bzw. neuen Planungsmethoden, Planungstechniken und Planverfahren sollen sowohl die Rationalität als auch die Qualität der Planung, aber auch ihre Realisierungschancen wesentlich verbessert werden. Nur schlagwortartig können hier die Simulation (Simulationsmodelle), Kosten-Nutzen-Analysen und die mathematische Optimierung genannt werden[54]). Den Rückstand an Möglichkeiten, städtebaulich relevante Daten zu erfassen, die Mängel eines Informationssystems für den Städtebau sowie die Notwendigkeit und Voraussetzungen eines einheitlichen Systems flächenbezogener Datenbanken für Zwecke des Städtebaus schildert der Städtebaubericht 1970 der Bundesregierung[55]), hierauf kann bezug genommen werden.

Kann auch unter dem Schlagwort „Demokratisierung der Planung" Unterschiedliches verstanden werden, so ist doch unverkennbar damit das Bemühen verbunden, eine

---

[51]) Vgl. zu den einzelnen Vorschlägen zur Änderung des Bundesbaugesetzes BIELENBERG (Anm. 39), S. B 42 ff. (Zusammenfassung; vgl. auch Anmerkung 60 b).

[52]) Vgl. das Gutachten (Anm. 39) S. B 44.

[53]) Zu den Aufgaben im Bereich der Grundlagenforschung und der angewandten Forschung vgl. näher den Städtebaubericht 1970 der Bundesregierung (Bt-Drucks. VI/1497), Abschn. 7.2, S. 83 f. und Abschn. 7.3., S. 84 f.

[54]) Vgl. hierzu allgemein Abschnitt 7.4 „Anwendung neuer Planungsmethoden" des Städtebauberichts 1970 der Bundesregierung und KRUSE a. a. O. (Anm. 15); zu mathematischen Entscheidungsmodellen vgl. BAU-SHABAR, MAZOR, PINES: „Optimierung und Stadtplanung", Stadtbauwelt 1969, Nr. 24, 278 ff., dort (282) auch NACHSCHOLD (dieser z. T. recht kritisch zu den Optimierungsmodellen); PLATZ-DIEDRICH-VOGT: Möglichkeiten und Grenzen mithematischer Optimierungsmodelle, Stadtbauwelt, 1970 Nr. 25, 58 f. Vgl. zusammenfassend auch DIEDRICH: Mathematische Optimierung: Ein Rationalisierungsbeitrag für die Stadtentwicklung, Beiträge zur Stadt- und Regionalforschung Bd. 1, Hbg. 1970 mit umfangr. Schrifttumsangaben, dort auch zur Unterscheidung zwischen Optimierungsmodellen und der Cost-Benefit-Analyse.

[55]) A. a. O., Abschn. 6, S. 76.

stärkere Beteiligung und Mitwirkung der Bürger und der Öffentlichkeit an der Stadt-(Gemeinde-)entwicklung zu ermöglichen. Die technische und verfahrensmäßige Durchführung solcher Beteiligungen und Mitwirkungen sowie ihre Organisation werfen schwierige Fragen auf; die Praxis befindet sich erst in einem Experimentierstadium. Wegen der Einzelheiten kann auf den Städtebaubericht 1970 der Bundesregierung verwiesen werden[56]). Die Frage, ob und wieweit die stärkere Beteiligung und Mitwirkung der Bürger und der Öffentlichkeit ein gesetzgeberisches Problem ist, ist noch nicht endgültig geklärt. Zur Vermeidung von Mißverständnissen sei darauf hingewiesen, daß der Bereich der Sozialplanung, der erstmalig im Städtebauförderungsgesetz eine gesetzliche Normierung erfahren hat, wesensmäßig von den hier zunächst behandelten Problemen einer stärkeren Beteiligung und Mitwirkung an der Planung zu unterscheiden ist; auf die Sozialplanung wird an späterer Stelle eingegangen.

Ist auch für rechtliche Regelungen einer stärkeren Mitwirkung der Bürger und der Öffentlichkeit an Maßnahmen des Bundesbaugesetzes und des Städtebauförderungsgesetzes das Städtebaurecht der richtige Ort, so müßten entsprechende Regelungen für die Ebene der übergeordneten kommunalen Entwicklungsplanung aus den oben angegebenen Gründen in anderen Rechtsbereichen getroffen werden. In Betracht kommt das Kommunalrecht (Gemeindeordnungen, Kreisordnungen); bei einer Regelung eines Planungsverbundes zwischen Bund, Länder und Kommunen auf zusätzlichen verfassungsrechtliche Grundlagen (vgl. Abschn. IV/4) könnten solche Beteiligungen auch in den die Verfassung ausführenden Gesetzen vorgesehen werden.

Die übergeordnete kommunale Entwicklungsplanung schafft keine Betroffenen. Interessiert ist vor allem die Öffentlichkeit. Daher dürfte auf dieser Ebene der Planung nur eine Beteiligung der Öffentlichkeit an den Grundsätzen und Zielen sowie den — möglichst alternativen — Entwicklungsplanungen erforderlich und sinnvoll sein.

Bei Verzahnung des Flächennutzungsplans mit der kommunalen Entwicklungsplanung (Abschn. V) würden bereits nach dem geltenden Recht des Bundesbaugesetzes, das eine förmliche Beteiligung aller Bürger der Gemeinde auch an dieser Ebene der Bauleitplanung durch Erhebung von Bedenken und Mitteilung von Anregungen vorsieht, Elemente der übergeordneten gemeindlichen Entwicklungsplanung in das förmliche Planverfahren der Bauleitplanung und damit in den Bereich der Mitwirkung einbezogen werden. Die Erfahrungen, die mit der Aufstellung von Flächennutzungsplänen gemacht worden sind, lassen es indessen zweifelhaft erscheinen, ob es bei dem bisherigen Beteiligungsverfahren an der Flächennutzungsplanung verbleiben sollte. Auch der Flächennutzungsplan schafft keine Betroffenen; erst der Bebauungsplan hat diese Wirkung. Mit der oben (Abschn. V) vorgeschlagenen Fortentwicklung des Flächennutzungsplans ist auch eine Änderung seiner inhaltlichen Aussagen verbunden, d. h. der Flächennutzungsplan wird stärker als bisher auf Grundzüge und die städtebaulich relevanten Strukturelemente des Gemeindegebiets abstellen. Das wird noch stärker als bisher seine Aussagekraft in bezug auf einzelne Grundstücke und Gebietsteile mindern. Die stärkere Hervorhebung der unterschiedlichen Funktionen von Flächennutzungsplan und Bebauungsplan rechtfertigt unterschiedliche Verfahrensregeln. Es spricht vieles dafür, den wesentlichen Inhalt des Flächennutzungsplans wie das übergeordnete Gemeindeentwicklungsprogramm, in der Gemeinde, d. h. in der Öffentlichkeit, nur zur Diskussion zu stellen. Die Diskussion müßte in einem

---

[56]) Vgl. den Städtebaubericht 1970 der Bundesregierung a. a. O., Abschn. 4, S. 49; vgl. hierzu auch — ausführlicher — ERNST-SCHÄFERS: Demokratisierung des Planungsprozesses, Gutachten, 1970, erstellt im Auftrag der Gesellschaft für Wohnungs- und Siedlungswesen e. V., Hamburg, mit Unterstützung des Bundesministers für Städtebau und Wohnungswesen, bisher nicht veröffentlicht.

möglichst frühen Zeitpunkt des Planungsprozesses beginnen, d. h. die Planung darf noch nicht zu sehr „verfestigt" sein. Durch eine auf die Grundzüge der städtebaulichen Entwicklung beschränkte Diskussion in der Öffentlichkeit werden dieser und dem Bürger das Wesentliche der städtebaulichen Entwicklung und die größeren Zusammenhänge deutlich. Voraussetzung ist allerdings, daß eine Form der Darstellung und Unterrichtung gewählt wird, aus der Öffentlichkeit und Bürger die komplexen Zusammenhänge erkennen können. Auch Gruppen von Bürgern und einzelnen Bürgern bleibt es unbenommen, in diesem Stadium des Verfahrens Stellungnahmen abzugeben. Im Gesetz könnte eine Verpflichtung der Gemeinde vorgesehen werden, die Diskussionsergebnisse und Stellungnahmen bei der Beschlußfassung über den Flächennutzungsplan zu berücksichtigen und das Ergebnis dadurch bekanntzumachen, daß Interessierten die Möglichkeit der Einsicht in die Beschlußergebnisse im Wege einer befristeten Auslegung ermöglicht wird. Auch wäre daran zu denken, daß die Diskussionsergebnisse und Stellungnahmen von Gruppen oder Einzelnen mit dem Ergebnis der Beschlußfassung der Gemeindevertretung in dem Erläuterungsbericht zum Flächennutzungsplan darzulegen sind.

Beim Bebauungsplan muß es indessen grundsätzlich bei einem förmlichen Beteiligungsverfahren verbleiben, da nur dieses der Stellung der Betroffenen entspricht. Bebauungspläne mit besonderer Bedeutung für die bauliche Gemeindeentwicklung sollten in einem Zeitpunkt, in dem die Planung noch nicht verfestigt ist, möglichst auch mit Alternativen, in der Öffentlichkeit zur Diskussion gestellt werden. Zweckmäßig kann in bestimmten Fällen auch eine öffentliche Erörterung der Anregungen und Bedenken nach § 2 Abs. 6 BBauG sein. Bei Bebauungsplänen, die auf Durchführung angelegt sind, sollte ein novelliertes Bundesbaugesetz nach dem Vorbild des § 9 StBauFG die Erörterung der beabsichtigten Entwicklung bzw. Neugestaltung des Baugebiets mit Eigentümern und sonstigen Nutzungsberechtigten sowie — soweit dies möglich ist — bei Neuerschließungen mit künftigen Eigentümern und sonstigen Nutzungsberechtigten vorschreiben. Auch den Arbeitnehmern von Betrieben, die im Gebiet ihren Standort haben bzw. haben werden, sollte Gelegenheit gegeben werden, sich zu der beabsichtigten Entwicklung bzw. Neugestaltung zu äußern.

Die Sozialplanung (§ 4 Abs. 2 und § 8 Abs. 2 StBauFG) hat eine andere Funktion als die Beteiligung der Öffentlichkeit und des Einzelnen an der Planung. Ein novelliertes Bundesbaugesetz müßte beide Bereiche klarer als das Städtebauförderungsgesetz voneinander trennen und nach den unterschiedlichen Zwecken entsprechend regeln. Die Auswirkungen einer auf Entwicklung und sonstige Veränderungen angelegten städtebaulichen Planung auf den Einzelnen erfordern eine weitere Ausgestaltung des verfassungsmäßigen Sozialstaatsprinzip (vgl. neben den bereits genannten Vorschriften auch den Härteausgleich nach § 85 StBauFG). Die Sozialplanung sollte im novellierten Bundesbaugesetz im Zusammenhang mit dem Vollzug solcher Bebauungspläne Anwendung finden, die auf Verwirklichung angelegt sind. Die Gemeinde sollte, bevor sie das — fortentwickelte — planakzessorische Instrumentarium (Bau-, Abbruch- oder Modernisierungsgebot, vgl. Abschn. X) anwendet, verpflichtet sein, mit den Eigentümern und den sonstigen Nutzungsberechtigten zu erörtern, wie die Maßnahmen durchgeführt werden können; sie sollte auch verpflichtet sein, die Betroffenen hierbei im Rahmen der Möglichkeiten zu beraten. Der Gegenstand der Erörterungen und Beratungen ergibt sich sinngemäß aus § 4 Abs. 2 und § 8 Abs. 2 StBauFG[57]).

---

[57]) Vgl. im einzelnen zu Änderungen des Bundesbaugesetzes die eine stärkere Mitwirkung der Bürger und der Öffentlichkeit sowie die Einführung der Sozialplanung in dieses Gesetz zum Ziel haben, Bielenberg (Anm. 39), S. B 37 ff.

Ebenso wie die Formen und Möglichkeiten stärkerer Beteiligungen und Mitwirkungen der Bürger und der Öffentlichkeit gegenwärtig in der Praxis noch erprobt werden, befinden sich neue Organisationsformen der Planungsverwaltung im Experimentierstadium[58]. Der Städtebaubericht 1970 behandelt besonders für den kommunalen Bereich die Auswirkungen der Entwicklungsplanung auf die Planungsorganisation[59]. Der Bericht stellt fest, daß nach den Erfahrungen der Praxis die Notwendigkeit zur Einrichtung einer besonderen Organisationseinheit häufig bei Gemeinden mit mehr als 50 000 Einwohnern beginnt. Es dürfte indessen zweifelhaft sein, ob die für kleinere Gemeinden oft vertretene These richtig ist, daß hier die Aufgaben der Entwicklungsplanung als Teil der Führungs- und Koordinierungsaufgaben noch von der Verwaltungsspitze in Zusammenarbeit mit der Gemeindevertretung wahrgenommen werden können, in zahlreichen Fällen dürften nicht unwesentliche Hilfen durch die Kreise oder andere geeignete Träger erforderlich werden (vgl. auch Abschn. VIII). Der Städtebaubericht weist darauf hin, daß durch die organisatorische Zusammenfassung der Entwicklungsplanung innerhalb der Kommunalverwaltung der Einsatz neuzeitlicher Hilfsmittel (Datenverarbeitungsanlagen usw.), die Anwendung moderner Management-Methoden und die Ausnutzung neuer Technologien erleichtert würden. Der Bericht macht aber darauf aufmerksam, daß sich die Frage, in welcher Form solche Organisationseinheiten gebildet werden sollten, nach dem Gegenstand des Verfahrens und den örtlichen Gegebenheiten beantworte. In Betracht kämen z. B. besondere Planungsstäbe oder Stadtentwicklungsämter. Wenn in dem Bericht dargelegt wird, daß diese Einrichtungen auch auf Zusammenschlüsse der kommunalen Gemeinschaftsarbeit (z. B. Planungsverbände) oder auf Träger, die für besondere Aufgaben gebildet werden (gemischtwirtschaftliche Unternehmen), übertragen werden könnten, so muß bezweifelt werden, daß die Gemeinden bereit sein werden, die so überaus wichtigen Aufgaben der Entwicklungsplanung auf Organisationsformen der gemeindenachbarlichen Zusammenarbeit zu übertragen. Im Bereich der Bauleitplanung sind Planungsverbände nur in wenigen Fällen gebildet worden.

X. Zur Fortentwicklung des Städtebaurechts[60]

Auf Fortentwicklung des planungsrechtlichen Teils des Bundesbaugesetzes ist bereits an verschiedenen Stellen eingegangen worden. Zusammenfassend ergeben sich hieraus die folgenden Gesichtspunkte für die Änderungen des *Planungsrechts* des Gesetzes:

(1) stärkere Berücksichtigung des Gedankens der städtebaulichen Entwicklungsplanung in der gesetzlichen Definition der Planungsaufgabe, in dem Planungssystem und in dem Planverfahren;

(2) Berücksichtigung der kommunalen und staatlichen Entwicklungsplanung, die Raum, Zeit und Finanzen zusammenzuführen sucht, im Städtebaurecht, vor allem im Planungsteil des Gesetzes;

---

[58]) Vgl. zu Organisationsfragen u. a. VOGEL (Anm. 6) allgemein und speziell zu München; Beste, Schulze und Boeddinghaus (Anm. 11); Koordination der Planung und MÄDING (Anm. 1); vgl. auch DSt 1971, 6, Sonderdruck, S. 2.

[59]) A. a. O., Abschn. 5.1.2, S. 37.

[60]) Vgl. zu diesem Abschnitt im einzelnen das in Anm. 39 genannte, für den DJT 1972 erstattete Gutachten, dort auch weitere Hinweise auf das Schrifttum.

(3) im Rahmen der auch aus anderen Gründen erforderlichen inhaltlichen und rechtssystematischen Fortentwicklung der Grundsätze der Bauleitplanung (§ 1 Abs. 4, 5) stärkere Berücksichtigung der Belange von Fachplanungsträgern und sonstigen Fachmaßnahmen; mit dieser Maßgabe stärkere Einordnung bzw. Integration von Bauleitplanung und Fachbereichen als Folge der Neudefinition der städtebaulichen Planung als Entwicklungsplanung (Änderungen der §§ 7 und 38 BBauG);

(4) Verstärkung der Pflichten und Rechte (Mitwirkungen, Unterrichtungen) der Träger der Bauleitplanung und der Träger von Fachplanungen und sonstigen Fachmaßnahmen auch im Durchführungsbereich; Regelung der sich hieraus ergebenden Abstimmungs- und Integrationsaufgaben;

(5) Anpassung des Inhalts der Bauleitpläne an die veränderte Aufgabenstellung des Städtebaus, aus der Sicht der Entwicklungsplanung kommt dabei dem Flächennutzungsplan besondere Bedeutung zu, er muß in seiner Funktion als Bindeglied zwischen übergeordneten Entwicklungsplanungen und verbindlicher Bauleitplanung durch entsprechende Gesetzesänderungen gesichert werden;

(6) stärkere Mitwirkung der Öffentlichkeit und der Betroffenen an der städtebaulichen Planung, weiterer Ausbau der Sozialplanung.

Das der *Planverwirklichung* dienende *boden- und enteignungsrechtliche Instrumentarium* muß wirksamer ausgestaltet werden. Aus dem Städtebauförderungsgesetz sollten die folgenden Rechtsinstitute übernommen werden:

(1) Abbruchgebot (§ 19),

(2) Baugebot (§ 20),

(3) soweit es städtebauliche Bedeutung hat: das Modernisierungsgebot (§ 21),

(4) Beendigung bzw. Aufhebung von Miet- und Pachtverhältnissen (§§ 26 bis 32).

Als *weitere Schwerpunkte* einer Novellierung des Bundesbaugesetzes sind zu nennen:

(1) Lösung des *gemeindlichen Vorkaufsrechts* aus seinen gegenwärtig zu engen sachlichen und räumlichen Grenzen, ggf. auch Übernahme des *Grunderwerbsrechts* aus dem Städtebauförderungsgesetz für bestimmte Fälle, Prüfung der Frage, ob das Vorkaufsrecht mit „preislimitierender" Wirkung ausgestaltet werden sollte;

(2) stärkere Berücksichtigung des Gedankens der Entwicklungsplanung im Recht des *„Planungsschadensersatzes":* die z.T. über das verfassungsrechtlich Gebotene hinausgehende Entschädigungspflicht, die überdies zeitlich unbefristet ist und auf die differenzierten städtebaulichen Sachverhalte, die zugleich die Situation des Grundeigentums verdeutlichen, nur in Ansätzen Rücksicht nimmt, kann zur Erstarrung der Planung führen; die Grenze zwischen Sozialbindung im Städtebau und zur Enteignung durch oder aufgrund von Planungsmaßnahmen muß im Gesetz neu bestimmt werden; das berechtigte Vertrauen auf Planungen muß dagegen stärker als bisher geschützt werden (Erstreckung des § 44 Abs. 2 BBauG auf alle Tatbestände der §§ 40—44);

(3) unter Einbeziehung des § 16 StBauFG ist das Recht der Bodenordnung (insbesondere Umlegung) mit dem Ziel fortzuentwickeln, es stärker als Instrument der Planverwirklichung und der Bodenpolitik auszugestalten; ein wirksames Umlegungsrecht wird künftig stärker als bisher Aussicht haben, mit „Enteignungsmodellen" zu konkurrieren;

(4) die Voraussetzungen für die Enteignungen und das Enteignungsverfahren sind auf vermeidbare Erschwernisse zu überprüfen; § 22 StBauFG sollte grundsätzlich in das Bun-

desbaugesetz übernommen werden; nach dem Vorbild des Städtebauförderungsgesetzes sollte auf die Höhe der Entschädigung durch Modifizierung des Verkehrswertprinzips nur im *Rahmen eines aufeinander abgestimmten bodenpolitischen Gesamtsystems*[60a]) Einfluß genommen werden;

(5) der *Bodenmarkt* muß durch wesentliche Verstärkung der Rahmenbedingungen in seiner Funktionsfähigkeit verbessert werden; neben einem System von bodenrechtlichen Ausgleichsleistungen, die städtebaulich bedingte Mehrwerte auf die Allgemeinheit überführen (Planungs- und Infrastrukturbeitrag, vgl. § 41 StBauFG und den Ausgleich in der Umlegung nach dem Bundesbaugesetz), kommt steuerrechtlichen Maßnahmen unterstützende Bedeutung zu[60b].

Das Kernproblem ist hierbei die ungelöste Bodenfrage. Das aufeinander abgestimmte Instrumentarium des Bundesbaugesetzes (Vorverlegung der Fälligkeit der Erschließungsbeiträge mit der Absicht, die Gemeinden zu vorausschauender Planung und zur Erschließung zu veranlassen, Herstellung der Markttransparenz durch Einrichtung von Kaufpreissammlungen mit einer amtlichen unabhängigen Grundstücksbewertung, Einführung der Baulandsteuer C, bundeseinheitliche Einführung eines gemeindlichen Vorkaufsrechts) wurde alsbald durch die Aufhebung der Baulandsteuer, die bereits durch die Kompromisse im Bundestag wesentlich in ihrer Wirkung abgeschwächt worden war, in einem Hauptpunkt entscheidend gemindert. Das Verkehrswertprinzip des Bundesbaugesetzes, das auch nach damaliger Auffassung nur vertretbar erschien, wenn auf die Bodenpreisentwicklung auf dem Baulandmarkt durch geeignete bodenpolitische Maßnahmen angemessen Einfluß genommen wird, mußte sich in dem Maße, wie sich das bodenpolitische Instrumentarium des Gesetzes als unzulänglich erwies, zu einem extensiven Prinzip entwickeln und dadurch als echtes Hemmnis der städtebaulichen Entwicklung auswirken[61]).

In diesem Zusammenhang stellt sich die Frage, ob es auch künftig noch ausreicht, bei grundsätzlich freier Bodenwirtschaft für die aus übergeordneten Gründen notwendige Steuerung der Bodennutzung und Bereitstellung der Flächen für die Infrastruktur nur — allerdings nicht unerhebliche — Korrekturen am Bodenmarkt anzubringen, oder ob es notwendig sein wird, den Boden — mindestens partiell — aus dem Markt grundsätzlich herauszunehmen. Damit stehen die folgenden weiteren Fragen in engem Sachzusammenhang:

(1) Wie muß künftig die den Anforderungen aus den räumlich relevanten Bereichen entsprechende Eigentümer- und Nutzerposition gesetzlich bestimmt werden?

(2) Wer kann und wer sollte im Hinblick hierauf Träger solcher Positionen sein?

[60a]) Vgl. hierzu BIELENBERG: Jur. Analysen 1971, Heft 5, S. 55, 68 ff.

[60b]) Vgl. hierzu BIELENBERG: Gutachten zum 49. Deutschen Juristentag, auch die Referate von ERNST und SCHARNBERG und die Verhandlungsergebnisse — ihre Veröffentlichung in den Verhandlungsergebnissen des DJT ist alsbald zu erwarten; vgl. auch die Empfehlungen der Bodenrechtskommission der SPD (Vorschläge zur Reform der Bodenordnung, herausgegeben vom Vorstand der SPD, Bonn 1972) sowie die bodenpolitischen Grundsätze der CDU/CSU, Oktober 1972 (soweit ersichtlich, nur vervielfältigtes Manuskript). Hierauf kann nach Drucklegung dieser Veröffentlichung nur hingewiesen werden. — Vgl. auch SCHMIDT-ASSMANN, EBERHARD: Grundfragen des Städtebaurechts, Göttinger Rechtswissenschaftliche Studien, 1972.

[61]) Vgl. hierzu die zusammenfassende Darstellung in dem rechtswissenschaftlichen Gutachten Verfassung, Städtebau, Bodenrecht, erstellt von BIELENBERG in Zusammenarbeit mit der Kommission „Bodenwert" der Gesellschaft für Wohnungs- und Siedlungswesen e. V., Hamburg, 1969, veröffentlicht in der Schriftenreihe der Gesellschaft.

(3) Wird die Eigentumsordnung, insbesondere soweit sie auf Parzelleneigentum beruht, den gegenwärtigen und künftigen Anforderungen noch gerecht, müssen ggf. andere Nutzungs- und Beteiligungsformen verstärkt zur Geltung gebracht oder sogar neu entwickelt werden?

Alle Anforderungen sind an der Funktion des Grundeigentums in Raumordnung und Städtebau unter bereits stark veränderten und sich weiterhin ändernden Bedingungen zu messen. Dabei ist die Frage, ob Art. 14 GG Fortentwicklungen des Städtebaurechts und der Bodenordnung zu Sicherung oder Wiederherstellung der Funktionsfähigkeit des Grundeigentums erlaubt, jedenfalls nach dem gegenwärtigen Stand und der voraussehbaren Entwicklung bejahen. Da gegenwärtig keine Steuerungs- und Verteilungstechniken bzw. -mechanismen sichtbar sind, die bei Aufhebung des Bodenmarktes dessen unbestreitbaren Vorteile ersetzen könnten, sollte bereits aus diesem Grunde die Fortentwicklung des städtebaurechtlich relevanten Bodenrechts nur auf der Grundlage des Art. 14 GG betrieben werden[61]).

XI. Schlußbemerkungen

Die vorstehenden Darlegungen können nur eine erste Einführung in die Probleme sein; dabei ist zu berücksichtigen, daß sich die Einführung auf Schwerpunkte, so wie der Verfasser sie sieht, beschränken mußte. Vieles bedarf, auch in den Grundaussagen, der Überprüfung und der Vertiefung. Angesichts des Rückstandes in Wissenschaft und Praxis mußte auch in systematischer Hinsicht weitgehend Neuland betreten werden: auch in dieser Hinsicht können die hier angestellten Bemühungen nur erste Versuche sein. Wenn die Untersuchung sich bereits auf Fragen einer gesetzlichen Institutionalisierung erstreckt, so ist dem Verfasser durchaus bewußt, daß die übergeordnete Entwicklungsplanung noch keineswegs so weit als geklärt gelten kann, daß eine gesetzliche Vollregelung in Betracht kommt. Die Entwicklung in der Raumordnung und Landesplanung hat aber gelehrt, daß nur die rechtliche und verwaltungsmäßige Einordnung eines Aufgabenbereichs in das System unseres öffentlichen Rechts sowie in den Handlungsbereich und die Handlungsformen der Aufgabenträger zu der erforderlichen rechtlichen und politischen Wirksamkeit führt. Dadurch werden auch die zu ordnenden Struktur- und Kompetenzprobleme sichtbar.

Entwicklungsplanung in der Kommunalverwaltung

von

Eberhard Laux, Düsseldorf

I. Entwicklungsplanung als Steuerungssystem

Der Beitrag von FRIDO WAGENER (in diesem Band) hat nachgewiesen, daß im staatlichen System der BRD ein, wenn auch grobmaschiges und noch lückenhaftes, aber doch ständig praktiziertes System einer integrierenden Planung besteht, das man mit dem Begriff der „Entwicklungsplanung" nur sehr ungenau bezeichnet und das sich mit dem traditionellen Verständnis von Landes- und Stadtplanung sich nur teilweise deckt[1]. Die wachsende Kenntnis von den Zusammenhängen im Rahmen des gesamten staatlichen Systems hat auch im kommunalen Bereich zu dem Bewußtsein geführt, daß mit den herkömmlichen Planungsinstrumentarien der zukünftigen Entwicklung nicht mehr entsprochen werden kann. Sie wird begleitet durch eine Orientierung der Regierungspolitik in Richtung auf eine politische Planung (siehe Abb. 1).

Will man die Stellung der *Kommunalverwaltung* als Planungsebene im Rahmen der gesamten staatlichen Verwaltung charakterisieren, so steht man vor der Schwierigkeit, daß sich das Planungssystem, einerlei wie weit es schon formalisiert ist, als 4-dimensional darstellt, d. h. öffentliche Planungsaufgaben werden in den verschiedenen Ebenen der territorialen Organisation durch unterschiedliche Planungsarten aktiviert, wobei der zeitliche Horizont für Aussage und Verfahren maßgebend ist. Die Elemente des öffentlichen Planungssystems, soweit es die innerstaatlichen Angelegenheiten betrifft, sind:

1. Die Planungsträger,

    d. h. die Gebietskörperschaften (Bund, Länder, Kreise und Gemeinden) und ihre Hilfsorganisationen (regionale Gliederungen, Korporationen der interkommunalen Zusammenarbeit). Es soll an dieser Stelle unberücksichtigt bleiben, daß für einzelne öffentliche Leistungsbereiche Planungsträger vorhanden sind, die nicht zur territorialen Organisation gehören (z. B. Bundesbahn und Bundespost).

---

[1]) Auch wenn man „Raumplanung" in der extensiven Interpretation verwendet hat, wie es HANS-GERHART-NIEMEYER und GOTTFRIED MÜLLER (Raumplanung als Verwaltungsaufgabe, Hannover 1964, Veröffentlichungen der Akademie für Raumforschung und Landesplanung, Abhandlungen Band 43) getan haben.

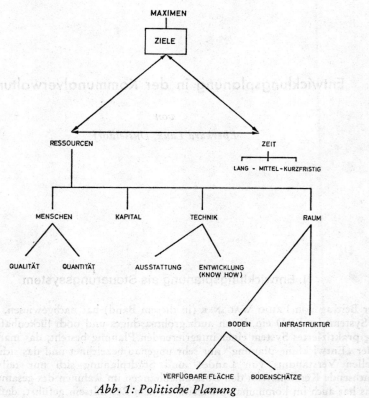

Abb. 1: Politische Planung

2. Die öffentlichen Planungsaufgaben
Sie sollen, vereinfacht auf die Aufgabenstruktur der Gebietskörperschaften, wie folgt benannt werden:
>Verwaltungsstruktur,
>Ordnung und Schutz der Gesellschaft,
>Forschung, Bildung, Kultur,
>Soziales, Gesundheit,
>Wirtschaftsentwicklung, Wohnungswesen,
>Verkehr,
>Freizeit und Erholung
>Versorgung.

Außer Betracht bleiben müssen hier Planung im supranationalen Bereich, der Außenpolitik und der Verteidigung.

3. Die öffentlichen Planungsarten
>Allgemeine Aufgabenplanung,
>Planung der räumlichen Ordnung und Verteilung,
>Fachliche Infrastrukturplanung,
>Finanz- und Investitionsplanung,
>Personalplanung,
>Organisationsplanung.

4. Die zeitliche Dimension
Allgemein wird unterschieden zwischen[2])
   a) Langfristplanung,
      die in aller Regel sich vorwiegend auf die Aufgabenplanung und die Planung der räumlichen Ordnung und Verteilung beschränkt. Sie ist eine Planung weitgehend ohne zeitlichen Bezug und mit allenfalls globaler Einbeziehung der Ressourcen; sie stellt sich in Programmen, Leitbildern, Zielen für längerfristige Aufgabenerfüllung u. ä. dar;
   b) strategischer Planung mit einer zeitlichen Dimension von etwa 10—20 Jahren. Ihre Funktion besteht darin, durch Einbeziehung der Ressourcen, insbesondere durch die Zuordnung von finanziellen, organisatorischen und personellen Elementen die Grundlage für die Planung der Maßnahmen zu bilden; sie soll Ziele, Programme etc., d. h. Ergebnisse der Langfristplanung erst operabel machen;
   c) taktischer und operativer Planung.
      Hier handelt es sich um die Programmierung der in einem kurz- oder mittelfristigen Zeitraum bis zu 10 Jahren durchzuführenden Maßnahmen und die Vorbereitung ihrer Realisierung. Sie umfaßt ein Bündel unterschiedlicher Planungsarten, die von der Erarbeitung von Handlungsrahmen bis zur Projektplanung[3]) reichen. Charakteristisch sind Planung der Strukturen, Detailplanung, Anpassungsplanung.

Prinzipiell sind die Kommunalverwaltungen in dieses System in gleicher Weise wie andere Verwaltungsträger einbezogen, unbeschadet ihrer anderen Funktion, auf die noch einzugehen sein wird (siehe Abb. 2).

Für die Wirkungsweise eines solchen Planungssystems gelten folgende drei Grundsätze:
(1) Permanenz.
   Planung im Sinne einer Entwicklungsplanung ist ein ständiger Prozeß, wenn auch mit unterschiedlichen Graden der Intensität und zeitlicher Aktivität.
(2) Parallelität.
   Ein öffentliches Planungssystem muß so organisiert werden, daß eine sachlich wie zeitlich parallele Planungsfähigkeit unbeschadet der notwendigen Integration gewährleistet ist.
(3) Integration.
   Ein Planungssystem muß in Richtung eines sach- wie zeitgerechten Ineinandergreifens von funktionsgebundenen Aktivitäten angelegt sein.

---
[2]) Die Unterscheidung kommt aus der wirtschaftswissenschaftlichen Theorie und aus der Systemforschung. Aus der fast unübersehbar gewordenen Literatur s. dazu HANS-JOACHIM ARNDT: Der Plan als Organisationsfigur und die strategische Planung. In: Politische Vierteljahresschrift, Jg. 9 (1968), S. 177 ff.; DIETER OBERNDÖRFER: Methode der kurz-, mittel- und langfristigen Planung der Regierungsarbeit. In: Erster Bericht zur Struktur von Bundesregierung und Bundesverwaltung, August 1969, Anlagenband S. 400 ff. mit zahlreichen Hinweisen; KARL HAX: Planung und Organisation als Instrument der Unternehmensführung. In: Zeitschrift für Handelswissenschaftliche Forschung 1959, S. 605 ff.; JOACHIM HÄUSLER: Planung als Zukunftsgestaltung — Voraussetzungen, Methodik und Formen der Planung in soziotechnischen Systemen —, Wiesbaden 1970, bes. S. 63 ff.
[3]) Der Projektansatz wird immer stärker herausgearbeitet, seitdem vor allem durch die Organisation der Raumfahrt neue Techniken für die Vorbereitung komplexer Maßnahmen eröffnet wurden. Aus der Literatur zur Projektplanung vor allem MANFRED DULLIEN: Flexible Organisation. Opladen 1972; KARL-HEINZ RÜSBERG: Die Praxis des Projekt-Managements. München 1971; HARALD J. SCHRÖDER: Projekt-Management. Wiesbaden 1970.

Nun kann man die Stellung der Kommunalverwaltung in einer Entwicklungsplanung nicht ohne einen Blick auf ihre Funktion im Rahmen des staatlichen Aufbaus erläutern[4]).

Im Verwaltungssystem der BRD werden, was die Gebietskörperschaften anbelangt, 2 Prinzipien wirksam:
1. Die „stufenweise Verwirklichung demokratischer Strukturen" (SCHEUNER).
2. Die Notwendigkeit der räumlichen Anpassung von Verwaltungsleistung und Maßnahmen.

Bei prinzipieller Ranggleichheit der drei Ebenen Bund — Länder — kommunale Selbstverwaltung ist zu beachten, daß im Rahmen des politischen und administrativen Verbundes dem Bund zunehmend die zentrale legislatorische Programmierung des

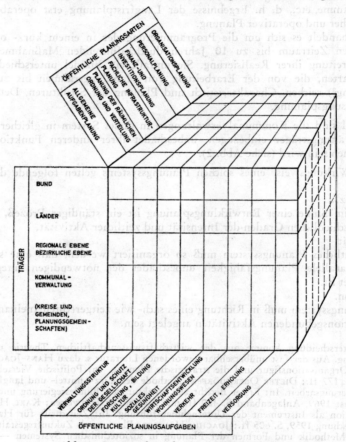

Abb. 2: System der administrativen Planung

---

[4]) Siehe dazu die Analysen des Verfassers, Kommunale Selbstverwaltung im Staat der siebziger Jahre. In: Archiv für Kommunalwissenschaften, Jg. 9 (1970), S. 217 ff., ferner, Kommunale Aufgabenverbesserung. In: Entwicklung der Aufgaben und Ausgaben von Bund, Ländern und Gemeinden, Berlin 1971, S. 115 ff. (Schriftenreihe der Hochschule Speyer, Bd. 47).

Systems zukommt, ebenso wie sich seine Steuerungstätigkeit verstärkt. Die wachsende Großräumigkeit der Probleme und Maßnahmen, ihre Komplexität, die Notwendigkeit einer Planhaftigkeit des gesamten politisch-administrativen Handelns zur Vermeidung von Fehlentwicklung bei den allgemein wachsenden Risiken lassen im gesamten staatlichen System einen zunehmenden Trend zur Zentralisierung entstehen. Tendenziell wird die Aktionsfreiheit von Ländern und kommunaler Selbstverwaltung vor allem in der Programmierung eingeengt. Die Abhängigkeiten der kommunalen Selbstverwaltung werden spürbarer.

Es ist hier nicht der Raum, die politische Problematik im einzelnen darzustellen. Das Wissen um eine stärkere Integration vor allen Dingen durch Planung setzt gleichzeitig ein verbessertes Urteil über die erforderliche Begrenzung der zentralen Programmierung und Steuerung zur Erhaltung der Funktionsfähigkeit nachgeordneter Verwaltungsträger voraus. Wichtig ist indes anzumerken, daß Entwicklungsplanung in der Ebene des Bundes wie der Länder inhaltlich trotz formaler Ähnlichkeiten etwas anderes darstellt als in der Ebene der Kommunalverwaltung, auch wenn man die gleichen Termini benutzt. Das mag aus der folgenden Abb. 3 noch deutlicher werden[5]).

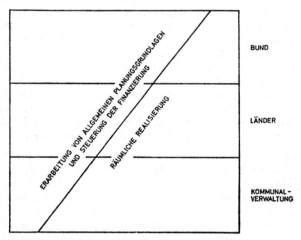

Abb. 3: Staatliche Entwicklungsplanung — tendenzielle Verteilung der Funktionen

Beim *Bund* wird trotz aller Reformen im territorialen, finanziellen und funktionalen Bereich künftig das Schwergewicht in der Erarbeitung allgemeiner Planungsgrundlagen und in der Finanzierung liegen. Das ergibt sich auch aus der politischen Integration in der Europäischen Gemeinschaft. Demgegenüber treten Probleme der räumlichen Realisierung zurück.

---

[5]) Die sicher ungewöhnlich weitgehende Determinierung der Kommunalverwaltung wird einerseits durch den Finanzverbund herbeigeführt. Dazu ist der Bericht von GERHARD ZEITEL (Kommunale Finanzstruktur und Gemeindliche Selbstverwaltung. In: Archiv für Kommunalwissenschaften, Jg. 9 (1970), S. 1 ff.) besonders aufschlußreich. Wie die Kommunalverwaltung aber auch durch Zielsetzungen der Länder gesteuert wird, hat FRIDO WAGENER (Ziele der Stadtentwicklung nach Plänen der Länder. Göttingen 1971) dargestellt (Schriften zur Städtebau und Wohnungspolitik, Band 1).

Die Funktion der *Länder* wird vorwiegend in der Verwirklichung regionaler Strukturpolitik liegen. Von ihrer Beteiligung an der Erarbeitung allgemeiner Planungsgrundlagen in der förderalen Organisation und der Regelung der Finanzierung allein ist ihre Stellung im staatlichen System nicht mehr zu deuten. Vielmehr wachsen die Probleme der räumlichen Realisierung.

Die *Kommunalverwaltung* wird noch stärker von den allgemeinen Planungsgrundlagen der übergeordneten Gebietskörperschaften und von deren Finanzierungshilfen abhängig werden. Ihre Funktion liegt vorwiegend in der lokalen Anpassung.

II. Stadt- und Kreisentwicklungsplanung als integrative Planung

Gleichwohl kann man ohne Gesamtkonzepte in der kommunalen Ebene nicht auskommen. Das ist in den Kommunalverwaltungen schon frühzeitig erkannt worden. Erste Schritte zielten auf eine mehrjährige Finanz- und Investitionsplanung, in der der Versuch gemacht wurde, räumlich relevante Investitionen mit der Planung der Einnahmen und Ausgaben in einem mittelfristigen Zeitraum zu verbinden[6]). Über die beachtlichen Ansätze in einzelnen Großstädten hinaus darf aber nicht verkannt werden, daß es sich hierbei häufig nur um verfeinerte Fortschreibungen gehandelt hat. In Durchführung des Stabilisierungsgesetzes vom 8. 6. 1967 (BGBl. I S. 582) und § 50 des Haushaltsgrundsätzegesetzes vom 19. 8. 1969 (BGBl. I S. 1 273) ist nunmehr für den gesamten kommunalen Bereich die mittelfristige Finanzplanung eingeführt worden[7]). Auch hier geht der Ansatz zunächst auf eine Verknüpfung zwischen Planung der räumlichen Ordnung und Verteilung mit einer Vorschau über die Finanzentwicklung. Dabei sehen sich die Kommunalverwaltungen immer stärker vor die Schwierigkeit gesetzt, ihre künftigen Einnahmen bei der erhöhten Abhängigkeit von den zentralen Finanzmassen des Bundes und der Länder ausreichend zu schätzen.

Viel bedeutsamer ist der Mangel an einer längerfristigen Vorausschau über die notwendigen Maßnahmen zur örtlichen Entwicklung auf der Basis von kommunalpolitischen Zielvorstellungen. Auch im kommunalen Bereich muß zunächst überlegt werden, wie man über die koordinierende Zusammenfassung von sektoralen Planungsmaßnahmen aller Art — d. h. nicht nur den räumlich relevanten — zur Erarbeitung von rahmenartigen Entwicklungsvorstellungen mit mehr oder minder Modell-Charakter gelangt. Diese Bemühungen sind mit den Arbeitstiteln „Stadtentwicklungsplanung" und „Kreisentwicklungsplanung" bedacht worden. Vielfach ist jedoch ein erhebliches Mißverständnis festzustellen, indem man in einer solchen neuen politischen und administrativen Aktivität etwas ähnliches sieht, als was man bisher betrieben hat, nämlich die Erarbeitung von Planungsunterlagen im Sinne von ablauftechnischen Organisationsgrundlagen oder aber von Leitbildern räumlicher Ordnung. Die geistige Orientierung haftete zu sehr an den bekannten Figuren wie dem Flächennutzungsplan nach § 5

---

[6]) Zu diesem begrenzten Ansatz im kommunalen Bereich siehe GUSTAV GIERE: Kommunale Investitionsplanung. In: Der Städtetag 1962, S. 80; ferner der RdErl des Innenministers Schleswig-Holstein vom 3. 6. 1966: Aufstellung von langfristigen kommunalen Investitionsplänen (Amtsblatt Schl.-H. 1966, S. 195 ff.); HELFRIED BAUER: Die mittelfristige Finanzplanung. Wien 1971 (Kommunale Forschung in Österreich, Heft 1); HARALD SCHULZE: Integration von flächenbezogener und finanzieller Planung. In: Recht und Politik 1970, S. 159 ff.

[7]) Durch nahezu übereinstimmende Ländererlasse; Beispiel: RdErl des Innenministers NW vom 7. 7. 1970 (MBl. NW 1970 Sp. 1221).

Abs. 1 BBauG, der sich dafür wegen seiner zeitlich nicht begrenzten Aussage anzubieten schien. Das BBauG bestimmte ohnehin, daß im Flächennutzungsplan für das ganze Gemeindegebiet die beabsichtigte Art der Bodennutzung nach den voraussehbaren Bedürfnissen der Gemeinde in den Grundzügen darzustellen sei. Die Bezugnahme auf die voraussehbaren Bedürfnisse der Gemeinde wies auf ein Gesamtentwicklungskonzept hin. In der Praxis hatten wohl die Gemeinden bei der Aufstellung von Flächennutzungsplänen den Versuch einer solchen Gesamtschau unternommen, freilich ohne ausreichende Formulierung der Ziele und überwiegend nur mit einer Integration im räumlichen Bereich. Ob das ganze unter dem Gesichtspunkt der „Entwicklung der örtlichen Gemeinschaft" stimmig war, blieb letztlich ungeprüft.

Es ist bereits oben angedeutet worden, daß sich langfristige bzw. strategische Planung in erster Linie nicht in Plänen mit einem Genauigkeitsgrad niederschlägt, der sie unmittelbar für die Umsetzung geeignet macht. Insofern wäre der Flächennutzungsplan als räumliches Gesamtkonzept ohne Rechtssatzwirkung in diese Planungsarten einzureihen. Indes geht die Entwicklungsplanung darüber hinaus und muß wohl wie folgt charakterisiert werden:

Die Vorstellung von einer Stadtentwicklungsplanung (Kreisentwicklungsplanung) ist ein Modell zur Erklärung von Zusammenhängen innerhalb des zukunftsorientierten politischen und verwaltungsmäßigen Handelns der Kommunalverwaltung und zur Optimierung von politischen Maßnahmen, die für die Entwicklung einer kommunalen Gebietskörperschaft und die Gestaltung der sogenannten Interaktionen zwischen Bürger und Gemeinde relevant sind. Entwicklungsplanung ist also ein planungsorganisatorisches Erklärungsmodell zur Verdeutlichung von Beziehungen und Verflechtungen, das zugleich die Möglichkeit schafft, den Vorgang der Planung in allen Bereichen der Verwaltung zu organisieren.

Aus dieser Sicht verbietet es sich z. B., das Konzept einer Stadtentwicklungsplanung — parallel zur Regierungsplanung — in erster Linie als ein solches zur Aufstellung von Plänen zu deuten. Vielmehr ist Stadtentwicklungsplanung zugleich eine Konzeption mit folgenden Elementen:
(1) Beobachtung und Analyse der Entwicklung,
(2) Entwicklung von Zielvorstellungen in den verschiedenen zeitlichen Dimensionen,
(3) Koordination der planerischen Aussagen,
(4) Steuerung der Aktivitäten der Gebietskörperschaften,
(5) Überwachung der Zielerfüllung.

Stadtentwicklungsplanung ist damit in erster Linie ein Führungsinstrument im Sinne des urban management und nicht ein spezielles Planungssystem wie die Bauleitplanung oder die Finanzplanung.

Eine solche Vorstellung ist ungleich weniger griffig als ein organisatorisch ausgebildetes Instrumentarium. So ist charakteristisch, daß die Diskussion über Stadtentwicklungsplanung sich z. Z. besonders auf Fragen der Stadtforschung, der Zielfindung und Zielbildung erstreckt[8]). Die Gefahr mangelnden Realitätsbezugs liegt dabei auf der Hand. Im übrigen handelt es sich aber um einen Vorgang, der im Bereich der Unternehmensplanung seit langem bekannt und organisiert ist.

---

[8]) KARL GANSER: Die Rolle der Stadtforschung bei der Stadtentwicklungsplanung; KLAUS NEUBECK: Stadtforschung und Stadtentwicklung — Politische Perspektiven; beide in: Stadtbauwelt 29 vom 29. März 1971, S. 12 bzw. S. 16 ff. Zur Zielfindung ausführlich JOACHIM HANS HESSE: Zielvorstellungen und Zielfindungsprozesse im Bereich der Stadtentwicklung. In: Archiv für Kommunalwissenschaften, Jg. 10 (1971) S. 26 ff. mit zahlreichen Hinweisen.

In dem Versuch, eine Ordnung in die Diskussion um die Stadt-(Kreis)entwicklungsplanung zu bringen, hat die Kommunale Gemeinschaftsstelle für Verwaltungsvereinfachung (KGSt) als Gegenstand der „Entwicklung" die räumlichen Gegebenheiten, die Lebensverhältnisse (Lebensbedingungen) der Bevölkerung, die Ausstattung des Gebiets und die „administrativen Einrichtungen" bezeichnet[9].

In einer neueren Veröffentlichung stellt z. B. Wessel[10]) folgende Forderungen auf:

Gemeindeentwicklungsplanung soll die auf die Kommune wirkenden technologischen, ökonomischen und gesellschaftlichen Fakten und Veränderungen berücksichtigen, sie soll das gesamte Feld der Daseinsvorsorge sowohl gesellschaftlich, räumlich, ökonomisch, technologisch, zeitlich und finanziell erfassen. Sie muß zu einer Integration und Koordination von Maßnahmen führen und so angelegt sein, daß unter der Berücksichtigung der finanziellen Leistungsfähigkeit der optimale Nutzen erreicht wird. Die Vorstellung wäre verfehlt, alle Teile dieses Konzepts einer gleich intensiven Festlegung zu unterbreiten. Stadtentwicklungsplanung in diesem Sinne ist Konzeption in der zeitlich erforderlichen Konkretheit und zugleich ein Steuerungsinstrument. ERHARD MÄDING[11]) drückt dies treffend wie folgt aus:

„Stadtentwicklungsplanung geht über die räumliche Planung, d. h. die Ordnung der Flächennutzung und die konkrete Standortbestimmung von Bauwerken und Anlagen hinaus, sie impliziert Verwaltungsaktivitäten des Planungsträgers zur Veränderung der Realität. Stadtentwicklungsplanung ist nicht nur Gestaltentwurf, sondern zugleich Instrument zur Zielverwirklichung."

Es ist nicht nur ein Zeichen einer vorsichtigen Zurückhaltung, wenn die KGSt ihre erste zusammenfassende Veröffentlichung zur Stadtentwicklungsplanung unter der Überschrift „Koordination der Planung" heruasgegeben hatte[12]).

In seinem Versuch der Stadtentwicklungsplanung die notwendige Realitätsbezogenheit und Operationalität zu sichern, hat MÄDING dieses Konzept wie folgt beschrieben[13]):

„1. Sachliche Infrastrukturplanung in Teilbereichen
   1.1. Siedlungs- und Verkehrsplanung
   1.2. Wirtschaftsentwicklungsplanung
   1.3. Planung der Wasser- und Energieversorgung
   1.4 Planung der „Entsorgung"
   1.5. Planung der Bildungs- und Kultureinrichtungen
   1.6. Planung von Sozial- und Gesundheitseinrichtungen
   1.7. Planung von Schutzeinrichtungen
   1.8. Planung sonstiger Einrichtungen der Daseinsvorsorge
2. Planung der Flächennutzung und der Standortverteilung
   2.1. Bebauungsplanung (Art der Nutzung mit Darstellung noch verfügbarer Flächen)
   2.2. Planung der Angebote für Freizeitgestaltung und Erholung

---

[9]) Kommunale Gemeinschaftsstelle für Verwaltungsvereinfachung (KGSt), Rundschreiben 19/1969: Koordination der Planungen der Gebietskörperschaft, S. 4.

[10]) GERD WESSEL: Gemeindeentwicklungsplan — Begriff und Aufgabe —. In: Der Städtebund 1971, S. 246 ff.

[11]) ERHARD MÄDING: Verfahren der Stadtentwicklungsplanung. In: HELMUT COING und JOSEF H. KAISER (Hrsg.): Planung V, Baden-Baden 1971, S. 319 ff.

[12]) Köln 1971.

[13]) A. a. O., S. 328.

3. Planung der administrativen (instrumentalen) Voraussetzungen
   3.1. Finanzplanung
   3.2. Investitionsplanung
   3.3. Organisationsplanung
   3.4. Personalwirtschaftliche Planung"

Jedoch ist auch diese Enumeration nicht ausreichend, wie die Ausführungen von Wessel zeigen und wie aus Abb. 1 erkennbar ist. Vielmehr müßten alle politisch-administrativen Aktivitäten erfaßt werden, die sich für die Formulierung von Zielvorstellungen eignen. Dabei muß freilich der Praxisbezug gewahrt bleiben.

III. Die Praxis der kommunalen Entwicklungsplanung

In der Verwirklichung solcher Gedanken ist die öffentliche Verwaltung bisher recht unterschiedlich vorgegangen. Frido Wagener hat oben auf einige Beispiele genannt; weitere Berichte enthält der Band der KGSt „Koordination der Planungen"[14]). Auf das theoretisch interessanteste Beispiel, den „Nürnberg-Plan", wird wegen seiner organisatorischen Besonderheiten noch unten eingegangen.

1. Standortprogramme in Nordrhein-Westfalen

Der Gedanke der kommunalen Entwicklungsplanung ist generell im Nordrhein-Westfalen-Programm 1975 in Form der Standortprogramme aufgegriffen worden. Dort heißt es:[15])

„Für die Entwicklungsschwerpunkte ... sollen von den Gemeinden Standortprogramme (Entwicklungsprogramme und Finanzierungspläne) mit mittel- und langfristigem Zielhorizont aufgestellt werden. Darin sind Aussagen über die räumliche, zeitliche und finanzielle Realisierung der wichtigsten öffentlichen und — soweit voraussehbar — privaten Investitionen zu machen. Mindestens der Verkehrswegebau, der Wohnungsbau, die Industrieansiedlung, die Schul- und Kulturbauten sowie die Einrichtung für Freizeit und Erholung sind zu berücksichtigen".

Wenn es sich hier auch um eine Kombination von Investitionsplanung und Bauleitplanung handelt, so ist doch der zugrundeliegende Gedanke unverkennbar. Mit Runderlaß vom 14. 6. 1971 (MBl. NW S. 1212) hat der Innenminister des Landes Nordrhein-Westfalen vorläufige Richtlinien erlassen. In diesen wird noch darauf hingewiesen, daß das Standortprogramm als Teil eines Entwicklungsprogramms für die Gemeinde im ganzen gesehen werden soll.

Das Standortprogramm muß bestehen aus
einer schriftlichen Darstellung mit Erläuterung des Planungs- und Entscheidungsprozesses, der zum Programm geführt hat, einer zeichnerischen Darstellung, die als Entwicklungsplan bezeichnet wird, einem Zeit- und Maßnahmeplan und einem Finanzierungsplan.

Anzumerken ist, daß eine Verbindung zwischen Flächennutzungsplanung und Standortprogrammen nicht vorgesehen ist, offenbar, weil man diese Programme als ein Instrumentarium eigener Art ansieht, das gegenüber dem Flächennutzungsplan Mög-

---
[14]) S. dort besonders das Rundschreiben 38/1970 und den Bericht 7/1971.
[15]) Landesregierung Nordrhein-Westfalen, Nordrhein-Westfalen-Programm 1975, Düsseldorf 1970.

lichkeiten zur Abstimmung räumlicher, wirtschaftlicher und sozialer Entwicklungsaspekte, einer kommunalen Finanzpolitik und der Entsprechung im kommunalen Haushalt eröffnet[16]). Standortprogramme müssen als ein der Stadtentwicklungsplanung oder einem Stadtentwicklungsprogramm verwandtes Instrumentarium, wenn auch mit anderen sachlichen, zeitlichen und räumlichen Dimensionen angesehen werden.

2. Kreisentwicklungsplanung

Einen gesetzlichen Niederschlag hat die Stadtentwicklungsplanung noch nicht gefunden, dagegen ist in zwei neuen Landesplanungsgesetzen der Gedanke einer *Kreisentwicklungsplanung* aufgegriffen worden (siehe dazu ausführlich den Beitrag von HANS-GERHARD NIEMEYER in diesem Band).

In Landesplanungsgesetz Schleswig-Holstein vom 13. 4. 1971 (GVOBl. S. 152) wird unbeschadet des Instruments der sog. Regionalpläne für das Gebiet der Kreise und der kreisfreien Städte vorgeschrieben, daß diese die langfristigen Raumordnungspläne des Landes „durch mittelfristige Entwicklungspläne (Kreisentwicklungspläne)" zu ergänzen haben (§ 11 Abs. 1). Diese Pläne sollen die raumbeanspruchenden und raumbeeinflussenden öffentlichen Planungen und daraus folgenden Maßnahmen nach Prioritäten und Finanzbedarf darstellen und dabei die Fachplanung der Kreise und die kommunalen und förderungswürdigen Vorhaben anderer Träger mit aufnehmen. Das Verfahren der Aufstellung und Fortschreibung ist im einzelnen festgelegt und an die Aufstellung von Bauleitplänen angenähert.

Nun wird mit diesen Instrumentarium ein anderer Gedanke konkretisiert als „Entwicklungsplanung", nämlich der einer mittelfristigen Maßnahmenplanung, die als Entwicklungsplan bezeichnet wird. Typisch dafür ist auch, daß die Kreisentwicklungspläne zu einer Selbstbindung der Planungsträger führen sollen; nach den Worten des Gesetzes sind sie eine Grundlage für die Entscheidungen über Maßnahmen des Kreises. Bezüge bestehen also mehr zur mittelfristigen Finanzplanung im Sinne des Stabilisierungsgesetzes, als daß eine Anlehnung an langfristige Entwicklungsprogramme auf der Ebene des Landes gesucht wird. KÜHL und KOCH[17]) bezeichnen die Kreisentwicklungsplanung als den Auftrag, „projektorientierte Durchführungspläne" zu den Raumordnungsplänen aufzustellen; sie sollen eine Grundlage bei der Mittelverteilung für die Investitionen der öffentlichen Hand sein. Ob langfristige Programme im kommunalen Bereich als Voraussetzung für die Kreisentwicklungspläne angesehen werden, geht aus dem Gesetz nicht ausdrücklich hervor. Offenbar ist man der Meinung, daß zumindestens im Bereich der räumlichen Planung langfristige Raumordnungspläne allein durch das Land entwickelt werden sollen. Wie sich aber auf der Ebene der kreisfreien Städte dieses Instrumentariums zur Bauleitplanung, insbesondere zur Flächennutzungsplanung verhält, bleibt dunkel.

Ein ähnliches Verfahren ist in Baden-Württemberg durch das sog. Regionalverbandsgesetz — 2. Gesetz zur Verwaltungsreform vom 26. 7. 1971 — GBl. S. 336 — als § 20 a in das Landesplanungsgesetz eingeführt worden. Die Kreise sollen aber keine Pläne, sondern Entwicklungs*programme* über beabsichtigte Maßnahmen des Kreises und der an

---

[16]) Dazu HEINZ NAYLOR und WOLFGANG-HANS MÜLLER: Standortprogramme in Nordrhein-Westfalen. In: Städte- und Gemeinderat 1971, S. 168 ff., hier S. 173.
[17]) CLAUS KÜHL und TIL P. KOCH: Neues Planungsrecht in Schleswig-Holstein. In: Institut für Raumordnung, Informationen, Jg. 21 (1971) S. 353 ff.

der Erarbeitung zu beteiligenden örtlichen Aufgabenträger aufstellen. Diese Programme tendieren inhaltlich stärker in Richtung von Investitionsprogrammen; sie sollen Aufgaben, Finanzbedarf und Prioritäten festlegen und dienen der Vorbereitung der regionalen Pläne. Hier ist der Bezug zu den §§ 9 und 10 des Stabilisierungsgesetzes klarer, die Abgrenzung zur Flächennutzungsplanung unproblematischer, aber auch die Bindung der Gemeinden größer.

Überblickt man diese generellen Ansätze und die Bemühungen der Praxis, wie sie von FRIDO WAGENER geschildert wurden, so läßt sich wohl die Aussage treffen, daß die Entwicklung zunächst stärker in Richtung von zwei Planungssystemen geht, von denen das der Stadtentwicklungsplanung das umfassendere ist, jedoch andererseits die raumordnende Bauleitplanung nicht in den Rang einer sonstigen Fachplanung gerückt wird[18]). Wahrscheinlich wird man diskutieren müssen, ob nicht durch Entwicklungs*programme* eine Verknüpfung der Entwicklungsplanung mit dem Instrumentarium der Bauleitplanung erreicht werden müßte. Dahin tendieren die Ansätze, wie sie die Stadtstaaten, insbesondere Hamburg, gewählt haben. Auch scheint es so, daß man für das Ruhrgebiet nach Möglichkeiten für eine Verknüpfung zwischen regionaler Entwicklungsplanung, Stadtentwicklungsplanung und Bauleitplanung sucht[19]).

Geklärt werden muß auch noch das Verhältnis zwischen den besonderen planerischen Verfahren des *Städtebauförderungsgesetzes* vom 27. 7. 1971 (BGBl. I S. 1125) und einer Stadtentwicklungsplanung. Nach § 8 Abs. 2 soll die Gemeinde während der Dauer der Durchführung der Sanierung die Erörterung mit den unmittelbar Betroffenen fortsetzen und dabei namentlich Berufs-, Erwerbs- und Familienverhältnisse, Lebensalter, Wohnbedürfnisse, soziale Verflechtung sowie örtliche Bindungen, Abhängigkeiten der Betroffenen berücksichtigen. Das Ergebnis ist in einem sog. Sozialplan schriftlich niederzulegen. Plan ist hier ebenfalls nicht als eine ablauftechnische Organisationsfigur aufgefaßt worden, sondern mehr als eine aufeinander abgestimmt Zusammenfassung von Absichten. Damit wären indes im begrenzten Rahmen wichtige Teile eines Konzeptes angesprochen, das der Stadtentwicklungsplanung zugrundeliegt[20]).

IV. Organisatorische Lösungen

Das Konzept der Stadtentwicklungsplanung stellt innerhalb der Organisation einer Gebietskörperschaft eine neue Ebene der Kooperation und zugleich der Information dar. Die praktischen organisatorischen Lösungen werden kaum mit den herkömmlichen Mitteln der administrativen Organisation öffentlicher Behörden gemeistert werden können. Vielmehr müssen die allgemeinen organisationstheoretischen Erkenntnisse, sowohl was die Organisationsstruktur als auch administrative Prozesse betrifft, ausgewertet

---

[18]) Siehe zum Thema die Aufsätze von HEINZ WEYL, FRANJE GASPAROVIC und W. D. C. LYDDON in: Stadtbauwelt 33 v. 27. 3. 1972, S. 13 ff.

[19]) GOTTFRIED SCHMITZ: Regionale Entwicklungsplanung im Ruhrgebiet. In: Stadtbauwelt 33 v. 27. 3. 1972, S. 21 ff.

[20]) Einen Bericht zur Sozialplanung aus der Praxis gibt MARTIN FÜRSTENBERG in: Stadtbauwelt 33 (a. a. O.) S. 33 ff. Er zeigt auf, welche organisatorischen Probleme, insbesondere der Koordination, hier zu lösen sind.

werden[21]). An den Beispielen Nürnberg-Plan und der Regelung der längerfristigen Planungen bzw. der Planung der Stadtentwicklung Berlin können die organisatorischen Schwierigkeiten gut gedeutet werden.

1. Nürnberg-Planung

Einem Bericht der Projektgruppe „Nürnberg-Beratung" im Kommunalwissenschaftlichen Forschungszentrum Berlin[22]) zufolge hat man für die Aufstellung des Nürnberg-Plans eine Arbeitsgruppe Stadtentwicklung, also einen „Ausschuß" gebildet, der aus dem Oberbürgermeister, dem Bürgermeister, einem berufsmäßigen Stadtratsmitglied, Mitgliedern des Planungsstabes und Fachplanern besteht. Der zentrale Planungsstab ist als Dienststelle eingerichtet und für Durchführung und Koordination der Grundlagenforschung, Aufbau des kommunalen Informationssystems unter planungsrelevanten Gesichtspunkten, für die zusammenfassende Investitionsplanung und die Verwaltung der regionalen Beziehungen zuständig. Er ist gleichzeitig Geschäftsstelle der Arbeitsgruppe. Die Arbeitsgruppe selbst legt ihre Empfehlungen wiederum einem Ausschuß für Stadtforschung, Stadtentwicklung und Stadterneuerung der Stadtvertretung vor, der das Verfahren der Stadtentwicklungsplanung mit der Beschlußfassung des Parlamentes koordiniert. Soweit sich Aufgaben zu Projekten konkretisieren, werden Projektgruppen eingerichtet, die im Zusammenwirken mit dem Planungsstab konkrete Fachfragen zur Entscheidungsreife bringen.

Planungsinstanzen sind somit außer den obersten Entscheidungsorganen
    der parlamentarische Ausschuß,
    der Verwaltungsausschuß (Arbeitsgruppe),
    der Planungsstab und
    die Projektgruppen.

Aus diesem Bericht mag ersichtlich werden, daß es sich immer wieder um das Problem handelt, ständig wahrzunehmende Aufgaben mit der Kollegienstruktur einerseits und bei der Erarbeitung komplexer Aufgaben von zeitlich begrenztem Umfang mit Teams (Projektgruppen) zu verbinden[23]). Dieses Konzept entspricht einer weitverbreiteten Vorstellung.

Es wird in allen Fragen der Stadtentwicklungsplan berücksichtigt werden müssen, daß es sich in erster Linie, wie oben dargestellt, um Aufgabenanalyse, Prognose und Koordinierung handelt; dafür muß eine Dienststelle eingerichtet werden, die stabs-

---

[21]) Die gesamte neuere Literatur weist in diese Richtung. Außer dem Standard-Werk von KARL W. DEUTSCH: Politische Kybernetik — Modelle und Perspektiven —, deutsche Ausgabe, Freiburg 1969, besonders CARL BÖHRET: Entscheidungshilfen für die Regierung, Opladen 1970; HANS-CHRISTOPH RIEGER: Begriff und Logik der Planung, Wiesbaden 1967; FRIEDER NASCHOLD: Systemsteuerung, Band II von Narr-Naschold, Einführung in die modern politische Theorie, Stuttgart u. a. 1969; PETER BENDIXEN und HEINZ W. KEMMLER: Planung, Berlin und New York 1972; aus der betriebswirtschaftlichen Literatur neuerer Zeit KNUT BLEICHER: Perspektiven für Organisation und Führung von Unternehmungen, Baden-Baden und Bad Homburg 1971; MANFRED DULLIEN: Flexible Organisation, Opladen 1972; WERNER KIRSCH: Entscheidungsprozesse, Bd. I—III, Wiesbaden 1970/71, weiter die oben in Anmerkung 2 genannten Veröffentlichungen.

[22]) In: Der Städtetag, 1971, S. 310. Die Stadt Nürnberg hat die Ergebnisse der planerischen Arbeit in der Schriftenreihe „Beiträge zum Nürnberg-Plan" veröffentlicht.

[23]) Ein weiteres durchgearbeitetes Beispiel aus der Sicht eines Ressorts ist in der Untersuchung der WIBERA Wirtschaftsberatung AG, Düsseldorf (Gutachten zur Führungsorganisation der Baubehörde der Freien und Hansestadt Hamburg) enthalten (als Manuskript vervielfältigt, August 1971).

ähnlichen Charakter hat, d. h. formal nicht in der Sache entscheidungsbefugt ist. Zwischen dem obersten Organ und den für Projekte zu bildenden ad-hoc Gruppen sowie einer Dienststelle für Entwicklungsplanung mit administrativen Hilfsaufgaben wird man in der Regel eine besondere Steuerungsgruppe einrichten müssen, die die Koordinierungstätigkeit trägt, d. h. wichtige Funktionen das Zusammenwirken aller Teile der Stadtverwaltung bei Aufgaben der Stadtentwicklungsplanung garantiert. Sie wird möglichst mit entscheidungsbefugten Beamten der mittleren Hierarchie besetzt sein müssen[24]).

2. Berlin[25])

Weit ausgebaut ist diese Organisation für die längerfristigen Planungen des Senats und für die Stadtentwicklungsplanung in Berlin auf Grund einer Maßnahme des Senates, über die dieser am 29. September 1970 dem Abgeordnetenhaus berichtet hat. Wegen der theoretischen Bedeutung ist ein Auszug des Berichtes als Anlage beigegeben. Die Organisation ist Abb. 4 zu entnehmen.

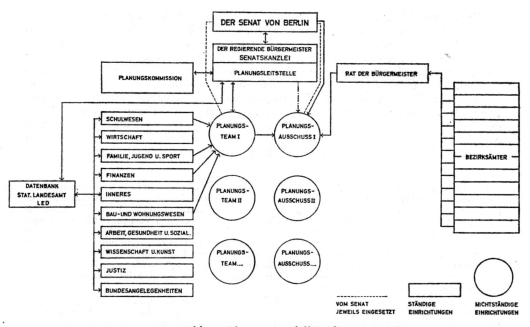

Abb. 4: Planungsmodell Berlin

---

[24]) Allgemeine Hinweise bei EBERHARD LAUX: Überlegungen zur Verwaltungsführung. In: Der Städtetag 1969 S. 60 ff; ders.: Führungsorganisation und Führungsstil in der Kommunalverwaltung. In: Archiv für Kommunalwissenschaften, Jg. 7 (1968) S. 233 ff.

[25]) Über die Ansätze in Hamburg in Richtung des Versuchs, die Organisation der Aufgaben- und Ressourcenplanung mit der Organisation der sog. Querschnittsaufgaben (Personal, Organisation, Statistik und Finanzen) zu verbinden, hat ULRICH BECKER (Das strukturelle Instrumentarium der Regierung und Verwaltungsführung der Freien und Hansestadt Hamburg. In: Die Verwaltung, 2. Bd. 1969, S. 213 und 347 ff.) berichtet. Siehe auch Veröffentlichung der Staatlichen Pressestelle der Freien und Hansestadt Hamburg Nr. 186 vom 18. 7. 1969 „Für Hamburgs Zukunft" mit dem Entwicklungsmodell für Hamburg und sein Umland.

Es sei hier dahingestellt, ob sich diese organisationsstrukturellen Maßnahmen bewähren werden, da es entscheidend darauf ankommen dürfte, in welcher Weise der Gedanke der Integration durch Planung verfahrensmäßig verankert und praktiziert wird. Dazu können formale organisatorische Maßnahmen nur eine Hilfe bieten. Sieht man Stadtentwicklungsplanung als ein Steuerungsproblem, d. h. als eine Frage der Führungsorganisation an, so wird man der ausreichenden Information einen hohen Rang einräumen müssen[26]). In der öffentlichen Planung geht es in erster Linie darum, wie man die Innovationsfähigkeit verbessert und gewährleistet. Entwicklungsplanung bedeutet nicht, ständig über neue Konzeptionen nachzusinnen, sondern die Abstimmung zahlreicher Aktivitäten unter übergeordneten Gesichtspunkten zu erreichen. Daneben müssen für die Erarbeitung neuer Konzeptionen personelle und organisatorische Vorkehrungen getroffen werden.

3. Anleihen von der Organisation der Unternehmung

Ganz offensichtlich hat die öffentliche Hand in Richtung der Erforschung und Praktizierung von systemtheoretischen Ansätzen gegenüber der Wirtschaft sehr viel aufzuholen[27]). Inwieweit im einzelnen jedoch Lösungen aus dem Unternehmensbereich übernommen werden können, muß noch geprüft werden. Ein interessantes Konzept zur Verbesserung der Steuerung ist neben dem Matrix-Management[28]) die Einrichtung eines Controllers[29]), d. h. eines der Geschäftsführung zugeordneten, hochgestellten Funktionärs, der für den obersten Führungsbereich die Aufgaben der Planung und Kontrolle, der Beratung aller Instanzen in bezug auf ihren Beitrag zur Zielerfüllung, der Leitung eines angepaßten Rechnungs- und Berichtswesens (Informationsbereich) umfaßt. Hier wird der Gedanke von Regelkreisen, die aufeinander abgestimmt werden müssen, durch eine besondere organisatorische Maßnahme stark unterstrichen.

---

[26]) Für die Schwierigkeit, realitätsbezogene Konzepte für die Entwicklung von Informationssystemen im Bereich der Stadtentwicklungsplanung zu entwickeln, sind zwei Publikationen bezeichnend. Der kritischen Analyse von GERHARD FEHL (Informationssysteme, Verwaltungsrationalisierung und die Stadtplaner, Bonn 1970, Taschenbücher des Deutschen Verbandes für Wohnungswesen, Städtebau und Raumplanung e. V., Band 13) stehen die recht optimistischen Aussagen von GOLLER-SCHEURING-TRAGESER (Das KI-System, Stuttgart u. a. 1971) gegenüber. Siehe auch GERHARD FEHL: Informationsverarbeitung und Stadtplanung: Rückblick und Stand der Kunst, und JOHANNES BRÄCHT: Forschungsprojekt „Kommunale Planung", beide in: Stadtbauwelt 29 vom 29. 3. 1971. Erhebungen in der Wirtschaft ermutigen kaum zu globalen Konzeptionen auf diesem Gebiet.

[27]) Für die Organisation der Planung wird dies besonders aus der Diskussion um die Management-Modelle deutlich, sowenig man hier unmittelbar Übertragungsmöglichkeiten annehmen darf. Eine gute Übersicht gaben die Beiträge von JÜRGEN WILD: Management-Konzeption und Unternehmungsverfassung (in: Probleme der Unternehmungsverfassung, Tübingen 1971 S. 57 ff.) und von HANS BLOHM: Treffsichere Entscheidungen der Unternehmungsführung durch moderne Führungstechniken (in: Produktiv führen und verwalten, Stuttgart u. a. 1971, S. 198 ff., Ausschuß für wirtschaftliche Verwaltung, AWV Schrift Nr. 124).

[28]) Dazu MANFRED DULLIEN: Flexible Organisation, Opladen 1972 S. 70 ff.; KNUT BLEICHER: Perspektiven für Organisation und Führung von Unternehmungen, Baden-Baden und Bad Homburg 1971, S. 94 ff. Praktische Ansätze hat der Bundesminister der Verteidigung entwickelt; s. den Rahmenerlaß und Bericht der Organisationskommission des BMVg zur Neuordnung des Rüstungsbereiches vom 1971. Daraus läßt sich mancher wichtige Hinweis für die Organisation von komplexen Planungsvorgängen entnehmen.

[29]) Z. Controller-Konzept KLAUS AGTHE: Stichwort „Controller". In: Handwörterbuch der Organisation (HWO), Hrsg. von ERWIN GROCHLA, Stuttgart 1969, Sp. 351 ff.

4. Das Verfahrensmodell der Kommunalen Gemeinschaftsstelle für Verwaltungsvereinfachung (KGSt) und die Folgerungen für die Organisation der „Stadtplanung"

Die KGSt hatte bereits mit ihrem Rundschreiben Nr. 19/1969 vom 19. Oktober 1969 unter dem Thema „Koordination der Planung der Gebietskörperschaft" eine erste Zusammenfassung versucht, die auf ein Verfahrensmodell hinzielte. Die Überarbeitung dieser ersten Ansätze wurde 1972 abgeschlossen und hat zu einer verfeinerten Ausdeutung und zu konkreten Verfahrensvorschlägen für die Aufgabe der Stadtentwicklungsplanung geführt[30]). Die KGSt ist dabei von vornherein vom Planungssystem, d. h. einem ganzheitlichen Ansatz ausgegangen und sieht im Verfahren der kommunalen Entwicklungsplanung „die organisatorische Regelung der Koordination des Verwaltungshandelns zur Vorbereitung, Entscheidung, Ablaufkontrolle und Weiterführung der kommunalen Entwicklungsplanung". Die Organisation der Entwicklungsplanung wird also vom verfahrensmäßigen Ablauf bei der Aufstellung von Plänen zur Entwicklungsplanung oder der Erarbeitung eines Entwicklungsprogramms, d. h. von einem kybernetischen Ansatz her, interpretiert. Ausgehend von einem Katalog planungsbedürftiger Aufgaben[31]) und unter Darstellung der Begrenzungsfaktoren für die kommunale Fachplanung werden nur allgemeine Vorschläge zur Organisationsstruktur gemacht. Wegen den unterschiedlichen Größenordnungen[32]) in der Kommunalverwaltung wird nur auf die Probleme bei der Auswahl von Organisationsformen hingewiesen, wie sie bereits in den eben erläuterten Beispielen Nürnberg und Berlin deutlich wurden. Kern der Überlegung ist der Verfahrensablauf, dem ein Modell des Ablaufs eines Planungs- und Entscheidungsprozesses zugrunde liegt.

Im einzelnen wird das Verwaltungsverfahren in den Einzelphasen der Einleitung, Prüfung, Entscheidung, Durchführung, Vollzug und der Kontrolle des Ergebnisses ablauftechnisch durchgearbeitet, wobei die Vorstellung einer kooperativen Steuerung eingearbeitet wird.

Als ein Ergebnis der Gesamtentwicklungsplanung sieht die KGSt die Zusammenfassung der fachlichen Zielvorstellungen und Programmvorschläge in einem Gesamtentwicklungsprogramm an, das die Ziele, die entscheidungsbedürftigen Zielkonflikte mit einer Darstellung und Bewertung von Alternativen sowie einem Vorschlag zur Prioritätensetzung und zum Zeitrahmen verknüpft. Bedeutsam sind die Gedanken der KGSt zur längerfristigen Aufgabenplanung. In den Verhandlungen des zuständigen Beratergremiums wurde mit Recht darauf aufmerksam gemacht, daß hier die Beurteilung vorhandener Aufgaben auf ihre Operationalität und Zielgenauigkeit, also ein Anpassungsvorgang, häufig wichtiger ist als eine Erarbeitung von Wunschlisten ohne Rücksicht auf Ressourcen.

Die Empfehlungen der KGSt bestätigen im übrigen die oben gemachte Aussage, daß es auf die organisationsstrukturelle Lösung im einzelnen nicht ankommen dürfte, sofern gewisse Grunderkenntnisse der „Rollenverteilung" im Planungs- und Entscheidungsprozeß beachtet sind. Damit entschärft sich aber zugleich die viel zu stark in den

---

[30]) Das neue Gutachten (Organisation der kommunalen Entwicklungsplanung) wurde im Juni 1972 veröffentlicht. Es enthält eine Reihe instruktiver organisatorischer Beispiele aus der Praxis.
[31]) Bei MÄDING (a. a. O., Anm. 11), S. 326, ferner im Gutachten (Anmerkung 30), S. 12.
[32]) Probleme einer Mittelstadt schildert NIELS GORMSEN: Kommunale Entwicklungsplanung für Klein- und Mittelstädte. In: Die Bauverwaltung, 1972, S. 184 ff.

Vordergrund gespielte Problematik um den Behördenaufbau der Landes- und Stadtplanung.

5. Folgerungen für die Organisation der Stadtplanungsämter

Stadtentwicklungsplanung als Steuerungsprozeß bedeutet organisatorisch die Zuordnung von zentralen Einheiten der Informationsbeschaffung und -analyse, der Koordinierung und der Entwicklung übergreifender Vorstellungen zur *Verwaltungsführung*. Faßt sich diese als kooperative Handlungsebene auf, ist die Zuständigkeitsfrage wenig wichtig, wiewohl durch die Koordinierungsaufgabe die Funktion des Verwaltungschefs in erster Linie angesprochen wird[33]). Bleibt es aber bei der leider häufig als alleinige Ressortverantwortung aufgefaßten Funktion der Leiter der städtischen Bauverwaltung für alles, was dem „Städtebau" zugeordnet werden kann, dann nötigt das zu einer konsequenten Herauslösung aller Aufgaben aus der Bauverwaltung, die in dem hier geschilderten Sinne zur Entwicklungsplanung gehören, d. h. aus dem Stadtplanungsamt und zur Unterstellung unter den Verwaltungschef, der seine Funktion dann als primus inter pares verstehen sollte.

Die Tätigkeit der Stadtplanungsämter muß in Zukunft unter den 3 Aufgabenkreisen neu gewertet werden:
1. Dienststellen zur Erarbeitung von Plänen nach dem BBauG und der technischen Planungen nach dem Städtebauförderungsgesetz.
2. Dienststellen, die ihren Beitrag zur Stadtentwicklungsplanung unter besonderer Berücksichtigung der Ordnung und Sicherung der Fläche in ständiger Kooperation mit zentralen koordinierenden, informierenden und beratenden Dienststellen leisten. Dies kann in der Form von Koordinierungsstäben, -ausschüssen etc. bei laufender Abstimmung, durch Projektgruppen, Planungsteams u. ä. bei der Erarbeitung von Konzeptionen geschehen.
3. Dienststellen, die die städte*bau*liche Vorplanung i. e. S. für Investitionsmaßnahmen bearbeiten.

Die Verwirklichung eines solchen Konzepts kooperativen Handelns wäre, das Instrumentarium der Flächennutzungsplanung i. S. von § 5 Abs. 1 BBauG in den Rang einer flächenbezogenen Aussage zur Steuerung von flächenordnenden, -sichernden Maßnahmen und einer allgemeinen Basis für Bebauungsplanung und Standortplanung zu verweisen. Damit wäre es von dem Ballast einer Ideologie in der Stadtplanung befreit, die angesichts der Entwicklung eines neuen Instrumentariums der „Entwicklungsplanung" nicht mehr zu halten ist. Je technischer hier die Problematik gesehen wird, desto brauchbarer werden die organisatorischen Regelungen im einzelnen sein können, wie die Überlegungen der KGSt zeigen. Freilich — dafür bedarf es des Abbaus mancher stilisierten Vorstellung vom „Planer"[34]).

---

[33]) S. Laux, a. a. O. (oben Anm. 24).

[34]) Wie tief diese Fragen in die Praxis der Ausbildung von „Planern" eingreifen, hat neuerdings Peter-Jörg Klein (Das Berufsbild des Planers in der öffentlichen Verwaltung, Köln u. a. 1971) erläutert (Schriften zu Verwaltungslehre, Heft 9).

Anlage

Auszug aus den Mitteilungen des Präsidenten des Abgeordnetenhauses von Berlin 55/V Nr. 189 v. 29. 9. 1970 zur längerfristigen Planung des Senats und über moderne Planung der Stadtentwicklung

„6. Die administrative Ordnung des Planungssystems und seine Einordnung in die Verwaltungsorganisation (Zuständigkeiten)

Die Planungsorganisation bedarf einer organischen Einpassung in das verfassungs- und organisationsrechtlich gegebene System geteilter Verantwortung, muß also geeignet sein, zentrale und dezentrale Initiativbereiche zu verzahnen und im Ablauf zu koordinieren. Nur durch ein kooperatives System kann eine integrierte Gesamtplanung bewirkt werden. Die zentrale Lenkung hat die Aufgabe, Impulse in das System hineinzugeben. Die Kontrollfunktion beim Vergleich zwischen Ist- und Soll-Zustand, die Bewertung der Ausführung und die Bestimmung der Durchsetzungsprozesse, die dem Planungssystem innewohnt, kann von diesem integrierten Planungsvorgang nicht isoliert werden, ist daher auch eine kooperative Aufgabe des funktional an allen Punkten aufeinander bezogenen administrativen Gesamtsystems. Da die Planung sowohl der Phantasie als auch der vielfältigen Erfahrung bedarf, liegt ihre Entwicklung und ihr integrierter Vollzug auf allen Ebenen des Systems und in allen Kompetenzbereichen, erfaßt also notwendigerweise den gesamten Bereich zwischen bezirklicher und Hauptverwaltung bis zur Regierungsspitze.

Der Senat hat sich daher entschieden, mit einem organisatorischen Gefüge zu beginnen, welches auf folgenden Grundzügen beruht:

6.1. Planungsbeauftragte

In jeder Senatsverwaltung wird die Institution des Planungsbeauftragten geschaffen. Er ist weisungsgebunden, vertritt das Ressort in der Planungskommission, ist die Verbindung zur Planungsleitstelle der Senatskanzlei und nimmt die Aufgaben einer Planungsleitstelle bei ressorteigenen Planungen wahr.

6.2. Planungsteam

Zur Sicherstellung einer ressortübergreifenden Planung in Angelegenheiten besonderer Bedeutung setzt der Senat auf Vorschlag einzelner Ressorts, der Planungskommission oder der Planungsleitstelle Planungsteams für bestimmte Ziel- und Programmplanungen ein. Ihre Aufgabe ist es, gemeinsame Konzeptionen zur Lösung auftretender Probleme zu erarbeiten. Das Planungsteam setzt sich aus etwa 5 bis 7 Fachleuten zusammen, die ihre Arbeit nicht weisungsgebunden durchführen.

6.3. Planungsausschuß

Der Planungsausschuß, bestehend aus etwa 8 bis 15 Personen, ist das dem Planungsteam übergeordnete Gremium für Vor- und Zwischenentscheidungen bei Planungsvorhaben. Im Planungsausschuß sind vertreten: die Leitungsebene beteiligter Ressorts (Mitglieder des Senats oder Senatsdirektoren), Vertreter des Rates der Bürgermeister, Vertreter der zuständigen Ausschüsse des Abgeordnetenhauses; darüber hinaus können andere, gesellschaftlich relevante Gruppen hinzugezogen werden, deren Teilnahme sich jedoch nach der Aufgabenstellung des Planungsteams richtet. Der Ausschuß stellt die Abstimmung mit der politischen Führung auf der Grundlage von Empfehlungen des Planungsteams sicher und veranlaßt notwendige Zwischenentscheidungen.

6.4. Planungsleitstelle
Innerhalb der Senatskanzlei wird eine Planungsleitstelle eingerichtet. Sie ist Geschäftsstelle für die Planungskommission und bei entsprechenden Aufgabenstellungen für die jeweiligen Planungsausschüsse und Planungsteams; sie hat die Ziel- und Zeitkoordination der eingesetzten Planungsteams und Planungsausschüsse vorzunehmen; sie verfolgt Trends, erarbeitet Analysen und entwickelt neue Methoden; sie stellt sicher, daß in Wechselwirkung Planungen gesetzeskonform und Gesetze planungsgerecht gestaltet werden. Sie stellt die Koordination zwischen Planungskommission und Senat sicher, kann alternative Lösungen erarbeiten und stellt von den Planungsteams und Planungsausschüssen vorgelegte Entwürfe zusammen; sie sitzt der Planungskommission vor.

6.5. Planungskommission
Neben der Planungsleitstelle und den nicht ständigen Planungsausschüssen und Planungsteams wird eine Planungskommission gebildet. Die Planungskommission als die Institution der kooperativen Gesamtplanung erarbeitet Problemstellungen, konkrete Aufgaben für Planungsteams, Planungsausschüsse und stellt sicher, daß bei ressortübergreifenden Planungen alle in Frage kommenden Verwaltungen beteiligt sind. Die Planungskommission unterstützt die Planungsleitstelle bei ihren Koordinationsaufgaben. Innerhalb der Planungskommission prüfen die mit Querschnittsaufgaben betrauten Verwaltungen die Planungsentwürfe auf ihre materielle Realisierbarkeit.
Die Planungskommission ist „Beirat" des Senats. Ständige Mitglieder der Planungskommission sind die Planungsbeauftragten und gegebenenfalls die Senatsdirektoren der Verwaltungen.

6.6 Sonstige Planungseinrichtungen
Zum Aufbau der Statistischen Datenbank wird beim Statistischen Landesamt eine Projektgruppe gebildet, die beauftragt wird, in Übereinstimmung mit Abschnitt III der Statistischen Ordnung
> den vorhandenen und künftig zu erwartenden Informationsbedarf festzustellen,
> einen Überblick über die bei den einzelnen Verwaltungen zusätzlich erreichbaren Informationen zu verschaffen,
> ein Rahmenkonzept für den schrittweisen Aufbau eines Datenarchivs bzw. einer Datenbank zu entwickeln und
> Kooperationsmöglichkeiten mit den übrigen Statistischen Ämtern im Hinblick auf das angestrebte überregionale Datenbanksystem zu prüfen.

Diese Arbeiten sollen durch einen Planungsausschuß „Statistische Datenbank" koordiniert, kontrolliert und unterstützt werden. Der Planungsausschuß wird sich aus Vertretern der einzelnen Verwaltungen, dem Leiter der Planungsleitstelle beim Regierenden Bürgermeister sowie den Leitern des Statistischen Landesamtes und des Landesamtes für Elektronische Datenverarbeitung zusammensetzen.
Die übrigen Planungsgrundlagen werden erstellt:
— vom Senator für Finanzen (Finanzplanung)
— vom Senator für Inneres (Personalplanung)
— vom Senator für Bau- und Wohnungswesen
 (räumliche, bauliche Grundlagen)."

Gesetzliche Maßnahmen zur Regelung einer praktikablen Stadtentwicklungsplanung
— Gesetzgebungskompetenzen und Regelungsintensität —

von
Eberhard Schmidt-Aßmann, Bochum

Einleitung:
Bedeutungsgehalt des Wortes Stadtentwicklungsplanung

A. Der Sprachgebrauch des Begriffs

Mit dem Worte Stadtentwicklung wird in die neuere Planungsdiskussion ein Begriff eingeführt, der jedenfalls für den unbefangenen Betrachter keinen einheitlichen Bedeutungsgehalt besitzt[1]). Bald möchte man versucht sein, unter Stadtentwicklung die Entwicklung des gesamten Phänomens Stadt in allen seinen sozialen, kulturellen, wirtschaftlichen, organisatorischen und baulich-raumbezogenen Ausprägungen zu verstehen. Bald wieder könnte man Stadt vor allem von der letzteren Beziehung, von ihrem baulichen Substrat her sehen und wäre dann geneigt, als Stadtentwicklung die wesentlich vom Städtebau her bestimmte Entwicklung zu definieren. Ein weiterer Aspekt kommt hinzu: Ohne Vorverständnis betrachtet, könnte Entwicklung einmal intransitiv als aus sich heraus wirksames Entfalten eines freien Kräftespiels, zum andern aber auch transitiv als Aufgabe und Gegenstand eines öffentlichen Gestaltungsauftrages interpretiert weden[2]). In dieser letzteren Bedeutung würde Stadtentwicklung dann sowohl Prozeß wie Ergebnis einer Stadtentwicklungsplanung einschließlich ihres Vollzuges bedeuten[3]). Zwischen allen diesen denkbaren Begriffsinhalten sind Mischformen nicht ausgeschlossen.

Vorbemerkung: Die Schrifttumsangaben in den folgenden Fußnoten nehmen auf das Literaturverzeichnis am Ende dieses Beitrages Bezug. Stand: April 1972.

[1]) Zum folgenden BIELENBERG: Entwicklungsplanung, S. 55 ff.; BOEDDINGHAUS: Afk 1970, S. 128 ff.; J. J. HESSE: AfK 1971, S. 26 ff.; vgl. auch WAGENER: DVBl. 1970, S. 93 (zum Begriff der Entwicklungsplanung allgemein).

[2]) ALBERS: Hdwb. der Raumforschung u. Raumordnung, hrsg. von der Akademie für Raumforschung und Landesplanung, Hannover 1970, Sp. 3202.

[3]) BIELENBERG: Entwicklungsplanung, S. 55 mit weiteren Nachweisen in FN 1; ferner Kommunale Gemeinschaftsstelle für Verwaltungsvereinfachung, Koordination der Planungen, Rundschreiben 19/1969, S. 5.

In der Praxis der Stadtentwicklungsplanung und in der über sie berichtenden Literatur haben die Feinheiten wissenschaftlicher Terminologie bisher hinter den realen Entwicklungsanforderungen zurückgestanden und zurückstehen dürfen. Die rechtswissenschaftliche Betrachtung kann sich demgegenüber mit einem Begriffssynkretismus nicht zufrieden geben, denn als hermeneutische Disziplin ist sie dem Wort verpflichtet und mit ihrem speziellen Instrumentarium auf relativ eindeutige Begriffe angewiesen. Im vorliegenden Zusammenhang, in dem es um die Kompetenzverteilung für gesetzliche Maßnahmen der Stadtentwicklungsplanung zwischen Bund und Ländern geht, gilt das um so mehr, als eine unklare Begriffsbildung den Kompetenzenkatalog der Art. 73 ff. GG nachhaltig verwirren müßte. Was im juristischen Sinne unter Stadtentwicklung verstanden werden soll, muß daher vorab umrissen werden. Die juristische Nomenklatur wird sich dabei an den Üblichkeiten des praktischen Sprachgebrauchs orientieren, muß aber dabei Nuancierungen und differenzierte Bedeutungsschichtungen kenntlich machen.

I. Der Sprachgebrauch in Gesetzen

Die Gesetzessprache selbst gibt für diese Analyse wenig her. Das Bundesbaugesetz spricht nicht von Stadtentwicklung, sondern von „städtebaulicher Entwicklung in Stadt und Land". Es bestimmt in § 1 Abs. 1, daß, um diese Entwicklung zu ordnen, die bauliche und sonstige Nutzung der Grundstücke durch Bauleitpläne vorzubereiten und zu leiten ist. Dabei sind die Ziele der Raumordnung und Landesplanung und ein ganzer Kanon wirtschaftlicher, kultureller und sozialer Aspekte zwar zu berücksichtigen (§ 1 Abs. 3 bis 5 BBauG), doch bleibt die Entwicklung eben eine städtebauliche, geprägt vom Aspekt der Raumbezogenheit, weil sie auf die Bauleitplanung ausgerichtet ist, die ihrerseits im Gesetz — wenn auch modifiziert — an dem überkommenen Bilde einer wesentlich als Auffangplanung privaten bodenbezogenen Verhaltens verstandenen Planung orientiert bleibt. Der Charakter als Auffangplanung und demgemäß der intransitive Charakter der vom Bundesbaugesetz angesprochenen städtebaulichen Entwicklung wird dadurch unterstrichen, daß das Gesetz ein „Ordnen", nicht ein aktives Gestalten der Entwicklung vorschreibt.

In dem über ein Jahrzehnt jüngeren Städtebauförderungsgesetz sind zwar Ansätze für ein umfassenderes Stadtentwicklungsverständnis vorhanden, doch sind diese Ansätze nur aus dem praktischen Zusammenspiel des neuen Instrumentariums, nicht schon aus der Gesetzesterminologie zu ermitteln[4]). Der Stadtentwicklungsgedanke steht zwar hinter den Normen, aber er findet in ihnen keinen sprachlich faßbaren Ausdruck. Das Gesetz hat den anspruchsvolleren Titel eines Städtebauförderungs- und Gemeindeentwicklungsgesetzes, der im Regierungsentwurf von 1968[5]) vorgesehen war, nicht übernommen. Aus den Kompetenzen des Deutschen Rats für Stadtentwicklung (§ 89 StbfG), der einzigen Stelle, an der das Gesetz ausdrücklich von Stadtentwicklung spricht, lassen sich Rückschlüsse für einen feststehenden gesetzestechnischen Bedeutungsgehalt nicht gewinnen. Von der Sache her wirksam ist ein umfassender Stadtentwicklungsgedanke im Begriff der städtebaulichen Entwicklungsmaßnahmen, deren infrastrukturbezogene Rück-

---

[4]) ERNST: Rechtliche und wirtschaftliche Probleme der Erneuerung unserer Städte und Dörfer, S. 5 ff.

[5]) Bundestags-Drucks. V/3505.

bindung in § 1 Abs. 3 Satz 2 und Abs. 4 StbfG[6]) und deren finanz- und investitionsbedingtes Fundament in § 53 Abs. 1 Nr. 4 und § 58 StbfG durchscheint. Ähnliches gilt — weniger deutlich — für die nach § 1 Abs. 2 i. V. § 3 Abs. 2 StbfG von einem weiten Sanierungsbegriff her bestimmten städtebaulichen Sanierungsmaßnahmen, deren finanzplanerische Verwobenheit in der Kosten- und Finanzierungsübersicht (§ 38 StbfG) deutlich wird. Entwicklungs- wie Sanierungsmaßnahmen bleiben im Gesetz aber mit dem Beiwort städte*baulich* verbunden (vgl. § 1 Abs. 1 StbfG). Daß unter Stadtentwicklung wohl doch ein über die städtebaulichen Maßnahmen hinausgehendes und diese umgreifendes Phänomen gemeint ist, läßt sich aus einer Stelle der Begründung des Regierungsentwurfs von 1970 schließen[7]). Es heißt dort:

„Nicht nur in den Zuständigkeiten des Bundes ist eine Koordinierung der Maßnahmen der Struktur-, Wirtschafts- und Finanzpolitik mit städtebaulichen Maßnahmen nötig, da einzelne, isoliert durchgeführte Maßnahmen nicht zu einem optimalen Gesamtergebnis führen können. Auch im kommunalen Bereich bedarf es geeigneter Instrumente, um die erforderlichen Maßnahmen zusammenzufassen und die Umweltverhältnisse insgesamt verbessern zu können.

Das Städtebauförderungsgesetz bietet mit der Reform des Bodenrechts und der finanziellen Unterstützung hierfür eine wesentliche Hilfe, die den Gemeinden eine sachgerechte Durchführung ihrer Planungen ermöglicht und die Bodenspekulation verhindert."

Hier wird also mit den Maßnahmen der Struktur-, Wirtschafts-, Finanz- und Städtebaupolitik ein ganzes Bündel kommunaler Maßnahmen genannt, die alle für die kommunale Entwicklung relevant sind und um deren umfassenden Hintergrund es einer Stadtentwicklungsplanung gehen könnte. In diesem Kanon bilden die städtebaulichen Maßnahmen nur *einen* Sektor, wie sich das Städtebauförderungsgesetz der zitierten Begründung nach nur als „wesentliche Hilfe" zur Koordinierung aller Maßnahmen, nicht aber als das sie alle umschließende Gesetz versteht.

II. Der Sprachgebrauch in der Planungswissenschaft

Die Verwendung des Begriffs Stadtentwicklung in der planungswissenschaftlichen Literatur ist aufschlußreicher. Hier lassen sich drei Akzentuierungen unterscheiden, die zwar nicht streng zu trennen sind, für den vorliegenden Zusammenhang aber immerhin auseinandergehalten werden müssen, weil in ihnen verschiedene Traditionen nachwirken.

(1) Zuweilen wird Stadtentwicklung verstanden als eine primär raumbezogene Aufgabe. Die Raumbeanspruchung und die Beschränktheit des zur Verfügung stehenden Raumes sind — vereinfacht ausgedrückt — die Ansatzpunkte für eine so interpretierte Stadtentwicklung und die ihr zugeordnete Planung. Diese Begriffsbedeutung ist etwa gemeint, wenn der Stadtentwicklungsplan für München aus den Jahre 1963 von sich sagt, er stelle „die städtebauliche und verkehrsmäßige Ordnung der Stadt und ihres Umlandes dar,

---

[6]) Nach § 1 Abs. 3 Satz 2 StbfG müssen Entwicklungsmaßnahmen die Strukturverbesserung zum Gegenstand haben. § 1 Abs. 4 StbfG besagt, Sanierungs- und Entwicklungsmaßnahmen sollten dazu beitragen, daß (Nr. 2) „die Verbesserung der Wirtschafts- und Siedlungsstruktur unterstützt wird oder (Nr. 3) die Siedlungsstruktur den Anforderungen an gesunde Lebens- und Arbeitsbedingungen der Bevölkerung entspricht".
[7]) Bundestags-Drucks. VI/510, S. 26.

deren Verwirklichung bis zum Jahre 1990 angestrebt werden soll"[8]). Ein ähnlicher Ansatz findet sich bei BRENKEN, der bei der Entwicklungsplanung wohl auch stärker den raumordnerischen Aspekt betonen will, zu dem die anderen Belange, etwa die der mittelfristigen Finanzplanung, hinzutreten[9]). In diese Reihe gehört schließlich DHEUS, der in dem Stadtentwicklungsplan primär eine „Ideenskizze für die künftigen Flächennutzungs- und Bebauungspläne" und erst in zweiter Linie „auch eine praktikable Grundlage für Investitions- und andere Führungsentscheidungen" sieht[10]).

(2) Der entgegengesetzte Ausgangspunkt betrachtet die Stadtentwicklung zunächst unter finanzpolitischen Aspekten. Grundlage ist hier die Beschränktheit der für eine allseitige Entwicklung zur Verfügung stehenden finanziellen Mittel. Am deutlichsten wird diese Determinante bei BESTE[11]); er schreibt: „Die Notwendigkeit, nahezu alle kommunalen Maßnahmen in die Erörterung um einen Stadtentwicklungsplan einzubeziehen, ist nämlich viel handgreiflicher: Beinahe jede kommunalpolitische Aktivität ist mit Kosten verbunden. Die Mittel der Stadt sind aber begrenzt." Ähnlich steht die Stadtentwicklung bei ABRESS letztlich unter dem Dominat der Investitionspolitik[12]).

(3) Der wohl überwiegende Teil der Literatur geht die Stadtentwicklung weder von einem primär raumbezogenen, noch von einem primär finanzbezogenen Standpunkt aus an, sondern betont die gleichmäßige Zusammensicht einer Vielzahl von Aspekten. Das spiegelt sich in den Umschreibungen der Stadtentwicklungsplanung wider: LAUX zählt zum System dieser Planung die Aufgaben- und Organisations-, die Finanz-, die Standort-, die fachliche Struktur- und Investitions- und die Bodenvorratsplanung[13]). Die Ausarbeitung der Kommunalen Gemeinschaftsstelle für Verwaltungsvereinfachung zur „Koordination der Planungen" spezifiziert weiter und nennt u. a. zusätzlich die Schul-, Bildungs- und Sozialplanung, die Wirtschafts- und Verkehrsförderung, die Energieplanung[14]). Zusammenfassend sieht ALBERS das hier deutlich werdende neue Planungsverständnis durch folgende Sachverhalte gekennzeichnet[15]):

„— Die ausschließlich oder vorwiegend auf die räumliche Ordnung bezogene Sicht wird ergänzt und erweitert durch eine zusammenfassende Betrachtung und wechselseitige Abstimmung räumlicher, wirtschaftlicher und sozialer Entwicklungsaspekte.

— Die ‚Anpassungsplanung' oder ‚Auffangplanung', die lediglich den Rahmen für die Privatinitiative absteckt, wird ersetzt durch eine aktive, die Investitionsplanung einbeziehende Strukturentwicklungspolitik der öffentlichen Hand.

— An die Stelle einer räumlichen, meist dreidimensional artikulierten Zielvorstellung für einen zu erreichenden Ordnungszustand tritt das Konzept eines kontinuierlich zu lenkenden Veränderungsprozesses; nicht Planausführung, sondern Entwicklungssteuerung steht im Vordergrund."

---

[8]) Zit. nach BOEDDINGHAUS: AfK 1970, S. 132. Trotzdem ist der Stadtentwicklungsplan für München kein bloßer Flächennutzungsplan.
[9]) Raumordnung und Finanzplanung, S. 155 ff., 162.
[10]) Strukturanalyse und Prognose, S .14.
[11]) Städtetag 1969, S. 107 f.
[12]) Stadtbauwelt 1968, S. 1419 ff.
[13]) In: Landesplanung — Entwicklungsplanung, S. 4 f.; ähnlich Städtebaubericht 1970 (Bundestags-Drucks. VI/1497), S. 56 f.
[14]) Rundschreiben 19/1969, S. 7 ff.; ferner WAGENER: AfK 1970, S. 49; BOEDDINGHAUS: Afk 1970, S. 131; BIELENBERG: Entwicklungsplanung, S. 63: „Zur Entwicklungsplanung gehört der Gesamtbereich gemeindlicher Tätigkeit, d. h. von ihr werden alle raumwirksamen und sonstigen Maßnahmen erfaßt, die für die Stadt-(Gemeinde-)entwicklung Bedeutung haben. Der Planungsgegenstand spielt somit bereits für eine über den Städtebau hinausgehende Aufgabenstellung."
[15]) Hdwb. der Raumforschung u. Raumordnung, Sp. 3202.

Innerhalb dieses Begriffsverständnisses zeichnen sich allerdings noch einmal zwei Varianten ab. Bald wird Stadtentwicklung geprägt durch die *Koordination* der verschiedenen Planungen, bald erscheint Stadtentwicklungsplanung nicht nur als Koordination, sondern als *Integration,* als Schaffung eines neuen, aus der koordinierenden Summierung der Einzelplanungen allein nicht zu erzielenden Entwicklungskonzepts[16]). Beide Alternativen lassen sich etwa dahin charakterisieren, daß im ersten Falle auf eine Gesamtheit *hin,* im zweiten Falle von einer Gesamtheit her gedacht wird.

B. Der in dem Begriff Stadtentwickulng umrissene Problemstand

Gemeinsam ist den drei vorstehend (1—3) aufgeführten Begriffsinhalten zunächst die Grundüberzeugung, daß das Phänomen Stadt nicht einer „eigenen" oder „natürlichen" Entwicklung überlassen werden darf[17]), daß es auch nicht reicht, seine fremdinitiierte Entwicklung durch rahmensetzende Pläne zu ordnen, sondern daß Stadtentwicklung transitiv als öffentlicher Gestaltungsauftrag verstanden werden muß, der Planung und Durchführung umfassen soll. Daher ist die Dimension der Zeit, d. h. der Realisierung des geplanten Zustandes, in den Begriff mit aufgenommen[18]). Es liegt darin eine Absage an das liberale Verwaltungs- und Städtebauverständnis des 19. Jahrhunderts. Wie aber der extreme Liberalismus auf allen Gebieten in einer unterschiedlich weit fortgeschrittenen Abbauphase begriffen ist, so repräsentieren auch die einzelnen Varianten im Sprachgebrauch des Begriffs Stadtentwicklung verschiedene Schichten dieses Überwindungsprozesses. Daß zur Zeit alle drei Varianten und dazu eine Vielzahl von Zwischenformen in der Diskussion sind, zeigt das Durchgangs- oder Entwicklungsstadium, in dem sich die Stadtentwicklung zur Zeit befindet. Juristische Aussagen werden dadurch — wie es sich bewußt zu machen gilt — erschwert und relativiert.

Sieht man den derzeitigen Sprachgebrauch in dieser historischen Perspektive, so erweist sich die raumbezogene Interpretation der Stadtentwicklungsplanung als eine Fortsetzung jener Entwicklung, die in den vergangenen 100 Jahren von der polizeilichen Fluchtlinienfestsetzung über den Ortsbauplan zum städtebaulichen Plan des Bundesbaugesetzes geführt hat. Dort wo die Stadtentwicklungsplanung (noch) bei den Stadtbauämtern (Bauplanungsämtern) ressortiert, wird das besonders deutlich[19]). Die primär von der Finanz- und Investitionspolitik her bestimmte Wortbedeutung setzt eine konvergierende Entwicklung fort, nämlich die von der einschichtigen kommunalen Haushaltspolitik zur planmäßig wirtschafts- und entwicklungslenkenden Finanzpolitik, wie sie in den Funktionsänderungen des staatlichen Haushaltsgesetzes eine Parallele hat. Stadtentwicklungsplanung in der heute mehr und mehr üblichen dritten Bedeutung stellt dann eine diese Ansätze kombinierende und erweiternde Zusammensicht dar. Diese historischen Entwicklungslinien werden später, wenn es darum geht, die Aufgabe

---

[16]) Vgl. Städtebaubericht 1970 (Bundestags-Drucks. VI/1497), S. 56 f.; BOEDDINGHAUS: Afk 1970, S. 129; BIELENBERG: Entwicklungsplanung, S. 63; EBERT/SCHMIDT-REICHBERG/ZECH: Stadtbauwelt 1969, S. 206 ff.; H. SCHULZE: Recht und Politik 1970, S. 159 ff.; FROMMHOLD: Raumforschung und Raumordnung 1970, S. 261 ff. (zum parallelen Problem bei der Regionalplanung); J. J. HESSE: AfK 1971, S. 26 ff. (28); WEYL: Institut für Raumordnung — Informationen 1969, S. 469 ff., bes. S. 476 f.

[17]) NEUBECK: Stadtbauwelt 1971, S. 16 ff.

[18]) WAGENER: DVBl. 1970, S. 93 ff.

[19]) Dazu die statistischen Angaben der Kommunalen Gemeinschaftsstelle für Verwaltungsvereinfachung, Koordination der Planungen, Anlage 1 zum Rundschreiben 38/1970.

„Stadtentwicklungsplanung" im grundgesetzlichen Kompetenzenkatalog zu verorten, eine wesentliche Rolle spielen.

Aber nicht nur die historische Dimension, sondern auch Grundfragen des derzeitigen Problemstandes werden in den Bedeutungsnuancierungen des Sprachgebrauchs sichtbar. Wenn Stadtentwicklungsplanung heute bald als Koordination, bald als Integration einer Vielzahl von Planungen angesprochen wird, so zeigen sich darin zwei gegensätzliche Ansichten: Soll sich Stadtentwicklungsplanung primär um die Beseitigung gegensätzlicher Zielprojektionen bemühen, oder ist mit ihr eine Gesamtkonzeption angestrebt, der gegenüber die einzelnen Planungen auf sozialem, kulturellem, wirtschaftlichem und städtebaulichem Sektor in die Rolle von Durchführungsplänen gedrängt werden? — Ein Rechtsgutachten kann und will diese Frage nicht lösen. Es muß sie aber verdeutlichen, weil auch das Rechtsinstrumentarium, das der Stadtentwicklung jeweils zuzuordnen ist, nach den Alternativen „Koordination" — „Integration" verschieden ist. Im ersteren Falle würde es genügen, die Stadtentwicklungsplanung an schon bestehende Plantypen „anzuhängen", diese zu erweitern und mit Korrdinierungsklauseln zu verknüpfen. Im zweiten Falle wären dagegen die Ausbildung eines eigenen Planungsverfahrens, eines neuen Plantyps und zur Durchführungsstufe hin ein neues Transformationsinstrumentarium erforderlich, das die Festsetzungen der Stadtentwicklungspläne in die Vollzugspläne überführt. Die Gegenüberstellung von „Koordination" oder „Integration" findet damit in der für die Fragen der Gesetzgebungskompetenz so wesentlichen juristischen Alternative von partieller oder umfassender Regelung eine Entsprechung.

Erster Teil

Die Gesetzgebungskompetenzen zur Regelung der Stadtentwicklungsplanung

Die kommunale Entwicklungsplanung hat sich bisher weitgehend im gesetzesfreien Raum herausgebildet. Gerade darin liegt die Möglichkeit, experimentierend und Initiativen anregend einen breiten Formenreichtum zu entwickeln, der die Planung attraktiv und flexibel erhält. Wenn nach den Kompetenzen zu einer gesetzlichen Regelung dieser Planung gefragt wird, so kann der Frage, ob eine solche Kodifizierung überhaupt sachangemessen und sinnvoll und ob sie es gerade zum augenblicklichen Zeitpunkt ist, nicht ausgewichen werden.

Gegen eine Kodifizierung im gegenwärtigen Zeitpunkt spricht die Tatsache, daß die kommunale Entwicklungsplanung noch in der Aufbauphase begriffen ist. Erprobte Formen der Koordination und Integration, die in eine gesetzliche Regelung rezipiert werden könnten, liegen weitgehend noch nicht vor. Nichts anderes gilt für die planungswissenschaftliche Methodik. Letztere pflegt zwar nicht direkt in den Gesetzeswortlaut einzugehen, sie kann aber durch Verfahrensvorschriften und mögliche Koordinationsklauseln präjudiziert werden. Insgesamt besteht die Gefahr, daß eine vorgreifende Gesetzgebung hier Weichen einer Entwicklung zu frühzeitig einseitig festlegt. Dazu tritt die in jeder gesetzlichen Verankerung liegende Gefahr einer institutionalen Zementierung. Schließlich könnte man auf eine Hypertrophie einer auf diese Weise verfestigten Verwaltung hinweisen.

Das letzte Argument ist aber auch im entgegengesetzten Sinne zu nutzen. Die gesetzliche Fixierung gewisser Verfahrensvorschriften bei der Planung sowie eines exakter umrissenen Planungstypus kann der bisher fast ausschließlich verwaltungsinternen Planung mehr Durchsichtigkeit verleihen und damit einem unkontrollierbaren Verwaltungsgebaren entgegenwirken[20]). Gerade in dem Bezug Planung und Öffentlichkeit scheint es, daß die planende Verwaltung kaum ohne gesetzgeberische Initiative zu effektiveren Formen öffentlicher Mitwirkung und Kontrolle ihrer Zielentscheidungen gelangen wird. Das wiederum indiziert eine wenigstens rahmenmäßige Kodifizierung der kommunalen Entwicklungsplanung. — Ob es zu einer solchen Kodifizierung kommen soll, ist letztlich eine Entscheidung politischer Instanzen. Aus rechtswissenschaftlicher Sicht und aus der Kenntnis der Wirkungsweise der Norm muß auf jeden Fall vor einer zu engen Einbindung der Entwicklungsplanung in ein gesetzestechnisches Gefüge gewarnt werden.

Nach diesen Vorabüberlegungen wird im Ersten Teil der Untersuchung, der die Kompetenzfragen behandeln soll, unterschieden zwischen der Kompetenz des Bundes, unter Ausschluß der Landesgesetzgebung eine eigene Vollregelung der Stadtentwicklung vorzunehmen (1. Abschnitt), und der Kompetenz des Bundes, nur den Rahmen oder die Grundsätze des Gesamtbereichs gesetzlich regeln zu können, die notwendige Ausfüllung dieses Rahmens aber der Landesgesetzgebung überlassen zu müssen (2. Abschnitt). Die Ergebnisse dieses Teils zusammenfassend werden schließlich die Möglichkeit von Kompetenzkombinationen und Zuständigkeiten des Landesgesetzgebers erörtert (3. Abschnitt).

Erster Abschnitt: Die Kompetenz des Bundesgesetzgebers zu einer eigenen umfassenden Regelung der Stadtentwicklungsplanung

Das Sachgebiet „Stadtentwicklung" findet sich in den eine Vollkompetenz des Bundes begründenden Katalogen der Art. 73 und 74 GG nicht ausdrücklich aufgeführt. Doch besagt das Fehlen des Wortes Stadtentwicklung allein noch nichts über einen Zuständigkeitsmangel des Bundesgesetzgebers. Eine Bundeszuständigkeit wäre auch begründet, wenn das Sachgebiet *materiell* von einem der in den Katalogen aufgeführten Begriffe gedeckt wäre.

A. Art. 74 Nr. 18 GG als kompetenzbegründende Norm

Nach Art. 74 Nr. 18 GG hat der Bund das Recht der konkurrierenden Gesetzgebung für

„den Grundstücksverkehr, das Bodenrecht und das landwirtschaftliche Pachtwesen, das Wohnungswesen, das Siedlungs- und Heimstättenwesen".

Diese Bestimmung liegt im wesentlichen den beiden großen bundesgesetzlichen Normierungen, dem Bundesbaugesetz und dem Städtebauförderungsgesetz, zugrunde[21]).

---

[20]) Zu dem damit angesprochenen Problem „Planung und Öffentlichkeit" vgl. BIELENBERG: Entwicklungsplanung, S. 75 ff. mit weiteren Literaturnachweisen; J. J. HESSE: AfK 1971, S. 26 ff., 41 ff.

[21]) BBauG/Entwurf, Bundestags-Drucks. III/336, S. 57; StbfG/Entwurf, Bundestags-Drucks. VI/510, S. 27.

Es erscheint nicht ausgeschlossen, hier auch einen Ansatz für eine umfassende Kodifikation der Stadtentwicklung durch den Bundesgesetzgeber zu sehen.

Seine richtunggebende Auslegung hat Art. 74 Nr. 18 GG durch das Rechtsgutachten des Bundesverfassungsgerichts vom 16. 6. 1954 (Baurechtsgutachten) erfahren[22]). Das vom Plenum des Gerichts erstattete Gutachten stellt zum systematischen Aufbau des Art. 74 Nr. 18 GG zunächst fset, daß die einzelnen Tatbestandsvarianten nicht einen Gesamtzusammenhang bilden, sondern jede selbständig nebeneinander bestehen[23]). Das Gericht gewinnt diese Erkenntnis aus der grammatikalischen Interpretation des Art. 74 Nr. 18 GG, dessen Wortlaut es etwa dem Art. 74 Nr. 11 GG (Recht der Wirtschaft) gegenüberstellt. Dabei tritt der unterschiedliche Sprachgebrauch der Verfassung deutlich hervor: Bei Art. 74 Nr. 11 GG ist mit dem Wirtschaftsrecht eine Gesamtmaterie gemeint, die durch die Klammererläuterungen für einzelne Spezialgebiete näher umschrieben wird[24]). Demgegenüber zeigt die Selbständigkeit der Aufzählung bei Art. 74 Nr. 18 GG, daß hier eigenständige Rechtsgebiete angesprochen sind. Diese durch die Entstehungsgeschichte untermauerte Auslegung des Art. 74 Nr. 18 GG ist zu Recht von der ganz herrschenden Ansicht übernommen worden. Sie verbietet es, eine bundesgesetzliche Kodifikation der Stadtentwicklungsplanung auf eine fingierte Kompetenz zur Regelung einer Gesamtmaterie „Boden-, Grundstücks- und Siedlungsrecht" zu stützen. Vielmehr muß für jede Tatbestandsvariante des Art. 74 Nr. 18 GG gesondert ermittelt werden, inwieweit sie einen solchen Gesetzgebungsakt zu decken vermag.

I. Die Tatbestandsvariante „Siedlungswesen"

Für eine bundesgesetzliche Regelung des Städtebaurechts und des Rechts der Stadtentwicklung kommt die Tatbestandsvariante „Siedlungswesen" nicht in Betracht. Diese Materie hatte zwar durch das Gesetz über einstweilige Maßnahmen zur Ordnung des deutschen Siedlungswesens vom 3. Juli 1934 (RGBl. I S. 568) und eine Anzahl auf Grund desselben ergangener Verordnungen vorübergehend eine begriffliche Ausweitung in Richtung Städtebau erfahren. Das Bundesverfassungsgericht führt den Begriff aber auf seine in der Weimarer Reichsverfassung (Art. 10 Nr. 1; Art. 155 Abs. 2) angesprochene Bedeutung zurück: „Immer handelt es sich darum, Menschen seßhaft zu machen, nicht darum, ganz allgemein das Bauwesen zu regeln"[25]).

Das Seßhaftmachen der Menschen ist nicht in dem weiten Sinne der Schaffung humaner Lebensbedingungen im städtischen Bereich zu verstehen, wie er dem Stadtentwicklungsgedanken zugrunde liegt. Die Siedlungssystematik weist zwar schon lange die auch für die Stadtentwicklung typische Koppelung von Lenkung und initiierender Förderung auf. In dem Maße, in dem heute Stadt und Land sich soziologisch näherkommen und eine strenge Trennung zwischen städtischem und ländlichem Siedlungswesen entfällt, werden diese gemeinsamen Tendenzen auch deutlicher. „Eine Reihe von Siedlungselementen tritt heute sowohl im ländlichen wie städtischen Bereich auf, z. B.

---

[22]) BVerfGE 3, 407 ff.
[23]) A. a. O., S. 412—420.
[24]) So auch v. MANGOLDT-KLEIN :Art. 74 Anm. XIX, 2 (S. 1580); E. R. HUBER: Wirtschaftsverwaltungsrecht Bd. 1, S. 158; a. M. MAUNZ-DÜRIG-HERZOG: Art. 74 Rdn. 62.
[25]) BVerfGE 3, 407 ff., 418.

Heimstätten auf der Rechtsgrundlage des Reichsheimstättengesetzes, Kleinsiedlungen im Zuge der Flüchtlingseingliederung, privater oder mit öffentlichen Mitteln geförderter Wohnungsbau. Es handelt sich zumeist um Siedlungen im Dienste der Eigenheimbewegung, der Bemühungen um die Verbesserung besonders struktureller Verhältnisse und zur Befriedigung des allgemeinen Wohnungsbedarfs"[26]). Man könnte daher an eine direkte Aufnahme des Siedlungsgedankens durch die Stadtentwicklungsdiskussion unter Umgehung der im Baurechtsgutachten relevanten baulichen Bezüge denken. Trotzdem kann eine Bundeskompetenz weder für eine gesamte, noch für eine partielle Regelung der Stadtentwicklung auf das „Siedlungswesen" in Art. 74 Nr. 18 GG gestützt werden; denn in diesem Wort schwingen doch zu stark die durch das Reichssiedlungsgesetz vom 11. August 1919 (RGBl. S. 1429) primär repräsentierten Gedanken mit[27]), die eine hieran anknüpfende Stadtentwicklung von vornherein in die sektorale Verengung treiben würden.

II. Die Tatbestandsvariante „Bodenrecht"

Die Frage der Baurechtskompetenz reduzierte sich danach wesentlich auf die Frage, inwieweit die Tatbestandsvariante „Bodenrecht" kompetenzbegründend sein könnte.

1. Die Interpretation durch das Bundesverfassungsgericht

Im Baurechtsgutachten heißt es zu dem Sachgebiet „Bodenrecht"[28]):

„Zur Materie ‚Bodenrecht' gehören vielmehr nur solche Vorschriften, die den Grund und Boden unmittelbar zum Gegenstand rechtlicher Ordnung haben, also die rechtlichen Beziehungen des Menschen zum Grund und Boden regeln. Soweit es sich bei der städtebaulichen Planung um die ‚Leitung' handelt, d. h., soweit die Pläne verbindliche Kraft für den einzelnen Grundstückseigentümer haben, bestimmen diese Pläne, in welcher Weise der Eigentümer sein Grundstück nutzen darf, insbesondere, ob er überhaupt bauen darf und in welcher Weise (gewerblicher Bau oder Wohnhaus; Landhausbauweise oder Baublock; ländliche Siedlung usw.). Die städtebauliche Planung bestimmt also insoweit die rechtliche Qualität des Bodens."

Die unmittelbare Begründung einer rechtlichen Ordnung des bodenbezogenen Verhaltens ist danach das entscheidende Kriterium des Bodenrechts. Es muß die direkte Bürger-Staat-Beziehung zum Gegenstand haben.

Auch die vorbereitenden Pläne, Flächenaufteilungs- oder Flächennutzungspläne, denen es an direkten Rechtswirkungen im Außenverhältnis regelmäßig mangelt, werden diesem Kriterium unterstellt. Sie können daher nur in einem engen Rahmen, nämlich nur soweit sie „eine notwendige Voraussetzung für die richtige Erfüllung der der Ortsstufe gestellten Verwaltungsaufgabe" sind, unter die Kompetenz des Art. 74 Nr. 18 GG gezählt werden. Alles was an Planungsmaßnahmen nicht in dieser engen Beziehung zur

---
[26]) KONRAD MEYER: Hdwb. der Raumforschung u. Raumordnung, Sp. 2892.
[27]) Reichssiedlungs- und Reichsheimstättengesetz sind denn auch die beiden wesentlichen Gesetze, die in der Kommentarliteratur zur Illustration des „Siedlungswesens" in Art. 74 Nr. 18 GG regelmäßig genannt werden (vgl. MAUNZ-DÜRIG-HERZOG: Art. 74 Rdn. 102; v. MANGOLDT-KLEIN: Art. 74 Anm. XXXIV, 2 d, S. 1637).
[28]) A. a. O., S. 424.

unmittelbaren Bodennutzungsregelung steht, gehört nach Ansicht des Bundesverfassungsgerichts nicht zum Bodenrecht. In einer aufschlußreichen Passage des Gutachtens läßt das Gericht erkennen, welche Konzeption eines Raumplanungssystems seinen Ausführungen zugrunde liegt[29]):

„Es kann örtlich geplant werden, ohne daß diese Planung von einer überörtlichen Planung abhängt. Ursprünglich wurde nur in der Ortsstufe geplant. Erst später setzte die überörtliche Planung als Landesplanung oder Raumordnung durch einen übergeordneten Verband und unter größeren, umfassenderen Gesichtspunkten ein. Für sie ist die *bauliche* Nutzung des Bodens nur ein Element der gesamten Planung. Selbst wenn nun die überörtlichen Pläne für die Ortsstufe verbindlich werden, so ist doch diese Planung nicht ein Bestandteil des vom *Bodenrecht* umfaßten Planungswesens. Die Bindung würde sich nur innerhalb der verschiedenen Stufen der öffentlichen Verwaltung auswirken. Regelt der Gesetzgeber eine solche überörtliche Planung, so ordnet er die Verwaltungsaufgabe als solche, nicht das rechtliche Schicksal des Grund und Bodens. Erst da, wo die Pläne in dem örtlichen Planungsraum der Gemeinde konkretisiert werden, wo also die Stufe der *städtebaulichen* Planung erreicht ist, ist jene unmittelbare rechtliche Beziehung der Planung zum Grund und Boden erreicht, die die Gesetzgebung über *diese* Planung zu einem Teil des Bodenrechts macht.

Die überörtliche Planung fällt unter den Begriff der ‚Raumordnung' im Sinne des Art. 75 Nr. 4 GG. Diese ist zusammenfassende, übergeordnete Planung und Ordnung des Raumes. Sie ist übergeordnet, weil sie überörtliche Planung ist und weil sie vielfältige Fachplanungen zusammenfaßt und aufeinander abstimmt."

Charakteristisch ist das Verhältnis der Raumplanung als eines zweigeteilten Systems, wobei der die Ortsplanung repräsentierende Teil „von unten", d. h. von seinen parzellenscharfen, die Bodennutzung unmittelbar regelnden Funktionen her gesehen wird.

2. *Die begriffliche Fortentwicklung des „Bodenrechts" durch das Bundesbaugesetz*

Ob diese enge Interpretation schon damals (1954) noch der städteplanerischen Praxis entsprach, erscheint zwar zweifelhaft. Die Ausführungen des Bundesverfassungsgerichts beanspruchten jedoch in der Diskussion den entscheidenden Stellenwert: Ein Gutachten des Plenums hatte nach der damaligen Verfassungsrechtslage zwar keine verbindliche Kraft im Rechtssinne, es band jedoch die Rechtsprechung beider Senate[30]). Auch nach dem Wegfall der Gutachtenkompetenz[31]) besteht diese Bindung des Gerichts an ein einmal erstattetes Gutachten fort. In der rechtswissenschaftlichen Literatur fand die vom Bundesverfassungsgericht gegebene Auslegung des Art. 74 Nr. 18 GG (Bodenrecht) denn auch durchgängig Gefolgschaft[32]). Insbesondere die Kommentare zum Grundgesetz wiederholen bis heute im wesentlichen die Sentenzen des Baurechtsgutachtens[33]).

---

[29]) A. a. O., S. 425.

[30]) BVerfGE 2, 79 ff., 91.

[31]) § 97 BVerfGG i. d. Fass. vom 12. 3. 1951 (BGBl. I S. 243) wurde aufgehoben durch Änderungsgesetz zum BVerfGG vom 21. 7. 1956 (BGBl. I S. 662). Zur Änderung der Rechtsprechung wegen gewandelter Lebensverhältnisse vgl. auch BVerfGE 20, 56 ff., 87.

[32]) Umfassende Nachweise zu der älteren, speziell auf die Kompetenzprobleme bei Erlaß des Bundesbaugesetzes abstellenden Literatur bei v. MANGOLDT-KLEIN: Art. 74, S. 1518.

[33]) MAUNZ-DÜRIG-HERZOG: Art. 74 Rdn. 99; v. MANGOLDT-KLEIN: Art. 74 Anm. XXXIV 2 a (S. 1633); LEIBHOLZ-RINCK: Art. 74, Rdn. 6.

Trotzdem hat sich die Bodenrechtskompetenz des Bundes in dem zurückliegenden Jahrzehnt aus den engen, auf das unmittelbar bodenbezogene Verhalten des Bürgers beschränkten Bindungen gelöst. Auf rechtlichem Gebiete hat den entscheidenden Anstoß für diese Entwicklung des Bundesbaugesetz selbst gelegt. Das Städtebauförderungsgesetz kann jetzt darauf aufbauen und setzt diese Entwicklung kräftig fort. Erscheint das Planungsverständnis des Bundesverfassungsgerichts noch weitgehend an den ausschließlich schrankensetzenden Fluchtlinienplänen orientiert, so stellt § 1 BBauG klar, daß es sich bei den Bauleitplänen um städtebauliche Pläne handelt, die auf die Entwicklung des Gesamtphänomens Stadt hin angelegt sind. Der Katalog der für die Bauleitplanung beachtlichen Belange (§ 1 Abs. 4 und 5 BBauG) zeigt in der Spannweite seiner wirtschaftlichen, sozialen und kulturellen Aspekte die übergeordneten Bezüge des bodenordnenden Planes[34].

Wohl am nachdrücklichsten ist das Bundesbaugesetz in seiner Konzeption des Flächennutzungsplanes über die Ausführungen des Bundesverfassungsgerichts hinausgegangen. Der Flächennutzungsplan ist nicht ein bloßer Annex, eine Vorstufe des Bebauungsplanes geblieben, sondern hat eine eigene Gewichtung erhalten. Die Parallelität in den Verfahrensvorschriften für die Aufstellung des vorbereitenden wie des verbindlichen Bauleitplans zeigen das. Flächennutzungsplanung ist zu einer eigenständigen Stufe im Planungssystem geworden, über die vor allem die Bezüge der überörtlichen Planungen in die gemeindliche Bauleitplanung eingehen. Die Verbundenheit der örtlichen mit der überörtlichen Planung wird in der Raumordnungsklausel des § 1 Abs. 3 BBauG unmißverständlich zum Ausdruck gebracht[35]. Die Perspektive, unter der die gemeindliche Planung im Baurechtsgutachten erscheint, die Sicht „von unten her", ist, wenn nicht umgekehrt, so doch nachhaltig korrigiert worden.

Die Rechtsentwicklung von 17 Jahren zusammenfassend haben die anhaltenden und tiefgreifenden Diskussionen um das Städtebauförderungsgesetz die modernen städtebaulichen Probleme einer breiteren Fachöffentlichkeit jüngst noch einmal vor Augen geführt. Das hat eben jene Sichterweiterung des bodenbezogenen Verhaltens bewirkt, die schon im Bundesbaugesetz angelegt war. Das juristisch farblose Kriterium der Unmittelbarkeit einer Bodennutzungsregelung, mit dem das Bundesverfassungsgericht seine enge Interpretation stützt, hat diesem Sicht- und Bedeutungswandel nicht überzeugend entgegentreten können. Die Verfestigung dieses Umbildungsprozesses zeigt sich darin, daß heute niemand die Verfassungsmäßigkeit des Bundesbaugesetzes oder des Städtebauförderungsgesetzes als solches aus Kompetenzgründen mit dem Hinweis auf Art. 74 Nr. 18 GG und dessen ursprünglich enge Interpretation durch das Bundesverfassungsgericht bezweifeln würde. Die in diesen beiden Gesetzen deutlich werdende Wandlung der Rechtspraxis wirkt vielmehr ihrerseits auf Art. 74 Nr. 18 GG („Bodenrecht") zurück: Diese Norm ist — ergänzt um einige Spezialmaterien (Enteignung, Grundstücksverkehr, Wohnungswesen, Siedlungswesen, u. U. Sozialisierung, Steuern) — zur kompetenzbegründenden Kernbestimmung für eine Regelung zwar nicht des gesamten Baurechts, wohl aber des Städtebaurechts geworden.

---

[34] Zu den historischen Dimensionen dieser Entwicklung H. KRAUS: Landesplanung und Städtebau, S. 1 ff. et pass.; UMLAUF: Landesplanung, S. 186 ff.; ERNST-ZINKAHN-BIELENBERG: BBauG § 1 Rdn. 5 ff.; BIELENBERG: Entwicklungsplanung, S. 60 ff.; SCHMIDT-ASSMANN: Grundfragen des Städtebaurechts, S. 48 ff.; speziell zum Flächennutzungsplan S. 122 ff. Zum Wandel der städtebaulichen Situation allgemein Städtebaubericht 1970 (Bundestags-Drucks. VI/1497), S. 16 ff.

[35] H. KRAUS: Landesplanung und Städtebau, S. 42 ff.

3. Die Fortentwicklung des Städtebaurechts über den derzeitigen Stand hinaus

Es erscheint der Überlegung wert, ob man nicht in fortschreitender Begriffsumbildung die gesamte Stadtentwicklung auf diese flexible Bundeskompetenz für das Städtebaurecht (Art. 74 Nr. 18 GG) stützen könnte. Dazu ist man um so eher versucht, als symptomatischerweise der überwiegende Teil der von WAGENER ermittelten Ziele der Stadtentwicklung nach Plänen der Länder ihre bodenbezogene Ausrichtung deutlich zur Schau stellen[37]. Die geschilderte Rechtsentwicklung zeigt eine ähnliche Tendenz: Die überörtlichen und überfachlichen Bezüge des Städtebaus liegen — wie dargestellt — schon in § 1 BBauG zutage. Sie werden durch das Städtebauförderungsgesetz weiter akzentuiert. Die Bindung der Entwicklungsmaßnahmen an die Ziele der Raumordnung und Landesplanung, ihre Ausrichtung auf die Infrastrukturverbesserung (§ 1 Abs. 3 StbfG), die weite Fassung des Sanierungsbegriffs (§ 3 Abs. 2 und 3 StbfG) und vor allem die Funktion der Rechtsverordnung, durch die die Landesregierung die Entwicklungsgebiete ausweist (§ 53 StbfG), unterstreichen das. Hier wird neben den überfachlichen und überörtlichen Verknüpfungen zugleich der dritte, neue Bezug des Städtebaus, die Realisierungsnotwendigkeit und der Einsatz öffentlicher Finanzmittel, deutlich, eben das, was zu einer transitiven „Entwicklung" gehört. Es kann nicht zweifelhaft sein: Städtebau und Stadtentwicklung stehen in einer konvergenten Bewegung.

a) Die Frage einer umfassenden Regelung

Trotzdem können es diese Ansatzpunkte *zur Zeit* nicht rechtfertigen, eine Zuständigkeit zu umfassender bundesgesetzlicher Regelung der Stadtentwicklungsplanung aus der Begrifflichkeit der Städtebaukompetenz des Art. 74 Nr. 18 GG herzuleiten. Was bisher als gesicherter Bestand des Begriffs Städtebau angesehen werden kann, sind seine überörtlichen, überfachlichen und aktiv gestalterischen *Bezüge,* nicht aber die Objekte dieser Bezüge selber und erst recht nicht eine alle diese Sachbereiche umgreifende integrale Bildung eines alle Gebiete der Kommunalpolitik umgreifenden Entwicklungskonzepts. Die einleitend[38] zitierte Regierungsbegründung zum Städtebauförderungsgesetz selbst weist die städtebaulichen Belange als einen Sektor innerhalb der Gesamtentwicklung aus. Ihm stehen andere Bereiche, die Finanz- und Investitions-, die Kultur- und die Wirtschaftspolitik mit eigener Gewichtung gleichberechtigt zur Seite. Solange diese Gleichordnung besteht — und es ist ein planwissenschaftliches Problem, ob sie überhaupt abgebaut werden soll —, verbietet sich eine rechtliche Unterordnung der selbständigen Sektoren, wie sie durch eine kompetenzmäßige Verankerung der Stadtentwicklung in Art. 74 Nr. 18 GG stillschweigend vorausgesetzt würde. Diese Verfassungsbestimmung gibt daher für sich allein kein Recht zu umfassender bundesgesetzlicher Regelung der Stadtentwicklung[39]. Ebenso wäre es unmöglich, etwa in einem der Bauleitplanung neu vorgeschalteten Teil des Bundesbaugesetzes eine Gesamttypologie der Stadtentwicklungsplanung zu geben und diese Novellierung des Bundesbaugesetzes allein auf Art. 74 Nr. 18 GG zu stützen.

b) Die Frage einer Teilregelung

Durch diese Feststellung wird nicht ausgeschlossen, daß die überörtlichen, überfachlichen und finanzpolitischen Bezüge des Städtebaus bundesgesetzlich stärker heraus-

---

[37] WAGENER: Ziele der Stadtentwicklung nach Plänen der Länder, S. 165 ff. (Ergebniszusammenfassung).
[38] Vgl. oben S. 103.
[39] Ebenso BIELENBERG: Entwicklungsplanung, S. 65.

gearbeitet und eine solche Regelung auf Art. 74 Nr. 18 GG gestützt werden können[40]). Diese Bezüge sind *Inhalt* des Städtebaurechts. Sie stellen keinen bloßen Annex eines sonst in sich geschlossenen Rechtsgebietes dar, sondern gehören begrifflich zu diesem selbst und werden daher von Art. 74 Nr. 18 GG ergriffen[41/42]).

aa) Vorbehaltsklauseln für Planungen

Um diese Bezüge zu normieren, bieten sich vor allem Vorbehaltsklauseln nach Art der schon bekannten Raumordnungsklauseln an. Die im 2. Teil des Gutachtens zu behandelnde Problematik der kommunalen Selbstverwaltungsgarantie einmal ausgeklammert, könnte die Bauleitplanung bundesgesetzlich durch solche Klauseln etwa mit der Finanzplanung oder einer öffentlichen Wirtschaftsplanung verknüpft werden. Gesetzestechnisch könnte das durch eine Erweiterung des § 1 Abs. 3 BBauG und durch eine entsprechende Absicherung dieser Klauseln in den Bestimmungen über das Plangenehmigungsverfahren (§§ 6, 11) geschehen. Das Städtebauförderungsgesetz enthält bereits Ansätze einer solchen Verzahnung der städtebaulichen mit der Finanzplanung, so in der Kosten- und Finanzierungsübersicht, die die Gemeinde nach förmlicher Festlegung des Sanierungsgebiets und während der Aufstellung des Bebauungsplanes der höheren Verwaltungsbehörde vorzulegen hat (§ 38 StbfG). Eine Verknüpfung der Sanierungsplanung mit den Realisierungschancen bringt auch § 5 Abs. 2 Satz 4 StbfG, wonach die aufsichtsbehördliche Genehmigung der Gebietserklärung versagt werden muß, wenn keine Aussicht besteht, die Sanierungsmaßnahmen innerhalb eines absehbaren Zeitraumes durchzuführen.

bb) Vorbehaltsklauseln für das bodenordnende Instrumentarium

Diese Klauseln brauchen nicht auf die Bauleitplanung beschränkt zu bleiben. Sie könnten auf das planausführende Instrumentarium des Bundesbaugesetzes erstreckt werden. So wäre es denkbar, die Ausübung gewisser Eingriffsrechte (Enteignung, Vorkaufsrecht) von dem Vorliegen eines entsprechenden Finanzierungsplanes abhängig zu machen. Ähnlich könnten Abbruchverfügungen und Betriebsumsetzungen an das Vorliegen eines Sozialplanes gebunden werden. Das bodenordnende Eingriffsinstrumentarium hat sich in der Vergangenheit von einem zufälligen Maßnahmenbündel zu einem bebauungsplanakzessorischen Instrumentarium entwickelt. Die Planabhängigkeit des Vorkaufsrechts, der Umlegung, der Enteignung und der Erschließung zeigen das. Der in dieser Entwicklung liegende Gedanke einer Disziplinierung und Rationalisierung dieser Institute sollte auf andere Planungen zur Stadtentwicklung ausgedehnt werden. Entsprechende bundesgesetzliche Klauseln sind durch Art. 74 Nr. 18 GG gedeckt.

cc) Typusänderungen des Flächennutzungsplanes

Der Flächennutzungsplan hat sich zur Schaltstelle herausgebildet, über die überörtliche Belange besonders stark in die gemeindliche Bodenplanung einfließen. Über seine Affinität zur Regionalplanung und die damt verbundenen Probleme für die kommunale Selbstverwaltung wird an späterer Stelle zu handeln sein. Hier geht es um die Modifikationsmöglichkeiten dieses Planes im Blick vor allem auf parallele Finanz-

---

[40]) BIELENBERG, a. a. O.
[41/42]) Für das ähnliche Problem der Einpassung von Fachplanungen geht BREUER (Hoheitliche raumgestaltende Planung, S. 199) von einer Verankerung einer gesetzlichen Regelung solcher Überschneidungen in Art. 74 Nr. 18 GG aus.

und Investitionspläne[43]). Daß ein die Finanz- und Flächenplanung umgreifender neuer Typ jedenfalls nicht gestützt auf Art. 74 Nr. 18 GG geschaffen werden kann, erhellt aus den Ausführungen zur Gleichrangigkeit des finanzpolitischen und des städtebaulichen Bezugs, ganz abgesehen davon, ob eine solche Typenverbindung planungswissenschaftlich erstrebenswert wäre. Möglich bleiben dagegen solche Modifikationen, durch die einzelne Ergebnisse einer Finanzplanung in die Aussagen des Flächennutzungsplanes aufgenommen und mit gleichen Rechtswirkungen — § 7 Satz 1 (Anpassungspflicht anderer Planungsträger), § 8 Abs. 2 (Fortschreibung des Bebauungsplanes aus dem Flächennutzungsplan), § 35 Abs. 2 BBauG (Beachtlichkeit für nichtprivilegierte Außenbereichsvorhaben[44]) — ausgestattet werden.

Um den Schwirigkeiten begegnen zu können, die aus den bisher unterschiedlichen zeitlichen Dimensionen der Flächennutzungs- und der Finanzplanung herrühren, könnte der Flächennutzungsplan auch in zwei zeitlich unterschiedlich dimensionierte Pläne aufgespalten werden. Auch das deckt der Regelungsumfang des Art. 74 Nr. 18 GG. Die Gefahren eines solchen finanz- und investitionsbezogenen Flächennutzungsplanes liegen darin, daß er nur schwer extern soweit unverbindlich wird gehalten werden können, daß ihn eine entschädigungsfreudige Rechtsprechung nicht zum Anknüpfungspunkt für einen Vertrauenstatbestand macht und dadurch jede Umdsiponierung mit Entschädigungsfolgen belegt[45]).

III. Ungeschriebene Bundeszuständigkeiten im Zusammenhang mit Art. 74 Nr. 18 GG („Natur der Sache" und „Sachzusammenhang")

Die im vorausgehenden Abschnitt für zulässig erkannten partiellen Regelungen des Stadtentwicklungsgedankens sind alle auf eine direkte Anwendung des Art. 74 Nr. 18 GG gestützt worden. Es handelt sich um Sachgebiete, die *begrifflich* von einem als Städtebaurecht verstandenen „Bodenrecht" umfaßt werden. Methodologisch wird damit auf einen begriffsimmanenten Bedeutungswandel abgehoben, der als selbständiges Institut neben den kompetenzbegründenden Auslegungstopoi des „Sachzusammenhanges" und der „Natur der Sache" steht und als das dem Text enger verpflichtete Instrument den genannten anderen Hilfsmitteln vorzugehen hat. In der Judikatur des Bundesverfassungsgerichts ist von früh an zwischen diesen Auslegungskriterien unterschieden worden[46]). Vom Bedeutungswandel einer Verfassungsbestimmung spricht das Gericht dann, wenn im Normbereich „neue, nicht vorausgesehene Tatbestände auftauchen oder bekannte Tatbestände durch ihre Einordnung in den Gesamtablauf einer Entwicklung in neuer Beziehung oder Bedeutung erscheinen[47]). Damit ist gerade jener Vorgang umschrieben, der in den voraufgehenden Untersuchungen zur Entwicklung des Begriffs „Bodenrecht" behandelt worden ist.

---

[43]) Zu den praktischen Konsequenzen einer Typenumformung des Flächennutzungsplanes BIELENBERG: Entwicklungsplanung, S. 68 ff.; ferner H. SCHULZE: Recht und Politik 1970, S. 159 ff. über praktische Abstimmungsversuche beider Planungsarten in Hamburg.

[44]) BVerwGE 18, 247 ff.; 26, 287 ff.

[45]) Bisher lehnt die Rechtsprechung Entschädigungsansprüche im Zusammenhang mit Änderungen des Flächennutzungsplans zwar ab (BGH v. 28. 3. 1955 = BGHZ 17, 96 ff. = VerwRspr. Bd. 8, S. 62 ff.); doch sind in der jüngeren Literatur Ansätze vorhanden, dieses Dogma aufzuweichen (U. MARTENS: Die Rechtswirkungen des Flächennutzungsplanes, S. 103 ff. u. 114 ff.).

[46]) BVerfGE 3, 407 ff., 422, 425.

[47]) BVerfGE 2, 380 ff., 401.

Die Unterscheidung zwischen einer Kompetenzbegründung mittels „Bedeutungswandels" und mittels „Sachzusammenhangs" hat jüngst MARTIN BULLINGER in Frage gestellt[48]). Er weist darauf hin, daß es sich in beiden Fällen um Auslegung der betreffenden Verfassungsbestimmung handele. Letzteres ist richtig, zwingt aber nicht dazu, die überkomme Unterscheidung aufzugeben. „Bedeutungswandel" und „Sachzusammenhang" repräsentieren vielmehr zwei Stufen der Auslegung, von denen die erste dem Text und der Textgeschichte enger verbunden ist als die zweite. Wird von einem Bedeutungswandel gesprochen, so ist der erweiterte Kompetenzbereich bereits in die Begrifflichkeit des Sprachgebrauchs eingegangen. Er wird hierdurch manifest und berechenbar gemacht. Der Kompetenzbegründung aus dem Sachzusammenhang oder der Natur der Sache fehlt dagegen diese sprachliche Verfestigung. Das Fehlen an begrifflicher Evidenz muß dabei durch eine besonders zwingende teleologische Argumentation ausgeglichen werden. In der politischen Durchsetzbarkeit rangiert die Kompetenzerweiterung kraft Bedeutungswandels daher auch weit vor den anderen Hilfskonstruktionen.

Diese Überlegungen zur Auslegungsmethode vorausgeschickt, bleibt zu erörtern, ob eine umfassende Zuständigkeit zu bundesgesetzlicher Regelung der Stadtentwicklungsplanung wenn schon nicht aus der Begrifflichkeit des Art. 74 Nr. 18 GG, so doch aus ungeschriebenen Bundeskompetenzen abgeleitet werden kann. Da diese Kompetenzen stets eine geschriebene Zuständigkeit brauchen, an die sie sich anlehnen können, wird das Problem hier zunächst im Zusammenhang mit Art. 74 Nr. 18 GG behandelt. Die dazu notwendigen allgemeinen Untersuchungen gelten für die später zu behandelnden anderen Kompetenznormen entsprechend.

Die Terminologie zu den Formen der ungeschriebenen Bundeszuständigkeit ist in der Literatur nicht einheitlich. Neben den Typen des „Sachzusammenhangs" und der „Natur der Sache" erscheinen „Annexkompetenzen" und Zuständigkeiten kraft „kombinierter Gesetzesmaterie"[49]). Die vorliegende Untersuchung folgt im wesentlichen dem Sprachgebrauch des Bundesverfassungsgerichts und unterscheidet zwischen Kompetenzen kraft „Natur der Sache" und „kraft Sachzusammenhangs"[50]).

1. Stadtentwicklungsplanung und „Natur der Sache"

Bei diesem Auslegungstopos handelt es sich, wie das Bundesverfassungsgericht sagt, um eine Kompetenbegründung für „natürliche Bundesaufgaben", „die sich unmittelbar aus dem Wesen und der verfassungsmäßigen Organisation des Bundes ergeben[51]). Angesprochen sind damit — der klassischen Formulierung von GERHARD ANSCHÜTZ folgend — Sachgebiete, die „ihrer Natur nach eigenste, der partikularen Gesetzgebung a priori entrückte Angelegenheiten des Reiches" (Bundes) darstellen[52]). Die Kompetenz wird hier aus dem Gesamtsinn der bundesstaatlichen Verfassung hergeleitet[53]).

Das deutlichste Beispiel für eine solche Zuständigkeitsbegründung ist die Anerkennung einer Vollregelungskompetenz des Bundes für die Bundesraumordnung als gesamt-

---

[48]) AöR 1971, 237 ff., 246—249.
[49]) MAUNZ-DÜRIG-HERZOG: Art. 70 Rdn. 25 ff.; v. MANGOLDT-KLEIN: Art. 70 Anm. III 3 und 4 (S. 1390—1411).
[50]) Das Wort „Annex-Kompetenz" gebraucht das Bundesverfassungsgericht etwa synonym mit „Sachzusammenhangskompetenz" (BULLINGER: AöR 1971, S. 243 mit Beispielen in FN 25).
[51]) BVerfGE 3, 407 ff., 422.
[52]) BVerfGE 11, 89 ff., 98 f.
[53]) BULLINGER (AöR 1971, S. 238) spricht von einer Herleitung dieser Kompetenzklausel „aus dem Gesamtsinn der bundesstaatlichen Verfassung".

staatliche Aufgabe[54]). Die Sache selbst, d. h. die für das gesamte Bundesgebiet einheitlich zu treffenden großflächigen Planungsentscheidungen, entziehen diese Materie einer Zerstückelung durch die Landesgesetzgebung. Bei der Stadtentwicklungsplanung liegen die Dinge von vornherein anders. Die Planungssubstanz empfängt ihre Bezüge aus dem örtlichen und regionalüberörtlichen Bereich. Eine bundeseinheitliche Regelung der gesetzlichen Rahmenbedingungen mag für die Stadtentwicklung wünschenswert sein, sie ist aber nicht in der Materie bereits zwingend vorgezeichnet. Die „Natur der Sache" scheidet daher als kompetenzbegründender Tatbestand für eine bundesgesetzliche Kodifizierung der Stadtentwicklungsplanung aus.

2. Stadtentwicklungsplanung und „Sachzusammenhang"

Weniger eindeutig kann eine Sachzusammenhangskompetenz für die Regelung der Stadtentwicklungsplanung ausgeschlossen werden. Das Bundesverfassungsgericht hat bereits im Baurechtsgutachten eine Definition dieses Typs einer ungeschriebenen Bundeszuständigkeit gegeben, auf die es in späteren Urteilen mehr oder weniger deutlich zurückgreift[55]):

„Ein sogenannter Sachzusammenhang vermöchte vielmehr eine Zuständigkeit nur dann zu stützen, wenn eine dem Bund ausdrücklich zugewiesene Materie verständigerweise nicht geregelt werden kann, ohne daß zugleich eine nicht ausdrücklich zugewiesene mitgeregelt wird, wenn also ein Übergreifen in nicht ausdrücklich zugewiesene Materien unerläßliche Voraussetzung ist für die Regelung einer der Bundesgesetzgebung zugewiesenen Materie."

Wenn auch letzlich jeweils nur im Einzelfall beurteilt werden kann, ob eine Mitregelung des Annexgebietes die „unerläßliche Voraussetzung" für die Regelung der ausdrücklich zugewiesenen Materie bildet, so vermögen doch die bisher vorliegenden Präjudizien gewisse Leitpunkte zu geben. BULLINGER folgend kann der Präjudizienbestand zu diesem Problem in vier Gruppen gegliedert werden. Eine Sachzusammenhangskompetenz ist diskutiert worden bei[56])

— Hilfszuständigkeiten,
— Zuständigkeiten für untergeordnete Nebenzwecke,
— Zuständigkeiten zur Spezialregelung,
— übergreifende Zuständigkeiten.

Als Tatbestände zu einer umfassenden bundesgesetzlichen Regelung der Stadtentwicklungsplanung scheiden die drei ersten Fallgruppen von vornherein aus. Die Stadtentwicklungsplanung ist gegenüber der städtebaulichen Planung weder eine Hilfsmaterie noch ein untergeordneter Nebenzweck. Sie stellt auch keinen Spezialbereich der Bauleitplanung dar, sondern sie ist konzipiert als überwölbende, integrierende Planung, die die städtebaulichen Pläne auf die Stufe von Durchführungsplänen herabdrückt.

Erörterungswert bleibt allein die Sachzusammenhangskompetenz in der Form der übergreifenden Zuständigkeit. Gerade in dieser Fallgruppe aber liegen fast ausschließlich negative Präjudizien vor: So verneint das Baurechtsgutachten eine Bundeskompetenz zur Regelung des Baurechts (einschließlich des Bauordnungsrechts) als Gesamtmaterie aus dem Sachzusammenhang[57]). Ebenso abgelehnt wird eine Bundeszuständigkeit für die

---

[54]) BVerfGE 3, 407 ff., 427 f.
[55]) BVerfGE 3, 407 ff., 421; ferner ausdrücklich verwendet in BVerfGE 12, 205 ff., 237; 15, 1 ff., 20 f.
[56]) AöR 1971, S. 260 ff.
[57]) BVerfGE 3, 407 ff., 421.

inhaltliche Gestaltung von Rundfunksendungen aus dem Sachzusammenhang mit der Kompetenz für das Fernmeldewesen (Art. 73 Nr. 7 GG)[58]. Schließlich bleibt es dem Bund versagt, im Zusammenhang mit seiner Gesetzgebungszuständigkeit für die dem allgemeinen Verkehr dienenden Binnenwasserstraßen (Art. 74 Nr. 21 GG) wasserwirtschaftliche Vorschriften für die Reinhaltung der Bundeswasserstraßen zu treffen[59].

Während diese Entscheidungen zeigen, daß das Bundesverfassungsgericht von der Sachzusammenhangskompetenz nur zurückhaltend Gebrauch macht, wird in der neueren Staatsrechtslehre vereinzelt eine flexible Interpretation der Kompetenzbestimmungen angeregt[60]. Grund dafür ist die Sorge, daß die häufigen Grundgesetzänderungen der letzten Jahre und weitere, durch eine rigide Auslegung notwendig werdende Textänderungen die normative Kraft der Verfassung nachhaltig schwächen werden. Dem will man dadurch vorbeugen, daß die neueren Entwicklungsnotwendigkeiten in einem dynamischen, die ungeschriebenen Bundeszuständigkeiten stärker aktivierenden Verfassungsverständnisse aufgefangen werden. Dem Bundesverfassungsgericht wird dabei entgegengehalten, seiner Rechtsprechung zu den ungeschriebenen Bundeszuständigkeiten „mehr den Charakter der behutsamen Aufhellung einer etablierten Kompetenzordnung als einer kühnen zukunftsweisenden Fortbildung der bundesstaatlichen Verfassung" gegeben zu haben[61].

Diese neuere Lehre mag in Einzelfällen Randkorrekturen der verfassungsgerichtlichen Rechtsprechung begründen, eine Ausweitung des Sachzusammenhangs zum „Bodenrecht", durch die eine Regelung der gesamten Stadtentwicklungsplanung in diese Kompetenz inkorporiert werden könnte, kann sie nicht rechtfertigen, wenn anders nicht die grundgesetzliche Kompetenzordnung obsolet und die normative Kraft der Verfassung durch Überdehnung der Interpretation geschwächt werden soll. Eine solche Überdehnung aber wäre erforderlich, um von einer umfassenden bundesgesetzlichen Regelung der Stadtentwicklungsplanung sagen zu können, sie sei notwendige Voraussetzung für eine auch künftig sinnvolle Regelung der städtebaulichen Planung. Die sich herausbildenden Verflechtungen zwischen diesen Planungen können durch Detailregelungen von Koordinationsklauseln, wie sie schon im begrifflichen Rahmen des Art. 74 Nr. 18 GG zulässig sind, sachangemessen berücksichtigt werden. Eine umfassende Regelung der Stadtentwicklungsplanung aus dem Sachzusammenhang herzuleiten, hieße — jedenfalls nach derzeitigem Verständnis — die Gewichtsverhältnisse zwischen dem Städtebaurecht und dem sich bildenden Recht der Stadtentwicklung umzukehren.

Das im Hinblick auf eine moderne Bundesstaatsstruktur gewiß nicht zu beanstandende verfassungsgerichtliche Urteil zum Jugendwohlfahrtsgesetz[62] bejaht den Sachzusammenhang zwischen Jugendpflege und Jugendfürsorge im Sinne der „öffentlichen Fürsorge" (Art. 74 Nr. 7 GG). Dafür spricht die fest begründete enge Verzahnung zwischen Jugendpflege und Jugendfürsorge in der praktischen Jugendarbeit. Ein ähnlich gesicherter historischer Bestand mag für das Erschließungsbeitragsrecht und seine Verbindung zum Bodenrecht anzunehmen sein[63]. Stadtentwicklungsplanung und Bauleitplanung weisen dagegen bisher noch nicht jene unentwirrbare Verflechtung in der Verwaltungspraxis auf,

---

[58] BVerfGE 12, 205 ff., 237.
[59] BVerfGE 15, 1 ff., 20 f.
[60] BULLINGER: AöR 1971, S. 240; derselbe: DÖV 1970, S. 761 ff. u. 797 ff., bes. S. 800 f.
[61] BULLINGER: AöR 1971, S. 239.
[62] BVerfGE 22, 181 ff., 212 f.
[63] BVerfGE 3, 407 ff., 407 (ohne allerdings insoweit auf den Gesichtspunkt des Sachzusammenhangs abzustellen).

die es angezeigt erscheinen ließe, eine bundesgesetzliche Regelung der Stadtentwicklungsplanung als „unerläßliche" oder jedenfalls als „notwendige" Voraussetzung zur Regelung der Bauleitplanung anzusprechen. Eine Sachzusammenhangskompetenz für eine bundesgesetzliche Gesamtregelung der Stadtentwicklungsplanung kommt daher zur Zeit nicht in Betracht.

3. Der Sonderfall einer Bodenvorratsplanung

Eine Ausnahme ist für die häufig als Teil der Stadtentwicklungsplanung genannte Bodenvorratsplanung zu machen. Insofern es sich dabei um einen untergeordneten Sektor handelt, käme eine an Art. 74 Nr. 18 GG angelehnte Kompetenz kraft Sachzusammenhanges für eine diesen Teilbereich einschließende bundesgesetzliche Regelung in Betracht. Die engen Verflechtungen zwischen kommunaler Bodenvorratsplanung und Bodenrecht liegen zutage. Im Städtebauförderungsgesetz, insbesondere in den Bestimmungen über die zu reprivatisierenden Flächen (§§ 25, 59 StbfG) wird dieser Zusammenhang besonders deutlich. Fraglich erscheint nur, ob das mit der Rahmengesetzgebungskompetenz des Bundes für die „Bodenverteilung" (Art. 75 Nr. 4 GG) kollidiert. MAUNZ-DÜRIG-HERZOG wollen Bodenverteilung verstehen als „eine aktive, aber nicht zum Mittel umfassenden Eigentumsentzuges greifende Bodenpolitik mit dem Ziel einer gleichmäßigeren Verteilung auf die Einzelnen"[64]. Einer solchen extensiven Interpretation der Rahmengesetzgebungskompetenz widerspricht aber die Entstehungsgeschichte. Im Zuständigkeitsausschuß des Parlamentarischen Rates wurde die Bodenverteilung eindeutig allein auf den *landwirtschaftlichen* Besitz bezogen[65]. Dem folgen v. MANGOLDT-KLEIN in ihrer Kommentierung[66]. In dieser Begrenzung versperrt Art. 75 Nr. 4 (Bodenverteilung) eine konkurrierende Vollkompetenz des Bundes nach Art. 74 Nr. 18 GG zur Regelung der kommunalen Bodenvorratsplanung nicht. Auf diese Weise kann auch das bodenordnende Verwaltungsinstrumentarium mit der Bodenvorratsplanung verzahnt und in seiner Anwendung wie in der Reprivatisierung durchsichtiger gemacht werden.

B. Art. 74 Nr. 11 GG als kompetenzbegründende Norm

Art. 74 Nr. 11 GG verleiht dem Bundesgesetzgeber die konkurrierende Vollkompetenz für das Sachgebiet

„Recht der Wirtschaft (Bergbau, Industrie, Energiewirtschaft, Handwerk, Gewerbe, Handel, Bank- und Börsenwesen, privatrechtliches Versicherungswesen)".

Bei den in Klammern angegebenen Teilgebieten handelt es sich um punktuelle Erläuterungen des Begriffs Wirtschaftsrecht, nicht um einen erschöpfenden Katalog[67]. Insgesamt sind die Begriffe dieser Vorschrift weit auszulegen[68]. Der Bund darf nicht nur Wirtschaftsgesetze organisationsrechtlichen Inhalts, sondern auch solche Normen erlassen, die ordnend und lenkend in das Wirtschaftsleben eingreifen[69]. Der Begriff des

---

[64]) Art. 75 Rdn. 38.
[65]) JöR Bd. 1, S. 537.
[66]) Art. 75 Anm. IX 2 (S. 1707).
[67]) v. MANGOLDT-KLEIN: Art. 74 Anm. XIX, 2 (S. 1580); E. R. HUBER: Wirtschaftsverwaltungsrecht Bd. 1, S. 158; a. M. MAUNZ-DÜRIG-HERZOG: Art. 74 Rdn. 62.
[68]) v. MANGOLDT-KLEIN, a. a. O.; BVerfGE 5, 25 ff., 28.
[69]) BVerfGE 4, 7 ff., 13.

Wirtschaftsrechts hat zudem seine traditionelle Beschränkung auf die gewerbsmäßige Unternehmerwirtschaft in zunehmendem Maße verloren; das Wirtschaftsverwaltungsrecht des Bundes versetzt — wie ARNOLD KÖTTGEN treffend bemerkt — Länder und Gemeinden häufig in die Rolle schlichter Normadressaten[70]).

Trotz seiner Nähebeziehung zu den Materien eines so weit verstandenen Wirtschaftsrechts (Investitionsplanung, Wirtschaftsförderung) läßt sich aus Art. 74 Nr. 11 GG keine Zuständigkeit des Bundes zur Regelung der Stadtentwicklung ableiten. Auch dort, wo der Bund heute Länder und Gemeinden in ihrer Wirtschaftsführung seinem Wirtschaftsverwaltungsrecht unterstellt, bleibt Art. 74 Nr. 11 GG soweit dem traditionellen Begriff des an der gewerbsmäßigen Unternehmerwirtschaft orientierten Recht der Wirtschaft verhaftet, daß nur für die für Unternehmer und öffentliche Wirtschaftsführung einheitlich geltenden Normen die Zuständigkeit aus Art. 74 Nr. 11 GG genommen werden kann. Es bleibt dem Bund verwehrt, gestützt auf diese Bestimmung ein speziell auf Länder und Gemeinden zielendes Sonderrecht zu statuieren[71]). Andernfalls würden die detaillierten Vorschriften über die Steuer- und Haushaltsgesetzgebung (Art. 105, 109 GG) ausgehöhlt. Eine bundesgesetzliche Regelung der Entwicklungsplanung wäre im Rahmen des Art. 74 Nr. 11 GG ein solches Sonderrecht, das speziell für einen Teil der öffentlichen Hand spezielle Finanz- und Wirtschaftsplanungsaufgaben schafft. Über das Medium des Wirtschaftsverwaltungsrechts auf das Finanzgebaren der Gemeinden Einfluß nehmen kann der Bund aber nur, wenn er sich ganz allgemein zu einem entsprechenden Dirigismus der Wirtschaft entschlösse[72]).

C. Art. 91 a Abs. 2 und 3 GG als kompetenzbegründende Norm

Durch das 21. Gesetz zur Änderung des Grundgesetzes vom 12. 5. 1969 (BGBl. I S. 359 — Finanzreformgesetz) ist die Institution der Gemeinschaftsaufgaben (Art. 91 a) in das Grundgesetz eingeführt worden. Als Gemeinschaftsaufgabe kommt u. a. in Betracht (Art. 91 a Abs. 1 Nr. 2) die
„Verbesserung der regionalen Wirtschaftsstruktur".

Im Zusammenhang mit dieser Verwaltungsaufgabe sind dem Bund in Art. 91 a Abs. 2 und 3 GG einige spezielle Gesetzgebungskompetenzen verliehen worden. Die Bestimmungen lauten:
Abs. 2:
„Durch Bundesgesetz mit Zustimmung des Bundesrates werden die Gemeinschaftsaufgaben näher bestimmt. Das Gesetz soll allgemeine Grundsätze für ihre Erfüllung enthalten."
Abs. 3:
„Das Gesetz trifft Bestimmungen über das Verfahren und über Einrichtungen für eine gemeinsame Rahmenplanung. Die Aufnahme eines Vorhabens in die Rahmenplanung bedarf der Zustimmung des Landes, in dessen Gebiet es durchgeführt wird."

Bei den Verflechtungen zwischen Stadtentwicklung und regionaler Wirtschaftsstruktur ließe sich daran denken, eine bundesgesetzliche Regelung der Stadtentwicklung in den Kompetenzzuweisungen des Art. 91 a Abs. 2 und 3 GG zu verankern.

---

[70]) AfK 1966, S. 2 ff., 34.
[71]) KÖTTGEN, a. a. O., S. 35.
[72]) KÖTTGEN, a. a. O.; STERN-MÜNCH: Stabilitätsgesetz, S. 63.

Die Zuständigkeiten zur Gesetzgebung des Bundes sind im Rahmen des Art. 91 a GG jedoch von vornherein auf Spezialfälle beschränkt. Die Gemeinschaftsaufgaben sind primär Verwaltungsaufgaben. Die Gesetzgebungskompetenzen, die im Zusammenhang mit ihnen begründet worden sind, richten sich allein auf das Ziel, diese Verwaltungsaufgaben näher zu regeln; es geht in ihnen dagegen nicht um eine selbständige normative Erfassung regionaler Wirtschaftsstrukturmaßnahmen. Diese Abhängigkeit von der Verwaltungsaufgabe beschränkt die nach Art. 91 a GG ergehenden Gesetze auf jene Bereiche, in denen auf Grund der Bund-Länder-Planung entsprechende Gemeinschaftsvorhaben durchgeführt werden sollen. Das Ausführungsgesetz zu Art. 91 a Abs. 1 Nr. 3 GG, das Gesetz über die Gemeinschaftsaufgabe „Verbesserung der regionalen Wirtschaftsstruktur" vom 6. 10. 1969 (BGBl. I S. 1861), zeigt diese Abhängigkeit deutlich, wenn es in § 1 Abs. 2 gewisse Gebiete typenmäßig festlegt, in denen Förderungsmaßnahmen durchgeführt werden; durch den nach § 4 vorgesehenen Rahmenplan werden diese Förderungsgebiete dann konkretisierend genannt (§ 5 Nr. 1)[73]). Es ist wahrscheinlich, daß Stadtentwicklungsmaßnahmen im Einzelfall mit Maßnahmen zur Verbesserung der regionalen Wirtschaftsstruktur im Zusammenhang stehen oder sogar zusammenfallen[74]); sie können daher im Rahmenplan nach § 5 Nr. 3 des Ausführungsgesetzes aufgeführt sein. Das alles aber betrifft ein *einzelnes* Stadtentwicklungsprojekt, nicht die Stadtentwicklung als ein allgemeines, nicht auf besonders ausgewiesene Förderungsgebiete beschränktes Phänomen. Dieser spezielle Maßnahmebezug der Gemeinschaftsaufgaben verbietet es, eine Kodifizierung der Stadtentwicklung kompetenzmäßig in Art. 91 a Abs. 2 oder 3 GG zu verankern.

Zweiter Abschnitt: Kompetenzen des Bundesgesetzgebers zu einer rahmen- oder grundsatzgebenden Regelung der Stadtentwicklungsplanung

Zuständigkeiten des Bundes, die Stadtentwicklung wenigstens in einer Grundsatz- oder Rahmengesetzgebung zu erfassen, die dann ihrerseits durch die Landesgesetzgeber weiter auszufüllen wäre, können sich aus Art. 109 (Finanzplanung) und aus Art. 75 Nr. 4 (Raumordnung und Landesplanung) ergeben — je nachdem, ob man die Stadtentwicklung von ihren finanzpolitischen oder von ihren raumbedeutsamen Bezügen her angeht.

*Rahmen*gesetzgebung (Art. 75 GG) und *Grundsatz*gesetzgebung nach Art. 109 GG unterscheiden sich, wie zur Klarstellung der unterschiedlichen Terminologie gesagt werden muß, in ihrem zulässigen Regelungsumfang praktisch nicht. In beiden Fällen handelt es sich um eine inhaltlich beschränkte Kompetenz. Gesetze, die sich auf sie stützen, müssen ausreichenden Spielraum für eine landesgesetzliche Ausfüllung lassen. Sie müssen nach einer gängigen Formulierung aus der Weimarer Praxis „ausfüllungsfähig wie ausfüllungsbedürftig" sein[75]). Beide Kompetenzen berechtigen aber nicht nur zur Auf-

---

[73]) Dazu Tiemann: Gemeinschaftsaufgaben von Bund und Ländern in verfassungsrechtlicher Sicht, S. 231 ff.
[74]) Vgl. das Anschauungsmaterial bei Brügelmann-Cholewa-v. d. Heide: ROG Anh. zu § 2: Kommunale Wirtschaftsförderung/Regionale Wirtschaftspolitik.
[75]) Maunz-Dürig-Herzog: Art. 109 Rdn. 30; Stern-Münch: Stabilitätsgesetz, S. 68; Möller: Stabilitätsgesetz, S. 69 f.; Piduch: Bundeshaushaltsrecht, Art. 109 Rdn. 35 ff. Da der in Art. 109 Abs. 3 GG bezeichneten Grundsatzgesetzgebungskompetenz ist — anders als bei der Rahmengesetzgebungskompetenz nach Art. 75 GG — eine Prüfung, ob ein Bedürfnis nach bundeseinheitlicher Regelung besteht (Art. 72 Abs. 2 GG) nicht erforderlich. Da aber Art. 72 Abs. 2 GG eine effektive Filterwirkung in der Gesetzgebungspraxis nicht hat entfalten können (Bullinger: DÖV 1970, 761 ff., 764), ist dieser Unterschied theoretischer Natur.

stellung von Richtlinien an den Landesgesetzgeber, sondern auch zur Schaffung unmittelbar geltender Rechtssätze[76]). Die nach Art. 109 GG vom Bundesgesetzgeber normierten Grundsätze binden, wie der Text des Art. 109 Abs. 3 GG ausdrücklich sagt, Länder und Bund gemeinsam. Dem Bund ist es daher verwehrt, einmal aufgestellte Grundsätze für einen Bereich abzuändern[77]).

A. Stadtentwicklungsplanung und Rahmengesetzgebungskompetenz nach Art. 75 Nr. 4 GG

Art. 75 Nr. 4 GG verleiht dem Bunde das Recht der Rahmengesetzgebung für die Materien
„die Bodenverteilung, die Raumordnung und den Wasserhaushalt".

Der Tatbestand faßt drei selbständig nebeneinander bestehende Kompetenzbereiche zu einer Trias zusammen, ohne daß daraus eine Gesamtmaterie gebildet würde[78]). Das starke raumbezogene Element in der Stadtentwicklung legt es nahe, in der Tatbestandsvariante „Raumordnung" einen Anknüpfungspunkt für eine bundesgesetzliche Rahmenregelung der Stadtentwicklung zu suchen.

1. Die überkommene Begriffsbestimmung des Wortes „Raumordnung"

1. Jüngere Systematisierungsversuche

Weder in der Gesetzsprache noch in Wissenschaft und Praxis hat sich bisher ein völlig einheitlicher und anerkannter Gebrauch des Wortes Raumordnung und der benachbarten Begriffsschöpfungen (Landesplanung, Raumplanung) herausgebildet. Das liegt daran, daß Raumordnung ein relativ neues öffentliches Aufgabengebiet ist, das zudem unter den Anforderungen einer sozialstaatsorientierten Industriegesellschaft in den wenigen Jahrzehnten seiner bewußten Existenz einen beschleunigten Entwicklungsprozeß durchgemacht hat. Historische Fragestellungen und Entwicklungslinien schwingen daher stark und häufig einander überlagernd in diesem Begriff mit und haben einen juristisch schwer faßbaren Bedeutungssynkretismus zur Folge.

Exkurs. Allerdings läßt die jüngste wissenschaftliche Literatur in einigen Punkten Zwischenergebnisse exakterer Systematisierungsversuche erkennen, die auf einen sich langsam einbürgernden präziseren Sprachgebrauch hoffen lassen. Diese Zwischenergebnisse sollen vorab in Umrissen skizziert werden.

In dem Begriff Raumordnung — zunächst unreflektiert verwendet — sind mindestens zwei Bedeutungsschichtungen enthalten. Einmal kann mit diesem Terminus der jeweilige tatsächliche Zustand der Zuordnung der Menschen zum Raume eines bestimmten Gemeinwesens bezeichnet werden. Für diese *statische* Bedeutung ist seit dem Gutachten des Sachverständigen-Ausschusses für Raumordnung mehr und mehr

---

[76]) BVerfGE 4, 115 ff., 128 f.
[77]) MAUNZ-DÜRIG-HERZOG: Art. 109 Rdn. 30.
[78]) MAUNZ-DÜRIG-HERZOG: Art. 75 Rdn. 38 sprechen von einem „sehr losen gegenseitigen Zusammenhang."

die Bezeichnung „räumliche Ordnung" aufgekommen[79]). Die zweite Bedeutung des Wortes Raumordnung ist *dynamisch*. Der Begriff wird hier im Sinne einer wertbetonten und normativen Ordnungsvorstellung gebraucht und charakterisiert dieses Phänomen als etwas dem Staat und seinen Gliedkörperschaften Aufgegebenes[80]). Raumordnung wird hier also als ein öffentlicher Gestaltungsauftrag begriffen. Dieser Auftrag ist auf eine sehr komplexe Aufgabe gerichtet; es geht darum, „unter dem Gesichtspunkt einer regionalen Strukturpolitik für eine Koordinierung und Ausrichtung der verschiedenen Fachplanungen und öffentlichen Investitionen zu sorgen[81]). In dieser Bedeutungsvariante, die man als Hauptbedeutung des heutigen Sprachgebrauchs bezeichnen kann, werden die starken entwicklungsbetonten Aspekte des raumordnerischen Gestaltungsauftrages sichtbar[82]). Etwas von dieser Bedeutung steht hinter § 1 Abs. 1 des Raumordnungsgesetzes des Bundes (BROG) vom 8. April 1965 (BGBl. I S. 306), wenn es dort heißt: „Das Bundesgebiet ist in seiner allgemeinen räumlichen Struktur einer Entwicklung zuzuführen, die der freien Entfaltung der Persönlichkeit in der Gemeinschaft am besten dient. Dabei sind die natürlichen Gegebenheiten sowie die wirtschaftlichen, sozialen und kulturellen Erfordernisse zu beachten." Die diese Entwicklungsaufgabe angreifende Tätigkeit des Staates wird als *Raumordnungspolitik* bezeichnet[83]). Das Beiwort Politik verdeutlicht noch einmal das aktiv-gestalterische Moment in dem Sprachgebrauch der Raumordnung. Zugleich wird damit die Nähebeziehung zu den fachlich speziellen Disziplinen raumbezogener Staatspolitik deutlich: z. B. der Strukturpolitik und der regionalen Wirtschaftspolitik[84]).

Das mit der Raumordnung häufig zu Unrecht synonym gebrauchte Wort *Raumplanung* hat von vornherein einen eingeschränkteren Bedeutungsgehalt. Der sich jetzt abzeichnende einheitlichere Sprachgebrauch versteht unter Raumplanung einen Teilbereich der Raumordnung, „oder besser eines ihrer administrativen Instrumente"[85]). Neben er Raumplanung gibt es eben noch andere Instrumente der Raumordnung, etwa das Instrumentarium der öffentlichen Investitions- und Infrastrukturpolitik. Aus diesem Nebeneinander erhellt zugleich, daß bei der Raumplanung das entwicklungsbezogene, die Durchführung der Planung umgreifende Moment zwar nicht gänzlich ausgeklammert ist, aber doch mehr im Hintergrund steht. In einem weiten Sinne verstanden kann Raumplanung sowohl fachliche Raumplanung (z. B. Verkehrswegeplanung) als auch Gesamtplanung sein. Jedenfalls die Zusammensetzung „Raumplanungsrecht" erfaßt Gesamt- und Fachplanungsrecht[86]). Um einer eindeutigen Begriffsbildung willen sollte man aber Raumplanung in einem engeren Sinne als Gesamtplanung verstehen, weil sich sonst für das Recht der Gesamtplanung im Gegensatz zum Fachplanungsrecht doch wieder die unglückliche Bezeichnung „Raum-

---

[79]) Die Raumordnung in der Bundesrepublik Deutschland — Gutachten des Sachverständigenausschusses für Raumordnung, 1961 (SARO-Gutachten), S. 9; BRÜGELMANN-CHOLEWA: ROG vor § 1 Anm. I 2 b; ZINKAHN-BIELENBERG: BROG § 1 Rdn. 1; KÖHNEN: Verfassungs- und Verwaltungsfragen der Raumordnung und Raumplanung, S. 1; KÜHL: Landesplanung in Schleswig-Holstein. S. 20 f.; HOHBERG: Landesplanung, S. 39.

[80]) SARO-Gutachten, S. 9 f. und die in der vorstehenden Anmerkung zitierte Literatur.

[81]) ERNST-ZINKAHN-BIELENBERG: BBauG Einl. Rdn. 59.

[82]) G. MÜLLER (Hdwb. der Raumforschung und Raumordnung, Sp. 2460) bezeichnet die auf Raumordnung abstellende Tätigkeit als „raumgestaltende Leistungsverwaltung".

[83]) SARO-Gutachten, S. 10; W. WEBER: DÖV 1963, S. 785 f.

[84]) Vgl. ERNST-ZINKAHN-BIELENBERG: BBauG Einl. Rdn. 87; W. WEBER, a. a. O., *derselbe:* Gutachten für den 45. DJT, S. 1 f.

[85]) W. WEBER, a. a. O., S. 786; SARO-Gutachten, S. 10; ZINKAHN-BIELENBERG: BROG § 1 Rdn. 1; KNECHT: Landesplanungsrecht von Rheinland-Pfalz, S. 14; KÖHNEN, S. 4 ff.; FORSTHOFF-BLÜMEL: Raumordnungsrecht und Fachplanungsrecht, S. 17 mit weiteren Nachweisen.

[86]) FORSTHOFF-BLÜMEL, S. 17 f.

ordnungsrecht" einschleicht, die wegen der umgreifenderen Bedeutung als Bezeichnung für das Gesamt(raum)planungsrecht auf jeden Fall vermieden werden sollte.

Innerhalb der Raumplanung als Gesamtplanung kann man mehrere Planungsebenen unterscheiden: Bundesplanung (häufig auch als Bundesraumordnung bezeichnet), Landesplanung, Regionalplanung, Ortsplanung[87]). Bei der *Landesplanung* läßt sich eine Bedeutungsverschiebung zugunsten des föderalen Aspektes beobachten: Ursprünglich bedeutete „Land" in der Wortverbindung soviel wie Territorium oder Gebiet, so daß man „Landesplanung" im Sinne eines Oberbegriffs jedweder Art raumordnerischer Gebietsplanung (Raumplanung) verstehen konnte. Mehr und mehr aber setzte sich ein Sprachgebrauch durch, bei dem mit „Landesplanung" die in die Zuständigkeit der Bundesländer fallende spezifisch staatliche Planungsverantwortung für das gesamte Bundesland gemeint ist[88]). In dieser letzteren Bezeichnung markiert es dann eine Planungsebene im föderalen Staatsaufbau. Besondere Schwierigkeiten bereitet die Eingliederung der gemeindlichen *Bauleitplanung* in dieses System. Überwiegend wird sie als Gesamtplanung angesprochen und dann mit der Planungsebene „Ortsplanung" gleichgesetzt[89]). Teilweise wird ihr nur die Bedeutung einer Fachplanung zuerkannt. Hinter diesem Streit stehen nicht terminologische, sondern materielle Zuordnungsgesichtspunkte. Daher wird an späterer Stelle ausführlicher auf diese Auseinandersetzungen einzugehen sein.

Die sich in jüngster Zeit abzeichnende klarere Begriffsbildung bei dem Worte Raumordnung ist ein Ergebnis der mit der Materie „Raumordnung und Landesplanung" befaßten wissenschaftlichen Literatur. Diese Literatur ist regelmäßig auf materiale planerische Fragen ausgerichtet. Um die Materie selbst in eine durchsichtigere Systematisierung zu bringen, werden die terminologischen Festlegungen und Ausgrenzungen vorgenommen. Dagegen fehlt diesen neusten Systematisierungsversuchen regelmäßig die Ausrichtung auf die spezielle staatsrechtliche Kompetenzfrage im Rahmen des Art. 75 Nr. 4 GG. Auf diesen Aspekt der verfassungsrechtlichen Begriffsbildung aber kommt es für die vorliegende Untersuchung allein an. In dieser Hinsicht hatte der Begriff Raumordnung lange vor den jüngsten terminologischen Abklärungen eine Festlegung durch das Baurechtsgutachten des Bundesverfassungsgerichts erhalten, die — vergleicht man sie heute mit dem neueren technischen Sprachgebrauch — in manchen Punkten archaisch anmuten muß. Die Kommentarliteratur zum Grundgesetz, die an das Bundesverfassungsgericht anknüpft, ist denn auch gegenüber der Weite der raumordnerischen Aufgabenstellung, wie sie die planerische Fachliteratur umreißt, auffallend zurückhaltend[90]).

Diese Beobachtung wird hier herausgestellt, um zu verdeutlichen, daß bei dem grundgesetzlichen Kompetenzbegriff „Raumordnung" vorsichtiger mit dem Institut eines begriffs- und verfassungsimmanenten Bedeutungswandels gearbeitet werden muß, als das bei dem Tatbestand „Bodenrecht" (Art. 74 Nr. 18 GG) der Fall war. Dort zeigte sich die

---

[87]) FORSTHOFF-BLÜMEL, S. 19 f.; KÜHL, S. 17.

[88]) W. WEBER: DÖV 1963, S. 786 FN 4.

[89]) BRENKEN-SCHEFER: Handbuch der Raumordnung und Raumplanung, S. 67; HOHBERG, S. 55; BREUER, S. 42; FORSTHOFF-BLÜMEL, S. 21 mit weiteren Nachweisen FN 17; a. M. ZINKAHN-BIELENBERG: BROD § 5 Rdn. 14 (S. 120 f.).

[90]) Regelmäßig werden die Formulierungen des Baurechtsgutachtens wiederholt; so bei MAUNZ-DÜRIG-HERZOG: Art. 75 Rdn. 39; LEIBHOLZ-RINCK: Art. 75 Rdn. 4; lediglich v. MANGOLDT-KLEIN, Art. 75 Anm. X 2, fügen hinzu: „Raumordnung schließt zwar nicht das Aufstellen von Wirtschaftsplänen und das Verteilen von Wirtschaftszweigen oder -betrieben über das Bundesgebiet mit ein, ist aber infolge ihrer Einflußnahme auf die Standortbedingungen von Wirtschaftsbetrieben auch ein Mittel der Wirtschaftsordnung und Wirtschaftslenkung."

Fortentwicklung in den Aufgabenstellungen des Bundesbau- und des Städtebauförderungsgesetzes selbst; der Begriff „Städtebaurecht" war mehr ein Akzidens. Ob man dagegen die in den aufgezeigten Systematisierungsversuchen deutlich werdenden Tendenzen eines extensiven Raumordnungsverständnisses so stark gewichten kann, daß sie schlechthin für die verfassungsgestzliche Begriffsbildung maßgebend sind, bedarf jedenfalls einer eingehenden Untersuchung, die die historischen Bedeutungsschichten mit einbezieht.

2. „Raumordnung" in der Auslegung des Bundesverfassungsgerichts

Im Baurechtsgutachten wird zum Begriff „Raumordnung" festgestellt[91]):

„Die überörtliche Planung fällt unter den Begriff der ‚Raumordnung' im Sinne des Art. 75 Nr. 4 GG. Diese ist zusammenfassende, übergeordnete Planung und Ordnung des Raumes. Sie ist übergeordnet, weil sie überörtliche Planung ist und weil sie vielfältige Fachplanungen zusammenfaßt und aufeinander abstimmt."

In den folgenden Erörterungen gibt das Bundesverfassungsgericht einen kurzen historischen Überblick über die unter dem seit 1935 in der Gesetzessprache üblichen Begriff „Raumordnung" zusammengefaßten Verwaltungstätigkeiten. Dabei wird vor allem die überörtlich-zusammenfassende Funktion der Raumordnung herausgestellt. Seine Sicht der historischen Bedeutungsentwicklung faßt das Gericht in dem Satz zusammen: „Auch in der Nachkriegsgesetzgebung wird die Bezeichnung ‚Raumordnung' durchweg nur für die überörtliche Planung gebraucht." Für die Abgrenzung der Raumordnung von städtebaulichen Planung folgen dann die für die vorliegende Untersuchung wichtigen Feststellungen[92]):

„Raumordnung (Landesplanung) ist also etwas anderes als städtebauliche Planung. Daraus, daß dem Bund für die Raumordnung in Art. 75 Nr. 4 nur die Rahmenkompetenz gegeben ist, kann also nicht gefolgert werden, daß er auch für die städtebauliche Planung nur Rahmenvorschriften erlassen kann. Diese fällt vielmehr in der oben gegebenen Umgrenzung unter das „Bodenrecht" des Art. 74 Nr. 18 und steht damit der konkurrierenden Vollgesetzgebung des Bundes offen."

Die Ausführungen des Bundesverfassungsgerichts sind repräsentativ für das Verständnis der Raumordnung zu Beginn der grundgesetzlichen Ordnung. In ihrer verfassungsinterpretatorischen Bedeutung ergänzen sie die wenig ergiebigen Überlegungen des Parlamentarischen Rates als des historischen Verfassungsschöpfers[93]). Im einzelnen

---

[91]) BVerfGE 3, 407 ff., 425.
[92]) A. a. O., S. 427.
[93]) Im Parlamentarischen Rat haben über den Umfang und den Inhalt der in das Grundgesetz aufgenommenen, der Weimarer Reichsverfassung unbekannten Gesetzgebungskompetenz für die Raumordnung nur undeutliche Vorstellungen bestanden. Eingefügt wurde diese Kompetenz auf Antrag des Abgeordneten Dr. SEEBOHM in der 30. Sitzung des Hauptausschusses. In der Begründung zu diesem Antrag heißt es (vgl. JöR Bd. 1, S. 560 f.):
„Die Landesplanung gehört zur Zuständigkeit der Länder. Zur Landesplanung gehören u. a. die Gebiete der Raumordnung, der Boden- und Landschaftspflege sowie der Wasserhaushalt. Eine gewisse Koordination und Zusammenarbeit zwischen den Ländern unter behutsamer Mitwirkung des Bundes ist hierbei erforderlich."
Die weiteren Ausführungen lassen erkennen, daß mit der Rahmenkompetenz des Bundes ersichtlich nur eine die Ländergrenzen übergreifende Planung eingefangen werden sollte. Es wird nicht von „überörtlichen", sondern „übergebietlichen" Gesichtspunkten gesprochen. Daß dem Begriff „Raumordnung" selbst diese Dimensionierung vom zeitgenössischen Verständnis her nicht immanent ist, legt das Baurechtsgutachten des Bundesverfassungsgerichts, insofern weit über den historischen Verfassungsschöpfer hinausgehend, dar.

lassen sich aus dem Baurechtsgutachten drei Schichtungen im Bedeutungsgehalt herauskristallisieren, die — in wechselnder Gewichtung — für die weitere Entwicklung der Raumordnung von tragender Bedeutung geblieben sind. Es sind das die Akzente:
— örtlich — überörtlich,
— fachlich — überfachlich,
— entwicklungspolitisch (aktivplanerisch).

(a) Das Begriffspaar „örtlich — überörtlich" charakterisiert die ältesten in der Raumordnung wirksamen Traditionen. Es sind dies die Wurzeln der Entwicklung aus einer übergreifenden Stadtplanung heraus, wie sie sich zunächst in den städtischen Ballungsgebieten (Groß-Berlin, Ruhrkohlenbezirk, mitteldeutscher Industriebezirk) herausbildete[94]). Im Zentrum dieser ersten raumordnerischen Bemühungen steht das Stadt-Umland-Problem. Das in der Raumordnung nach wie vor dominierende gebietsbezogene Denken ist das Erbe dieser Primärstufe.

(b) Raumordnerische Planung ist allerdings nie *allein* örtlich-grenzüberschreitende Planung gewesen, sondern hat von Anfang an versucht, auch überfachliche bzw. fachlich-koordinierende Wirkungen zu entfalten. Neben die grenzüberschreitende Fluchtlinienfestsetzung treten Aufgaben der Verkehrs- und Grünflächenplanung, die in ihren raumbedeutsamen Auswirkungen koordiniert sein wollen. Das Koordinationsbedürfnis seinerseits führt dazu, auch fachlich übergreifende Rahmen- oder Programmpläne zu entwickeln[95]).

(c) Mit dem überfachlichen Gesichtspunkt findet auch das aktivplanerische Denken Eingang in die Raumordnung. Das hat seinen Grund einmal darin, daß in manchen Bereichen der Fachplanung der Staat sich ohnehin nie auf die Planung beschränkte, sondern anders als bei der städtebaulichen Planung die Plandurchführung regelmäßig gleichfalls in den staatlichen Initiativbereich fiel. Die verkehrsrechtlichen Planfeststellungsverfahren sind ein Beispiel dieses aktivplanerischen Elements. Zum andern wurden gerade in den Verdichtungsgebieten die Interdependenzen zwischen Bodenplanung, Bevölkerungsentwicklung und industrieller Standortwahl deutlich und die Steuerung dieser Verflechtungen notwendig. Der praeter legem ausgebildete Wirtschaftsplan des Siedlungsverbandes Ruhrkohlenbezirk und seine Fortentwicklung zum regionalen Gesamtplan[96]) oder Teil-Gebietsentwicklungsplan[97]) dokumentieren diese Tendenzen.

II. Traditionelle und neuere Gewichtungen der drei raumordnerischen Aspekte

1. Art. 75 Nr. 4 GG und rahmensetzende Gesamtregelung der Stadtentwicklung durch den Bundesgesetzgeber

Das Baurechtsgutachten des Bundesverfassungsgerichts gibt eine klare Antwort darauf, von welchem der drei erläuterten Aspekte es die Raumordnung dominierend bestimmt sieht: Das ist der überörtliche Aspekt. An dem Begriffsgegensatz „örtlich —

---
[94]) Dazu ausführlich UMLAUF: Landesplanung, S. 20 ff.
[95]) UMLAUF, a. a. O., bes. S. 23; KRAUS: Landesplanung und Städtebau, S. 10 ff.
[96]) ERNST: Raumordnung als Aufgabe der planenden Gesetzgebung und Verwaltung, Planung III, S. 129 ff., 135.
[97]) NEUFANG: DÖV 1963, S. 812 ff., 818.

überörtlich" scheiden sich für das Gericht Raumordnung (Landesplanung) und städtebauliche Planung. Legt man nach wie vor dieses Raumordnungsverständnis zugrunde, so ergibt sich für die Frage, ob Stadtentwicklung unter die Raumordnungskompetenz des Bundesgesetzgebers gezählt werden kann, eine ebenso klare — verneinende Antwort. Stadtentwicklung lebt bei allen überörtlichen Verflechtungen primär aus örtlichen Bezügen. Solange Raumordnung vorwiegend durch den Gesichtspunkt des Überörtlichen bestimmt wird, sind beide Materien kompetenzmäßig inkommensurabel.

Man muß aber daran zweifeln, ob das dem Baurechtsgutachten zugrunde liegende Raumordnungsverständnis noch den heutigen Gegebenheiten gerecht wird. Grund zu diesen Zweifeln bieten weniger die skizzierten neueren terminologischen Klarstellungsversuche, als vielmehr das praktische Bild der Raumordnung und der zu ihrem Teil dieses Bild mitbestimmenden Raumplanung. Es stellt sich ganz konkret die Frage, ob Raumordnung nach heutigem Verständnis so stark von entwicklungsplanerischen Bezügen bestimmt wird, daß die Dominanz des raumbezogenen Aspektes dadurch verdrängt und so der Weg frei wird, Raumordnung als eine durchgängige, alle Ebenen vom Bund bis zur Stadt umfassende Entwicklungsaufgabe zu interpretieren. Wäre das der Fall, so könnte eine bundesgesetzliche Regelung auch der Stadtentwicklung auf die Rahmenkompetenz des Art. 75 Nr. 4 GG gestützt werden.

Die Bedeutung des entwicklungsplanerischen Gesichtspunktes für die Raumordnung ist im Raumordnungsgesetz des Bundes gesehen worden[98]. Die Raumordnungsgrundsätze des § 2 BROG bringen den Entwicklungsgedanken in vielfältigen Variationen zum Ausdruck („entwickeln", „verbessern", „zu schaffen", „anstreben"). Dementsprechend wird der Begriff der „raumbedeutsamen Planungen und Maßnahmen", für die § 3 Abs. 1, § 4 Abs. 1 BROG auf Bundes- und Landesebene Abstimmungspflichten begründen, weit interpretiert[99]. Gerade diese Tendenz zu einer weiten Interpretation der „Raumbedeutsamkeit" ist typisch für eine dem Vordringen des entwicklungsplanerischen Elements korrespondierende Verflüchtigung der primären Raumbezogenheit im Raumordnungsverständnis[100]. Im Bereich der Landes- und Regionalplanung findet der erstarkende entwicklungsplanerische Aspekt weitere Unterstützung. Die Landesplanungsgesetze bezeichnen die raumordnerischen Pläne teilweise ausdrücklich als Entwicklungspläne. Entwicklungsrichtzahlen und Aussagen über Infrastrukturplanungen finden in wachsendem Maße Aufnahme in diese Pläne[101]. Die regionalen Raumordnungspläne müssen Planungen und Maßnahmen auf den Gebieten der Wirtschaft, des Verkehrs, des Wohnungs- und Siedlungswesens und eine entsprechende Kostenübersicht enthalten[102]. Die Ausgestaltung der Entwicklungspläne im neugefaßten

---

[98] BIELENBERG: Entwicklungsplanung, S. 65 ff.

[99] ZINKAHN-BIELENBERG: BROG § 3 Rdn. 8; BRÜGELMANN-CHOLEWA-V. D. HEIDE: ROG § 3 Anm. V, 6.

[100] Ein erster Schritt zur Überwindung der unmittelbaren Bodenbezogenheit der Raumordnung stellte schon die seit langem vollzogene Abkehr von der sog. Bodennutzungstheorie dar (vgl. dazu ERNST-ZINKAHN-BIELENBERG: BBauG Einl. Rdn. 84, 87, 102).

[101] Nach Art. 13 Abs. 2 bayLPlG beispielsweise sind im Landesentwicklungsprogramm zu bestimmen (Nr. 4): „Richtzahlen für die durch raumbedeutsame Planungen und Maßnahmen anzustrebende Entwicklung der Bevölkerung und der Arbeitsplätze in den Regionen" — (Nr. 6 a. E.): „gleichzeitig sind die zur Erhaltung und Verbesserung der Lebens- und Wirtschaftsbedingungen erforderlichen Planungen und Maßnahmen vorzusehen". Der Landesentwicklungsplan nach § 3 hessLPlG hat zu enthalten (Nr. 2): „die staatlichen Fach- und Investitionsplanungen, die der Verbesserung der Raumstruktur des Landes dienen sollen".

[102] Vgl. Nr. 5 und 9 hess. Landesraumordnungsprogramm vom 18. 3. 1970 (GVBl. S. 265); § 4 Abs. 1 Buchst. c NROG.

schleswig-holsteinschen Landesplanungsgesetz vom 13. 4. 1971 (GVBl. S. 152) bildet ein Anzeichen für eine gesetzliche Verfestigung dieses Umformungsprozesses[103]).

Das alles sind Indizien, die die Wandlung der Raumordnung zu einem entwicklungsplanerischen Phänomen kennzeichnen. Aber diese Wandlung ist noch nicht abgeschlossen. In großen Bereichen fehlt den raumordnerischen Plänen bisher der Maßnahmebezug ebenso wie der Zeit- und Finanzbezug[104]), deren Einbeziehung erst den Durchbruch des entwicklungsplanerischen Elements manifest machen würde[105]). Für die rechtswissenschaftliche Frage nach den Bundeskompetenzen einer Stadtentwicklungsregelung wesentlich ist die Feststellung, daß die Raumordnung bisher noch nicht *so eindeutig* von dem entwicklungsplanerischen Gedanken beherrscht wird, daß sie unter Zurücksetzung ihrer überkommenen raumbezogen-überörtlichen Ausrichtung als einheitliche Entwicklungsaufgabe aller Planungsebenen verstanden werden kann. Die in der Raumordnung nach wie vor wirksamen Traditionen des raumbezogen-überörtlichen Denkens verbieten es, in ihn als verfassungsgesetzlichen Kompetenzbegriff die Zuständigkeit des Bundesgesetzgebers zu einer Vollregelung der Stadtentwicklung hineinzuinterpretieren. Dieses Ergebnis mag bei einem zugrunde zu legenden dynamischen Verständnis der verfassungsrechtlichen Begriffe in angemessenem Abstand zu korrigieren sein; die Praxis der Raumordnung ist in einer starken Bewegung, die nicht ohne Einfluß auf die rechtliche Beurteilung bleiben kann. Für den Augenblick jedoch scheidet Art. 75 Nr. 4 GG als kompetenzbegründende Norm einer Vollregelung der Stadtentwicklung aus.

2. Art. 75 Nr. 4 GG und Teilregelungen

Auch hier stellt sich die Frage, ob der Bundesgesetzgeber nicht wenigstens Teilregelungen der Stadtentwicklung auf Art. 75 Nr. 4 GG stützen kann.

Dabei muß sogleich ein grundsätzlicher Einwand behandelt werden: Bei der Auslegung der Begriffe „Bodenrecht" und „Städtebau" ist die auch in diesen Kompetenzbereichen vorhandene Tendenz zur Hineinnahme entwicklungsplanerischer Belange sichtbar geworden. Das Städtebauförderungsgesetz wird diesen Zug künftig verstärken. Städtebau und Raumordnung stehen in konvergenten Bewegungen. Der Streit darüber, ob die Bauleitplanung zur raumordnerischen Planung der Ortsebene geworden oder aber eine (potenzierte) Fachplanung geblieben ist, markiert diese Bewegungen. Man könnte daher überlegen, ob nicht der als „Städtebaurecht" verstandene Art. 74 Nr. 18 GG alle raumentwicklungsplanerischen Elemente der Ortsebene resorbiert und damit auch Teilregelungen der Stadtentwicklung nach Art. 75 Nr. 4 GG ausschlösse.

Eine solche Systematisierung der Gesetzgebungszuständigkeiten, wie sie ähnlich noch dem Baurechtsgutachten des Bundesverfassungsgerichts zugrunde liegt, würde aber den Sachgesetzlichkeiten des auf breiter Front vordringenden entwicklungsplanerischen

---

[103] § 11 Abs. 2 schl.-holst. LPlG lautet: „In den Kreisentwicklungsplänen sind die raumbeanspruchenden und raumbeeinflussenden öffentlichen Planungen und die daraus folgenden Maßnahmen entsprechend ihrer Dringlichkeit und unter Berücksichtigung ihres Finanzbedarfs darzustellen, die (1.) im Planungszeitraum erforderlich sind, um die gesetzlich oder in einem Raumordnungsplan festgelegten Ziele der Raumordnung und Landesplanung zu verwirklichen, (2.) einer Finanzhilfe von Kreis, Land oder Bund bedürfen und (3.) nicht nur örtliche Bedeutung haben."

[104] WAGENER, DUBl 1970, 93 ff.

[105] Auf Bundes- und Landesebene stehen einer solchen totalen Inkorporation aller Finanz- und sonstigen Fachplanungen in die Raumplanung zudem noch die unausgestandenen Fragen der Ministereigenverantwortlichkeit (Art. 65 GG) entgegen.

Gedankens nicht gerecht. Für eine derartige kompetenzbedingte Einschnürnug der Stadtentwicklung besteht auch kein Anlaß. Die Raumordnung ist derjenige Kompetenzbereich, in den der Entwicklungsgedanke bisher am deutlichsten Eingang gefunden hat. Der Städtebau liegt demgegenüber (noch) zurück, und es scheint, daß sich an diesem Abstand zunächst — relativ — nichts ändern wird. Ebenso ist der überfachliche Aspekt in der Raumordnung ganz anders ausgeprägt als im Städtebau, in dem trotz aller überfachlichen Bezüge (§ 1 Abs. 4 und 5 BBauG) die direkte Bodennutzungsfrage nach wie vor eine wesentliche Rolle spielt. Gerade die vielfältigen überörtlichen und überfachlichen Verflechtungen einer Stadtentwicklungspolitik legen es nahe, — wenn überhaupt — so von der Raumordnungskompetenz her Teilkodifizierungen der Stadtentwicklung zu wagen. Allerdings wird man wegen der nach wie vor im Begriff Raumordnung wirksamen raumbezogen-überörtlichen Traditionen solche gesetzlichen Regelungen zunächst auf die überörtlichen Bezüge der Stadtentwicklung zu beschränken haben. Ausgangspunkt solcher Regelungen könnte der zum Entwicklungsplan ausgestaltete Regionalplan sein, an den die Planungen und Maßnahmen der Stadtentwicklung konkret und eng zu binden wären.

B. Stadtentwickulngsplanung und Grundsatzgesetzgebungskompetenz nach Art. 109 Abs. 3 GG

Art. 109 Abs. 3 (i. d. Fass. des 20. Ges. zur Änderung des GG vom 12. Mai 1969 — BGBl. I S. 357) lautet heute:

„Durch Bundesgesetz, das der Zustimmung des Bundesrates bedarf, können für Bund und Länder gemeinsam geltende Grundsätze für das Haushaltsrecht, für eine konjunkturgerechte Haushaltswirtschaft und für eine mehrjährige Finanzplanung aufgestellt werden."

Die Vorschrift schränkt den nach Art. 109 Abs. 1 GG noch fortbestehenden Grundsatz der Selbständigkeit und Unabhängigkeit von Bund und Ländern in ihrer Haushaltswirtschaft nachhaltig ein. Auf dieser Bundeskompetenz beruhen das Stabilitätsgesetz vom 8. Juni 1967 (BGBl. I S. 582) und das Haushaltsgrundsätzegesetz vom 19. August 1969 (BGBl. I S. 1273). Beide Gesetze enthalten ein finanzpolitisches Planungs- und Planausführungsinstrumentarium. Es liegt daher nicht fern, eine bundesgesetzliche Regelung der von der finanzpolitischen Seite her so sehr determinierten Stadtentwicklung auf die Kompetenz des Art. 109 Abs. 3 GG zu stützen, teilweise vielleicht sogar ein im Stabilitäts- oder im Haushaltsgrundsätzegesetz vorhandenes Instrumentarium kompetenzkonform weiterzuentwickeln.

I. Die Normadressaten der nach Art. 109 Abs. 3 GG zulässigen Grundsatzregelungen

Umstritten ist in der Literatur die Frage, ob der Bund mit einer Grundsatzgesetzgebung nach Art. 109 Abs. 3 GG auch die *gemeindliche* Haushaltswirtschaft erfassen kann. Der Streit entwickelt sich an der Auslegungsfrage, ob der Begriff „Länder" in dieser Vorschrift nur den landesunmittelbaren Organisationsbereich abdecken oder auch den landesmittelbaren Bereich der Gemeinden und Gemeindeverbände erfassen soll[106]). Die Frage ist nicht identisch mit dem oben erläuterten Problem des Richtlinien- oder Durchgriffscharakters der Rahmengesetzgebungskompetenz. Es geht im konkreten Fall vielmehr darum, ob Art. 109 Abs. 3 GG eine spezielle Zuweisung insoweit trifft, daß er einem die Haushalts- und Finanzplanungsgrundsätze regelnden Bundesgesetz eine die Gemeinden und Gemeindeverbände umfassende Tiefenwirkung versagt.

1. Die Interpretation aus dem Sprachgebrauch

Der Sprachgebrauch des Grundgesetzes bei der Verwendung des Wortes Länder ist nicht einheitlich: Bald wird unter diesem Begriff die Gesamtheit des von der Landesstufe herabreichenden Organisationsbereichs verstanden, bald erscheinen die Gemeinden neben den Ländern. Zum Teil wechselt die Terminologie innerhalb ein und desselben Artikels, so in Art. 28 GG, der in Abs. 1 Satz 1 und Abs. 3 „Länder" im umfassenden[107], in Abs. 1 Satz 2 im eingeengten Sinne gebraucht. Das Beispiel zeigt zugleich, daß mit einer einheitlichen Determination des Inhalts, das Grundgesetz verfolge einen zweistufigen (Bund, Länder)[108] oder einen vierstufigen (Bund, Länder, Kreise, Gemeinden)[109] Staatsaufbau, nicht weiterzukommen ist.

Für die Interpretation des Begriffs „Länder" in Art. 109 Abs. 3 GG könnte es von Bedeutung sein, daß der folgende Absatz 4 dieser Bestimmung zwischen Ländern (im engeren Sinne) und Gebietskörperschaften differenziert. Daraus ließe sich immerhin folgern, daß das Grundgesetz dort, wo es den Bund zu konjunkturpolitischen Gesetzen ermächtigt, sehr genau die Tiefenwirkung eines damit verbundenen Eingriffs in die Landesgewalt festlege. Mit diesem Argument vertreten CHRISTOPH BÖCKENFÖRDE[110], ALEX MÖLLER[111] und THEO SPONHEUER[112] die Ansicht, auch in Art. 109 Abs. 3 GG umschreibe das Wort Länder nur den landesunmittelbaren Organisationsbereich, so daß einem haushaltswirtschaftlichen Grundsätzegesetz die Einbeziehung des kommunalen Finanzgebarens schlechthin verwehrt sei. Folgt man dieser Ansicht, so scheidet Art. 109 Abs. 3 als kompetenzbegründender Anknüpfungstatbestand für eine bundesgesetzliche Regelung der gemeindlichen Entwicklungsplanung von vornherein aus.

2. Die Interpretation aus Gesetzesgeschichte und Normzweck

Schon der variierende terminologische Gebrauch, den das Grundgesetz mit dem Begriff Länder bis hinein in die einzelnen Artikel treibt, zeigt aber, daß aus dem Wortsinn allein keine eindeutige Interpretation des Art. 109 Abs. 3 GG zu gewinnen ist. Der ergänzend heranzuziehende teleologische Auslegungstopos aber, wie er sich besonders an der Gesetzesgeschichte entwickeln läßt, weist gerade in die gegenläufige

---

[106] *Für eine* Einbeziehung der Gemeinden und Gemeindeverbände MAUNZ-DÜRIG-HERZOG: Art. 109 Rdn. 31; VOGEL-WIEBEL: Bonner Kommentar, Art. 109 Rdn. 174 f.: PIDUCH: Bundeshaushaltsrecht, Art. 109 Rdn. 56; THIEME: JZ 1972, 478 ff., 481 f. *Dagegen* die in FN 110—112 genannte Literatur.
[107] v. MANGOLDT-KLEIN: Art. 28 Anm. III 1 d (S. 700); STERN: Bonner Kommentar, Art. 28 Rdn. 197.
[108] So MAUNZ-DÜRIG-HERZOG: Art. 28 Rdn. 23; GÖNNENWEIN: Gemeinderecht, S. 247 FN 6.
[109] So STERN: Bonner Kommentar, Art. 28 Rdn. 78; KORTE: VerwArch. 1970, S. 1 ff.; 8 f.
[110] DÖV 1969, 744 f.
[111] Stabilitätsgesetz, S. 67 u. 212.
[112] Probleme des Stabilitäts- und Wachstumsgesetzes, S. 6 f.; ferner REINER SCHMIDT: Wirtschaftspolitik und Verfassung, S. 162 FN 56.

Richtung auf eine zulässige Einbeziehung der Gemeinden in die Grundsatzgesetzgebung nach Art. 109 Abs. 3 GG hin:

Als es darum ging, die klassische Unabhängigkeit der öffentlichen Haushaltsführungen (Art. 109 Abs. 1 GG) durch neuere volks- und finanzwirtschaftliche Erkenntnisse zu modifizieren, bildete die Einbeziehung der Gemeinden in die angestrebten Verflechtungen einen eigenen Beratungsgegenstand. Die mit der Erstellung eines Gutachtens über die Finanzreform in der Bundesrepublik Deutschland befaßte Sachverständigenkommission (Troeger-Kommission) wollte die Harmonisierung der Finanzgebarung von Bund, Ländern und Gemeinden freiwilligen Übereinkommen anheimgeben und nur für die Abwehr von Gefahren für das gesamtwirtschaftliche Gleichgewicht zeitlich begrenzte Regelungsbefugnisse der Bundesregierung zulassen[113]). Demgegenüber sah das abweichende Votum des Kommissionsmitglieds FISCHER-MENSHAUSEN gleich eine stärkere Einbeziehung von Ländern und Gemeinden in ein von Bundes wegen verordnetes Zwangsinstrumentarium vor[114]).

Die Regierungsvorlage zum 15. Änderungsgesetz zum Grundgesetz und zum Stabilitätsgesetz folgte in der Tendenz dem Minderheitsvotum. Es heißt dazu[115]):

„Im Gegensatz zur Auffassung der Finanzreform-Kommission hält es die Bundesregierung nicht für vertretbar, auf eine gesetzliche Verpflichtung auch der Länder und *Gemeinden* zur antizyklischen Haushaltsgestaltung zu verzichten und hierfür etwa den Weg ‚freiwilliger Übereinkommen' zu beschreiten... Art. 109 Abs. 2 GG legt deshalb allen öffentlichen Haushalten eine verfassungsrechtliche Pflicht zur antizyklischen Haushaltsgestaltung auf. Die vorgesehene Mitwirkung des Bundesrates bei Erlaß der Ausführungsvorschriften (Absatz 4) gibt die Gewähr dafür, daß bei der näheren Ausgestaltung dieser Pflicht die Belange der unmittelbaren und mittelbaren Landesverwaltung — insbesondere die Belange der *Gemeinden* und *Gemeindeverbände* — ausreichend gewährt sind."

Der wörtlich aus der Regierungsvorlage in das Grundgesetz übernommene Art. 109 Abs. 2 GG, der Bund und Länder verpflichtet, „bei ihrer Haushaltswirtschaft den Erfordernissen des gesamtwirtschaftlichen Gleichgewichts Rechnung zu tragen", wird von der herrschenden Meinung daher auch so verstanden, daß sich die Verpflichtung auch auf die Gemeindehaushalte erstreckt[116]).

Im Zuge der weiteren Arbeiten zur 15. Novelle zum Grundgesetz schlug der Bundesrat eine Präzisierung dieser künftigen Haushaltsverflechtungen vor. Diese Initiative bildete den Vorläufer zu Art. 109 Abs. 3 GG heutiger Fassung. Art. 109 Abs. 3 GG ist also seiner Gesamttendenz nach aus dem Zusammenhang mit Art. 109 Abs. 2 GG heraus zu interpretieren. Der Bundesratsvorschlag lautete[117]):

„Durch Bundesgesetz, das der Zustimmung des Bundesrates bedarf, können
1. Grundsätze für eine mehrjährige Finanzplanung und für eine konjunkturgerechte Haushaltswirtschaft aufgestellt (werden)
2. ..."

---

[113]) Gutachten über die Finanzreform in der Bundesreprblik Deutschland (1966), Tz 510 ff. Der Vorschlag begrenzter Regelungsbefugnisse für besondere wirtschaftliche Situationen ist eingegangen in den Art. 109 Abs. 4 GG n. F.

[114]) Gutachten über die Finanzreform, Tz 512 a.

[115]) Bundestags-Drucks. V/890, S. 11.

[116]) MAUNZ-DÜRIG-HERZOG: Art. 109 Rdn. 31; STERN-MÜNCH: Stabilitätsgesetz, S. 158; PIDUCH: Bundeshaushaltsrecht, Art. 109 Rdn. 25; a. M. MÖLLER: Stabilitätsgesetz, S. 64; SPONHEUER: Probleme des Stabilitäts- und Wachtumsgesetzes, S. 6.

[117]) Bundestags-Drucks. V/890, Anlage 3 S. 23.

In der endgültigen Fassung der 15. Änderungsgesetzes zum Grundgesetz vom 8. Juni 1967 (BGBl. I, 581) wurde dieser Bundesratsvorschlag zu einem selbständigen Absatz (Abs. 3) ausgeformt, im übrigen aber wörtlich übernommen.

Auf diesen Art. 109 Abs. 3 GG (Fass. 1967) vor allem baute das Stabilitätsgesetz auf — und zwar auch der für den vorliegenden Zusammenhang wichtige § 16 Abs. 1 StabG, der bundesgesetzlich eine direkte Verpflichtung der Gemeinden und Gemeindeverbände begründet, bei ihrer Haushaltswirtschaft den Zielen des § 1 StabG Rechnung zu tragen[118]. Während der Gesetzesberatungen war es im Rechtsausschuß des Bundestages über das Verhältnis des Art. 109 Abs. 3 GG (Fass. 1967) zu § 16 Asb. 1 StabG noch einmal zu einer Diskussion gekommen. Eine Minderheit machte geltend, das nach Art. 109 Abs. 3 GG zu erlassende Grundsätzegesetz könne die Gemeinden, die im Text des Art. 109 Abs. 3 GG nicht ausdrücklich aufgeführt seien, nicht direkt verpflichten[119]. Demgegenüber betonte die Mehrheit des Ausschusses, Art. 109 Abs. 3 GG (Fass. 1967) umfasse Regelungsbefugnisse auch gegenüber den Gemeinden und Gemeindeverbänden[120]. Der gleichen Auffassung war der Rechtsausschuß des Bundesrates[121]. Diese Meinung war die konsequente Ausführung jenes die ganze 15. Grundgesetznovelle durchziehenden Gedankens, wonach die von Bundes wegen vorgenommenen Verflechtungen der öffentlichen Haushaltswirtschaften auch die Gemeinden und Gemeindeverbände erfassen sollten. In der Kommentarliteratur wurde Art. 109 Abs. 3 (Fass. 1967) demgemäß interpretiert[122]. Für die Grundsatzgesetzgebung betreffend die konjunkturgerechte Haushaltswirtschaft und die mehrjährige Finanzplanung — nur diese beiden Materien nannte Art. 109 Abs. 3 GG (Fass. 1967) ja — konnte die Einbeziehung der Gemeinden daher als gesicherte Erkenntnis gelten.

Die heute geltende neue Fassung des Art. 109 Abs. 3 GG geht zurück auf das 20. Änderungsgesetz zum Grundgesetz. Sinn dieser Novellierung war es, die Kompetenz des Bundes zur Grundsatzgesetzgebung zu erweitern: Zu den bisherigen Grundsatzgesetzgebungskompetenzen
— konjunkturgerechte Haushaltswirtschaft,
— mehrjährige Finanzplanung,
sollte eine entsprechende Kompetenz für die Regelung des
— Haushaltsrechts
treten, um einheitlich der Fortentwicklung des Finanzwesens der reinen „Bedarfsdeckung" zur „Ordnungsfinanzpolitik" Rechnung tragen zu können[123].

Die neu hinzutretende Grundsatzregelung des Haushaltsrechts sollte allerdings nur den Bund und die Länder im engeren Sinne — also ohne Gemeinden und Gemeindeverbände — erfassen. Eine entsprechende Angleichung des kommunalen Haushaltsrechts sollte Sache der Länder bleiben, ohne daß dem Bund im Rahmen des Art. 109 Abs. 3 auch nur eine Grundsatzkompetenz für diesen Bereich beigelegt werden sollte. Das ergibt sich bereits aus der Regierungsbegründung zur 20. Grundgesetznovelle. Dort wird

---

[118] § 16 Abs. 1 StabG: „Gemeinden und Gemeindeverbände haben bei ihrer Hauhaltswirtschaft den Zielen des § 1 Rechnung zu tragen."
[119] Rechtsausschuß des Bundestages, 19. Sitzung vom 12. 10. 1966, Prot. S. 29 ff.
[120] 32. Sitzung vom 15. 2. 1967, Prot. S. 16 ff.
[121] Rechtsausschuß des Bundesrates, Sitzung vom 24. 5. 1967, Prot. S. 9.
[122] MÖLLER: Stabilitätsgesetz, S. 212; STERN-MÜNCH: Stabilitätsgesetz, S. 158; PIDUCH: Der Gemeindehaushalt 1969, S. 121 ff., 129.
[123] Bundestags-Drucks. V/3040, S. 31 (Begründung).

zwar wiederholt auf die Bedeutsamkeit einer alle öffentlichen Haushalte durchziehenden Haushaltssystematik hingewiesen[124]), die historischen Betrachtungen, insbesondere die Aufzählungen der bisherigen haushaltsrechtlichen Regelungen beziehen sich aber nur auf den Bundes- und die Länderhaushalte im engeren Sinne[125]). In den Beratungen der Bundestagsausschüsse wurde die Ausklammerung des Gemeindehaushaltsrechts aus der Bundeskompetenz nochmals unterstrichen. Auf Betreiben des Finanzausschusses, dem sich der Rechtsausschuß anschloß[126]), kam es zu folgendem Entschließungsantrag[127]):

> „Mit der Kodifizierung des Haushaltsrechts von Bund und Ländern ist u. a. beabsichtigt, eine koordinierte Finanzplanung von Bund, Ländern und Gemeinden zu erreichen (Gebot des Art. 109 Abs. 2 GG). Das kann jedoch nur dann erreicht werden, wenn auch das kommunale Haushaltsrecht so weit wie notwendig dem neuen Haushaltsrecht angepaßt wird. Die Regelung des kommunalen Haushaltsrechts ist Sache der Länder.
>
> Der Bundestag bittet daher die Landesgesetzgeber, das kommunale Haushaltsrecht dem für den Bund geltenden anzupassen."

Der Bundestag beschloß in seiner 204. Sitzung diesem Antrag entsprechend[128]).

Die im Gesetzgebungsverfahren so deutlich gewordene Beschränkung nur der neuen (dritten) Grundsatzgesetzgebungskompetenz für das Haushaltsrecht auf Bund und Länder im engeren Sinne fand aber in der Neufassung des Art. 109 Abs. 3 GG einen grammatikalisch mißverständlichen Ausdruck. Die von der Bundesregierung vorgeschlagene Neufassung des Art. 109 Abs. 3 GG, die mit einer geringfügigen Änderung dann auch Gesetz geworden ist, lautete:

> „Durch Bundesgesetz, das der Zustimmung des Bundesrates bedarf, können für Bund und Länder Grundsätze für das Haushaltsrecht, für eine konjunkturgerechte Haushaltswirtschaft und für eine mehrjährige Finanzplanung aufgestellt werden."

Indem die neue Materie (Haushaltsrecht) in ihrer Beschränkung auf Bund und Länder im Gesetzestext den beiden überkommenen Materien (Art. 109 Abs. 3 — Fass. 1967) vorangestellt wurde, entstand der Anschein, als ob sich die Beschränkung auf „Bund und Länder" — nun gleichsam vor die Klammer gezogen — auf alle drei Materien beziehen, also auch die beiden alten Kompetenzbereiche ergreifen und nachträglich beschneiden sollte.

Eine solche nachträgliche Beschränkung der schon bestehenden Bundeskompetenzen war aber mit keinem Worte in dem Gesetzgebungsverfahren zum 20. Änderungsgesetz zum Grundgesetz erwähnt worden[129]). Nach den ausführlichen Beratungen über Bundeskompetenzen zur Regelung konjunkturgerechten gemeindlichen Verhaltens, wie sie anläßlich der 15. Grundgesetznovelle in den parlamentarischen Gremien geführt worden waren, hätte man eine erneute Diskussion verlangen müssen, wenn man jetzt von dem seinerzeit zum Ausdruck gebrachten Mehrheitswillen hätte abweichen wollen. Eine nachträgliche Beschränkung lag aber auch gar nicht im Willen des Gesetzgebers. Diesem

---

[124]) A. a. O., Begr. Tz. 3, 7.

[125]) A. a. O., Begr. Tz 15—18.

[126]) Bericht des Rechtsausschusses (Berichterstatter Dr. ARNDT — Hamburg) zu Bundestags-Drucks. V/3605, S. 10.

[127]) Bundestags-Drucks. V/3605, S. 2.

[128]) Stenograph. Berichte, 204. Sitzung des 5. Deutschen Bundestages vom 11. 12. 1968, S. 11094 C.

[129]) CHR. BÖCKENFÖRDE: DÖV 1969, S. 744.

ging es vielmehr ausschließlich darum, dem Bund zusätzlich eine Kompetenz für eine Koordination seines Haushaltsrechts mit demjenigen der Länder im engeren Sinne zu verschaffen[130]). Hinsichtlich der Finanzplanung als einer der beiden schon vorhandenen Kompetenzen betonte die Begründung zum Regierungsentwurf nach wie vor die Bedeutung einer auch die gemeindliche Finanzplanung umfassenden Regelung. Es heißt dazu[131]):

„Das Gebot des Artikels 109 Abs. 2 GG, daß Bund und Länder bei ihrer Haushaltswirtschaft den Erfordernissen des gesamtwirtschaftlichen Gleichgewichts Rechnung zu tragen haben, kann im Ergebnis nur dann von Erfolg sein, wenn alle öffentlichen Haushalte gemeinsam in der notwendigen Richtung wirken. Voraussetzung hierfür ist zunächst, daß durch eine Koordinierung der Finanzplanungen von Bund, Ländern und Gemeinden ein zusammenfassender Überblick über den öffentlichen Gesamthaushalt gewonnen und somit die Grundlage für finanzpolitische Schwerpunktentscheidungen sowie für eine gesamtstaatliche Konjunktur- und Strukturpolitik geschaffen wird."

Es hätte also der Tendenz der gesamten dem 15. und 20. Änderungsgesetz zum Grundgesetz zugrunde liegenden Reform des haushalts- und konjunkturpolitischen Instrumentariums geradewegs widersprochen, wenn man die Gemeinden aus schon bestehenden Bundeskompetenzen wieder ausgeklammert hätte. In einem beschränkenden Sinne verstanden müßte Art. 109 Abs. 3 GG (Fass. 1969) dem § 16 Abs. 1 StabG nachträglich den Boden entziehen und ihn verfassungswidrig machen[132]).

Daß eine nachträgliche Beschränkung der schon bestehenden Bundeskompetenzen für die konjunkturgerechte Haushaltswirtschaft und die mehrjährige Finanzplanung dem Willen des verfassungsändernden Gesetzgebers zuwiderläuft, räumen auch CHRISTOPH BÖCKENFÖRDE und diejenigen ein, die eine solche Beschränkung heute für geltendes Recht halten. Sie meinen, der (mißverständlich formulierte) Wortlaut des Art. 109 Abs. 3 GG lasse keine andere Wahl. Diese Meinung ist unrichtig. Die Rechtswissenschaft kennt sehr wohl ein Mittel, um zu verhüten, daß statt des gesetzgeberischen Willens offensichtliche Formulierungsmängel Geschichte machen. Dieses Mittel ist die teleologische Reduktuion. Es handelt sich dabei um eine Interpretationsregel zur Ausfüllung verdeckter Gesetzeslücken, die dann anzuwenden ist, wenn das Gesetz gemäß seiner immanenten Teleologie einer Einschränkung bedarf, die der Text vermissen läßt[133]). Im vorliegenden Fall besteht die „Lücke" darin, daß die Einschränkung der Kompetenz auf Bund und Länder im engeren Sinne nicht — wie beabsichtigt — nur die Materie Haushaltsgrundsätze, sondern auch die beiden anderen Kopetenzbereiche erfaßt. Notwendig und mit der teleologischen Reduktion zu vollziehen ist also eine Einschränkung des (beschränkenden) Zusatzes „für Bund und Länder" auf die neu hinzugekommene Haushaltsgrundsätzekompetenz. Aus dieser Gesetzeskorrektur folgen als Teilergebnisse:

(a) Der Bund hat die Grundsatzkompetenz für Haushaltsgrundsätze. Diese Kompetenz ist auf eine Regelung des Bundeshaushaltsrechts und des Haushaltsrechts der Länder im engeren Sinne (ohne Gemeinden) beschränkt. Von dieser Zuständigkeit hat der Bund durch den Erlaß des Haushaltsgrundsätzegesetzes vom 19. August 1969 (BGBl. I S. 1273) Teil I (§§ 1—48) Gebrauch gemacht. Eine Reform des kommunalen

---

[130]) In der Regierungsbegründung zum Entwurf der 20. Grundgesetznovelle (Bundestags-Drucks. V/3040, S. 44 Tz 100) wird ausdrücklich nur von einer Erweiterung der Bundeskompetenzen gesprochen.
[131]) A. a. O., S. 38 Tz 47.
[132]) So CHR. BÖCKENFÖRDE: DÖV 1969, S. 744 f.; MÖLLER: Stabilitätsgesetz, S. 213.
[133]) LARENZ: Methodenlehre der Rechtswissenschaft, S. 369 ff.

Haushaltsrechts obliegt dem Landesgesetzgeber, ohne daß der Bundesgesetzgeber diese Reform weiter determinieren könnte. Entsprechende Vorarbeiten sind von der Arbeitsgemeinschaft der Innenminister der Bundesländer eingeleitet[134]).

(b) Der Bund hat die Grundsatzkompetenz zur Regelung einer konjunkturgerechten Haushaltswirtschaft für alle öffentlichen Haushalte, also auch derjenigen der Gemeinden und Gemeindeverbände[135]). Auf dieser Zuständigkeit beruhen wesentliche Teile des Stabilitätsgesetzes. Die im Rahmen einer Grundsatzgesetzgebung zulässige Mischung direkter Regelungen und solcher Normen, die der Konkretisierung durch die Länder bedürfen, zeigt sich in § 16 StabG, der in Absatz 1 die Gemeinden direkt auf die Ziele des § 1 festlegt, in Absatz 2 es dann aber den Ländern überläßt, durch geeignete Maßnahmen auf ein entsprechendes kommunales Verhalten hinzuwirken.

(c) Der Bund besitzt die Grundsatzkompetenz zur Regelung einer mehrjährigen Finanzplanung aller öffentlichen Planungsträger mit Einschluß der Gemeinden. Das Finanzplanungsrecht wird dabei nicht als ein schlichter Teilbereich des kommunalen Haushaltsrechts, sondern als verselbständigte Materie interpretiert. Ein Ausschnitt aus dieser Zuständigkeit ist in Teil II (§§ 49—57) des Haushaltsgrundsätzegesetzes eingegangen[136]). Der dort vorgesehene Finanzplanungsrat bezieht Vertreter der kommunalen Spitzenverbände ein (§ 51 Abs. 1 Nr. 3 HGrG) und unterstreicht dadurch noch einmal die Zugehörigkeit auch der gemeindlichen Finanzplanung zur übergeordneten Finanzplanung. Nach § 51 Abs. 2 HGrG gibt der Finanzplanungsrat Empfehlungen für eine Koordinierung der Finanzplanungen des Bundes, der Länder und der Gemeinden und Gemeindeverbände. Dabei soll auch eine einheitliche Systematik der Finanzplanungen aufgestellt werden (Satz 2). Der Bundesgesetzgeber hat sich hier darauf beschränkt, eine lockere Form der Koordination zu normieren. Der Finanzplanungsrat hat in seiner Sitzung vom 6. 3. 1969 eine erste Empfehlung für die „Einbeziehung der Gemeinden in die Finanzplanung" verabschiedet[137]). Darin werden die wesentlichen Regelungen dem Landesgesetzgeber zugewiesen. Die Arbeitsgemeinschaft der Innenminister der Bundesländer hat diese Tendenz aufgegriffen und einen „Musterentwurf eines Erlasses zur Aufstellung der Finanzplanungen durch die Gemeinden und Gemeindeverbände" herausgegeben[138]). Durch entsprechende Erlasse der Landesinnenminister sollen bis zur landesgesetzlichen Regelung der kommunalen Finanzplanung entsprechende Übergangsvorschriften geschaffen werden[139]).

Diese Ansätze sind zutreffend gewählt im Hinblick vor allem auf die notwendigen Detailregelungen der kommunalen Finanzplanung, die der Bund mit einer Grundsatzkompetenz nicht erfassen könnte. Festzustellen bleibt aber andererseits, daß der Bundesgesetzgeber seine Zuständigkeit zur Grundsatzregelung auch der kommunalen Finanzplanung mit den wenigen Bestimmungen des Haushaltsgrundsätzegesetzes noch nicht ausgeschöpft hat. Die Empfehlungen des Finanzplanungsrates und die Aktivität der Arbeitsgemeinschaft der Landesinnenminister können diese de iure bestehende Kompetenz

---

[134]) Dazu die Berichte von ELSNER: Städtetag 1969, S. 422 ff. und Städtetag 1970, S. 326 ff.

[135]) MAUNZ-DÜRIG-HERZOG: Art. 109 Rdn. 31; PIDUCH: Bundeshaushaltsrecht, Art. 109 Rdn. 25.

[136]) Dazu Einzelheiten bei PIDUCH: Bundeshaushaltsrecht, Drittes Kapitel, Vorbem. B (Finanzplanung).

[137]) Abgedr. Städtetag 1969, S. 177 ff.

[138]) Abgedr. bei ELSNER: Städtetag 1970, S. 328 ff.

[139]) Z. B. RdErl. des Innenministers NW vom 7. 7. 1970 (MBl. NW 1970, S. 1221); jetzt auch § 70 GO NW i. d. F. des Gesetzes vom 11. 7. 1972 (GVBl NW, S. 218).

nicht einschränken. So bleibt es nach wie vor zulässig, eine generelle Verpflichtung der Gemeinden zur mehrjährigen Finanzplanung durch Bundesgesetz zu begründen. Das gleiche gilt für bestimmte grundlegende Regelungen des Finanzplanungsverfahrens, wie sie das Bundesraumordnungsgesetz etwa parallel für die Regionalplanung aufstellt. Gerade das Aufeinanderzubewegen von Raum- und Finanzplanung kann es künftig nahelegen, eine der Landes- und Regionalplanung entsprechende Rahmen- (Grundsatz-)regelung der Finanzplanung bundeseinheitlich zu treffen.

II. Stadtentwicklung und Grundsatzkompetenz zur Regelung der mehrjährigen Finanzplanung

Zu untersuchen bleibt, inwieweit eine Grundsatzkompetenz des Bundesgesetzgebers zur Regelung der kommunalen mehrjährigen Finanzplanung auch die Materie Stadtentwicklung mit abdecken kann. Begriffen als eine integrierende Gesamtplanung, weist die Stadtentwicklungsplanung über den Bereich der Finanzplanung hinaus. Der finanz- und investitionspolitische Gesichtspunkt ist nur *ein* Aspekt der Stadtentwicklung, allerdings neben dem raumbezogenen Denkansatz der bedeutendste. Unmöglich erscheint es danach, den Gesamtbereich der Stadtentwicklung allein gestützt auf die Kompetenz des Art. 109 Abs. 3 GG in den Grundzügen zu regeln. Zulässig sind dagegen Koordinationsklauseln zwischen Finanz- und Raumplanung sowie ein stärkerer Einbau des finanzplanerischen Gesichtspunktes in aufsichtsbehördliche Genehmigungsvorbehalte. Es zeichnet sich hier eine Parallele zu jenen Bundeskompetenzen ab, die von dem raumbezogenen Ausgangspunkt der Stadtentwicklung her denken, so daß eine Kompetenzkombination zur Erfassung der Gesamtmaterie nicht ausgeschlossen erscheint.

Dritter Abschnitt: Kompetenzkombinationen und Zuständigkeiten des Landesgesetzgebers — Zusammenfassung —

A. Kompetenzkombinationen

Die bisherigen Untersuchungen haben zu dem Ergebnis geführt, daß keine der grundgesetzlichen Kompetenzbestimmungen *für sich allein* zu einer bundesgesetzlichen Gesamtregelung der Stadtentwicklung ermächtigt. Wohl aber bestehen Kompetenzbereiche, von denen aus der Bundesgesetzgeber partielle Normierungen vornehmen kann. Es sind dies:
— Art. 74 Nr. 18 GG für die städtebaulichen Bezüge der Stadtentwicklung;
— Art. 75 Nr. 4 GG für die überörtlichentwicklungsplanerischen Bezüge der Stadtentwicklung;
— Art. 109 Abs. 3 GG für die finanzplanerischen Bezüge.

Damit sind der raumbezogene und der finanzpolitische Bereich als die beiden Hauptgebiete der Stadtentwicklung kompetenzmäßig abgedeckt. Es stellt sich daher die Frage, ob ein die drei aufgeführten Kompetenzen kombinierendes Bundesgesetz nicht zu einer — wenigstens rahmensetzenden — Gesamtregelung der Stadtentwicklung führen kann.

Die einzelnen Tatbestände der grundgesetzlichen Kompetenzkataloge stehen nicht hermetisch abgegrenzt einander gegenüber. Sie lassen es selbstverständlich zu, daß sich ein Gesetzgebungsakt in seinen einzelnen Teilen auf unterschiedliche Kompetenzen stützt. Das gilt nicht nur für Kompetenzen gleichen Typs — z. B. mehrere Zuständigkeiten nach Art. 74 GG —, sondern auch für Gesetzgebungsrechte unterschiedlichen Typs, etwa eine additive Zusammenfügung der konkurrierenden Vollkompetenz mit Zuständigkeiten zu bloßer Rahmensetzung; denn innerhalb der Rahmengesetzgebung selbst sogar sind ja Mischungen direktverbindlicher Bestimmungen mit solchen, die sich nur an den Landesgesetzgeber richten, möglich. Dabei kann sich aus Gründen der Rechtsklarheit eine gesetzgeberische Aussage darüber, welchen unterschiedlichen Kompetenztypen die einzelnen Normen eines Gesetzes folgen, empfehlen.

Trotzdem erscheint es zweifelhaft, ob eine derart zulässige Kompetenzkombination den Gesamtbereich der Stadtentwicklung abdecken kann. In der Einleitung sind die verschiedenen Tendenzen, die in dem Begriff und in der Herausbildung der Stadtentwicklung wirken, herausgestellt worden. Wenn Stadtentwicklung vor allem als Koordination der Flächenplanung und der Finanzplanung verstanden werden soll, dann ist eine rahmensetzende Regelung dieses Koordinationsbemühens durch Bundesgesetz allerdings zulässig; denn es wird damit keine Kodifikation einer neu gebildeten, im grundgesetzlichen Kompetenzkatalog nicht enthaltenen Gesamtmaterie in Angriff genommen, sondern es werden einzelne Kompetenzbereiche miteinander abgestimmt. Die Vorschriften der Art. 74 Nr. 18, 75 Nr. 4, 109 Abs. 3 ermöglichen jede zu ihrem Teil bundesgesetzliche Klauseln, durch die die flächen- und finanzbezogenen Planungen und Maßnahmen koordinierend untereinander verknüpft werden. Außerdem ist die Kompetenz zur gesetzlichen Regelung der Raumordnung mit den bisherigen Bestimmungen zur Regionalplanung (§ 5 Abs. 3 BROG) nicht ausgeschöpft. Rahmensetzende Bestimmungen zum Typus des Regionalplans (Mindestinhalt, aktivplanerische Angaben) sind zulässig und könnten auch die Stadtentwicklung in ihren überörtlichen Bezügen bundesgesetzlich stärker determinieren.

All das sind aber koordinative Ansätze. Wo Stadtentwicklung dagegen als Integration verstanden und betrieben werden soll, reichen die Gesetzgebungszuständigkeiten des Bundes heute nicht aus, um das so entstandene Novum in seiner Gesamtheit normierend zu erfassen. Insbesondere vermögen durch eine Kombination der zu Teilregelungen verfügbaren Kompetenzen ein neuer Planungstyp und ein neues Planungsverfahren bundesgesetzlicher Reglung nicht unterstellt zu werden.

B. Zuständigkeiten des Landesgesetzgebers

Der hier sichtbar werdende Freiraum fällt nach der grundgesetzlichen Zuständigkeitsordnung (Art. 70 Abs. 1 GG) in den Kompetenzbereich des Landesgesetzgebers. Sollte es sich planungswissenschaftlich und politisch als sinnvoll erweisen, ein neues Planungsinstrumentarium für die kommunale Entwicklungstätigkeit von Gesetzes wegen zu schaffen, so müßte diese Aufgabe nach geltendem Verfassungsrecht grundsätzlich den Ländern überlassen bleiben. Das neue Gebiet läge benachbart zu den klassischen Gesetzgebungsaufgaben der Länder im kommunalen Verfassungs-, Organisations- und Haushaltsrecht und den bestehenden Ausfüllungszuständigkeiten bei der Regelung der mehrjährigen Finanzplanung und der Regionalplanung.

Aber auch hier entstehen Schwierigkeiten. Als ein neues Aufgabengebiet verstanden, wäre die Stadtentwicklung vielfältig mit bundesgesetzlich schon verfaßten Plänen und Durchführungsmaßnahmen des Städtebaurechts verbunden. Die bundesgesetzlichen

Typisierungen der Pläne und des Planungsverfahrens (§§ 1—13 BBauG) enthalten abschließende Regelungen, die landesgesetzlich Ergänzungen verbieten. So wäre etwa ein integrierender Stadtentwicklungsplan, der den Flächennutzungsplan faktisch vorwegnähme, auf Grund der Kollisionsnorm des Art. 31 GG unzulässig. Die Praxis mit dem parzellenscharfen Flächensicherungsplan nach § 19 des nordrhein-westfälischen Landesplanungsgesetzes vom 7. Mai 1962 (GVBl. S. 229) vermag die Eindeutigkeit entgegenstehender bundesgesetzlicher Typenfestlegungen nicht auszuräumen, weil der Flächensicherungsplan nur als Sonderfall kommunalrechtlicher Ersatzvornahme verstanden verfassungsmäßig ist[140]). Die notwendige Verknüpfung einer *landes*gesetzlich geregelten Stadtentwicklung mit der Bauleitplanung wäre also nur in einem Zusammenwirken der Landes- mit dem Bundesgesetzgeber zu normieren, indem letzterer die bisherige typenmäßige Geschlossenheit der Bauleitplanung aufhebt oder selbst entsprechende Koppelungsklauseln in das Bundesbaugesetz einfügt.

C. Die Frage einer kompetenzerweiternden Grundgesetzänderung

Die Verschränkungen zwischen Bundes- und Landesgesetzgebungszuständigkeiten, wie sie die heutige Verfassungsrechtslage kennzeichnen, leiten zu der Frage, ob nicht durch eine Grundgesetzänderung eine Bundeskompetenz zur Gesamtregelung der Stadtentwicklung geschaffen werden sollte. In den letzten Jahren sind durch Verfassungsänderung wiederholt Verschiebungen im Bund-Länder-Verhältnis vorgenommen worden. Gerade die Häufigkeit solcher Eingriffe in das Verfassungsgefüge bietet aber ein erstes Argument gegen eine neuerlich — bald zur Gewohnheit werdene — Änderung des Grundgesetzes. Permanente Änderungen können die normative Kraft der Verfassung nachhaltig schwächen.

Noch ein zweites Bedenken spricht gegen eine Grundgesetzänderung: Die Stadtentwicklung befindet sich bisher in einem Experimentierstadium, das das Phänomen in allen seinen Dimensionen und Eigengesetzlichkeiten noch nicht voll erkennen läßt. Wenn die derzeitige Kompetenzordnung eine Gesamtregelung also unmöglich macht oder doch wenigstens sehr erschwert, so kann daß auch positiv als retardierendes Moment verstanden werden, das eine voreilige Fixierung und Zementierung eines selbst noch in der Entwicklung begriffenen Aufgabenbereichs verhindert. Die vorhandenen Kompetenzen des Bundes bieten als Ermächtigungen zu Teilregelungen die Möglichkeit, dem Gesamtbereich langsam von einzelnen Sektoren her nahezukommen.

Zweiter Teil

Gesetzliche Einzelregelungen der Stadtentwicklungsplanung und das Problem der kommunalen Selbstverwaltung

Die Stadtentwicklungsplanung hat sich bisher wesentlich im gesetzesfreien Raum herausgebildet. Das ist einleitend dargestellt worden. Die Freiheit von gesetzlichen

---

[140]) Dazu ERNST-ZINKAHN-BIELENBERG: BBauG Einl. Rdn. 139 ff.

Typisierungen gewährt den Gemeinden einen breiten Bereich eigenen Experimentierens. Soll dieser Freiraum nun einer gesetzlichen Normierung unterworfen werden, so muß man sich mit dem Einwand auseinandersetzen, eine solche Fixierung — einerlei, ob sie vom Bundes- oder vom Landesgesetzgeber vorgenommen werde — verstieße gegen die Garantie der kommunalen Selbstverwaltung.

Ein solcher Einwand könnte zunächst ganz allgemein dahingehend erhoben werden, jede Art einer gesetzlichen Regelung dieses zentralen Bereichs gemeindlicher Gestaltungsfreiheit sei schlechthin mit dem Selbstverwaltungsgedanken unvereinbar. In dieser allgemeinen Form ist der Einwand jedoch nicht haltbar. Die Stadtentwicklungsplanung kann zwar grundsätzlich alle gemeindlichen Maßnahmen und Organisationen nachhaltig beeinflussen. Doch ist die kommunale Selbstverwaltung nicht als statischer Block, sondern im „Rahmen der Gesetze" (Art. 28 Abs. 2 Satz 1 GG), also unter dem Vorbehalt einer gleitenden Änderung und Modifizierung ihres überkommenen Bestandes garantiert. Neu hinzutretende Gesetze, die künftig diesen „Rahmen" mitbestimmen und gegebenenfalls enger ziehen sollen, müssen sich daraufhin prüfen lassen, ob sie den Wesensgehalt der Selbstverwaltung angreifen. Alles, was unterhalb dieser Schwelle liegt, gehört zur zulässigen legislatorischen Gestaltungsfreiheit[141]).

Die mit einer gesetzlichen Regelung der Stadtentwicklungsplanung anzustrebende stärkere Koordination und Kanalisation gemeindlicher Planungsinitiativen berührt zunächst die Organisationshoheit der Gemeinden. Gerade aber in diesem Bereiche gehören gesetzliche Rahmenvorschriften zum derzeitigen und überkommenen Bilde der Selbstverwaltungsgarantie. Das in den Gemeindeordnungen der Länder enthaltene Kommunalverfassungsrecht zeigt, wie wenig dieser Gesetzesrahmen heute noch als Beschränkung bewußt wird, daß er vielmehr als Voraussetzung erscheint, in dem sich die kommunale Organisationsfreiheit im Rechtsstaat erst sinnvoll entfalten kann[142]). Ebenso sind gesetzliche Einbindungen der gemeindlichen Finanz- und Wirtschaftsführung und Abstimmungspflichten ihres raumbedeutsamen Verhaltens dem Bilde der kommunalen Selbstverwaltung nicht fremd[143]). Obwohl eine Kodifizierung der Stadtentwicklungsplanung gemeindliche Initiativen zwangsläufig reglementieren würde, die sich bisher weitgehend gesetzesfrei entfaltet haben, läge daher in dem Gesetzgebungsakt als solchem noch keine *materielle* Bindung kommunaler Entscheidungsfreiheiten, weil hier zunächst *formelle* Planungsverfahren festgelegt würden. Ein Einleiten gewisser gemeindlicher Initiativen in bestimmte Planungsverfahren und Plantypen, wie sie Gegenstand einer gesetzlichen Regelung sein könnten, kann daher nicht als mit der Selbstverwaltungsgarantie schlechthin unvereinbar angesehen werden.

Die eigentlich kritischen Punkte einer gesetzlichen Fixierung liegen vielmehr dort, wo ein solcher Gesetzgebungsakt beginnt, die gemeindlichen Planungen auch materiell zu determinieren. Das geschieht insbesondere dann, wenn eine (gesetzlich verfaßte) Stadtentwicklungsplanung mit den Plänen anderer, vor allem überörtlicher Planungsträger durch Koordinationsklauseln oder Planzusammenfassungen verzahnt werden soll und dadurch die innergemeindliche Sphäre verlassen wird. Betroffen sind hier besonders

---

[141]) BVerfGE 1, 167 ff., 175, 178; 8, 332 ff., 359; std. Rspr. vgl. 22, 180 ff., 205; weitere Nachweise bei LEIBHOLZ-RINCK: Art. 28 Rdn. 12; STERN: Bonner Kommentar, Art. 28 Rdn. 113 ff.

[142]) Dazu KÖTTGEN: HKWP Bd. 1, S. 185 ff.; vgl. auch *derselbe:* Die Gemeinde und der Bundesgesetzgeber, S. 82 ff.

[143]) SURÉN: Gemeindewirtschaftsrecht, S. 45 ff.; STERN: Bonner Kommentar, Art. 28 Rdn. 137, 151 ff.; *derselbe:* Konjunktursteuerung, S. 64 ff.

die großen Komplexe der gemeindlichen Raum- und Finanzplanung. Es gilt zwar sich einzugestehen, daß solche Abhängigkeiten gemeindlicher Planungen ein der kommunalen Praxis seit langem bekanntes Phänomen sind, dessen Aufbereitung in einem speziellen Rechtsinstrumentarium allerdings teilweise noch aussteht. Eine die Flächen- und die Finanzplanung integrierende Stadtentwicklungsplanung als umfassende Planung muß aber die schon bestehenden Abhängigkeiten kommunaler Initiativen zwangsläufig intensivieren und verdeutlichen. Das Problem einer Neubestimmung und erneuten Belebung gemeindlicher Gestaltungsfreiheit in einer nicht mehr isolierbaren örtlichen Sphäre wird dadurch dringender. Die Rechtswissenschaft hat zu dieser Fortschreibung der Idee der kommunalen Selbstverwaltung mehr als bloß Formulierungshilfe zu leisten. So kommt eine gesetzliche Regelung der Stadtentwicklungsplanung um eindeutige Aussagen zum Verständnis des Art. 28 Abs. 2 GG nicht herum.

Die hier deutlich werdenden unbewußten, bewußten und notwendigen Wandlungen des kommunalen Selbstverwaltungsgedankens werfen ein ganzes Bündel juristischer Fagen auf[144]. Die Diskussion zentriert vor allem um zwei Problemkreise: Einmal geht es um die Konsequenzen jenes Wandlungsprozesses, der sich durch seinen Anfangs- und Endpunkt als Entwicklung von der bürgerlichen Honoratiorenrepräsentation zur Gemeinde als unterster Ebene egalitär-demokratischer Öffentlichkeit kennzeichnen läßt. Der andere Problemkreis betrifft die zunehmende Eingliederung und Einbindung der Kommunen in übergeordnete Entscheidungszusammenhänge, durch die die Gemeinde zu einer gesetzes- oder planausführenden Instanz[145] und die gemeindlichen Pläne zu Durchführungsplänen herabgedrückt werden. Beide Problemkreise sind Aspekte eines einheitlichen Phänomens[146], sollten aber trotz vielfacher Berührungspunkte (z. B. bei der Demokratisierung von Planungsverfahren) als Ausdruck eines *immanenten* und eines *externen* Wandels des Selbstverwaltungsgedankens getrennt werden. Für die vorliegende Untersuchung sind die externen Wandlungen und ihre Konsequenzen von Bedeutung.

In der politischen Auseinandersetzung, besonders im Abwehrbemühen der Gemeinden und ihrer Spitzenverbände gegen eine stärkere Einbeziehung in übergeordnete Zusammenhänge, ist die Verfassungsgarantie der kommunalen Selbstverwaltung oft zu einem Symbol der Statik gemacht worden. Die juristische Aussagefähigkeit des Art. 28 Abs. 2 GG wird dabei überschätzt oder bewußt überzogen. Selbst dort, wo der Hinweis auf die drohende Verfassungswidrigkeit zu einem Abstehen von geplanten übergeordneten Maßnahmen führte, dürfte der Gedanke der kommunalen Selbstverwaltung regelmäßig nur einen Scheinsieg errungen haben; denn das zugrunde liegende Problem einer Überwindung der örtlich-isolierten Sicht wird durch den Rekurs auf eine angeblich verfassungskräftige kommunale Bastion verdeckt, nicht aber gelöst; es taucht mit größerer Dringlichkeit in späterer Zeit wieder auf. Gegenüber solchen Denaturierungen des Verfassungstextes muß es einer sachbezogenen Interpretation des Art. 28 Abs. 2 GG darum gehen, den Verfassungsschutz der kommunalen Selbstverwaltung in seinen traditionellen und aktuellen Bezogenheiten herauszuarbeiten. Das geschieht im vorliegenden Zusammenhang im Blick auf die Besonderheiten der Stadtentwicklungsplanung an zwei ihrer Hauptbereiche, der Raumplanung (1. Abschnitt) und der Finanzplanung (2. Abschnitt).

---

[144] Dazu SCHEUNER: AfK 1962, S. 149 ff.; LAUX: AfK 1970, S. 217 ff.
[145] KÖTTGEN: Die Gemeinde und der Bundesgesetzgeber, S. 68 ff.
[146] Vgl. zur geschichtlichen Rückbindung beider Aspekte KORTE: VerwArch. 1971, S. 6 f.

Erster Abschnitt: Gemeindliche und überörtliche Raumplanung — Flächennutzungsplan und Regionalplan

Nach der derzeitigen, durch das Bundesbaugesetz, das Raumordnungsgesetz des Bundes und die Landesplanungsgesetze der Länder bestimmten Ausprägung gehört der Flächennutzungsplan der örtlichen, der Regionalplan dagegen der überörtlichen Planungsebene an. Durch die Raumordnungsklausel des § 1 Abs. 3 BBauG soll dabei nur ein Mindestmaß an übergeordneter Determination erreicht werden. Der Entscheidung für die gemeindliche Planungshoheit (§ 2 Abs. 1 BBauG) und der daraus abgeleiteten juristischen Formtypik entsprechend, stehen sich Flächennutzungsplanung und Regionalplanung im übrigen als zwei streng getrennte Entscheidungsebenen gegenüber: Der Flächennutzungsplan findet seine endgültige Gestalt durch eine konkretisierende gemeindliche Höchstentscheidung, während bei den Entscheidungsfindungen der Regionalplanung die einzelne Gemeinde nach der Rahmenvorschrift des § 5 Abs. 3 BROG zwar zu beteiligen, nicht aber eine Prävalenz der einzelgemeindlichen Entscheidung sichergestellt ist. Die im Bundesbaugesetz vorgesehenen Zwischenformen (Abstimmungspflicht nachbargemeindlicher Bauleitpläne § 2 Abs. 4, gemeinsame Flächennutzungspläne § 3, Planungsverband § 4, — einverständliche Übertragung der Planungshoheit auf eine andere Körperschaft § 147) bestätigen diese Zäsur zwischen örtlicher und überörtlicher Planungsebene eher, als daß sie sie überbrücken[147]). Die geringe praktische Bedeutung, die diese Zwischenformen bisher erlangt haben, macht die Zäsur außerdem besonders hinderlich.

Weniger noch als bei einer isoliert verstandenen Bauleitplanung kann bei der Stadtentwicklungsplanung künftig auf eine stärkere Verzahnung der örtlichen und der überörtlichen Planungsebene verzichtet werden. Es stellt sich daher die Frage, ob die Entscheidung des Bundesbaugesetzes für die gemeindliche Planungshoheit in vollem Umfange durch die Selbstverwaltungsgarantie verfassungskräftig verfestigt und damit zu einer für den einfachen Gesetzgeber irrevisiblen Entscheidung wird, oder ob hier (bundesgesetzliche) Korrekturen verfassungsrechtlich zulässig bleiben. Die Frage kann auf die Nahtstelle zwischen örtlicher und überörtlicher Planung, die Flächennutzungsplanung, bezogen konkreter gestellt werden: Erlaubt es Art. 28 Abs. 2 GG, den Gemeinden grundsätzlich die Zuständigkeit für die Flächennutzungsplanung zu entziehen?

Dieses Problem wird im folgenden nach Art eines Modells behandelt. Das bedeutet, es geht nicht darum, ob ein solcher Totalentzug, seine verfassungsrechtliche Unbedenklichkeit unterstellt, wirklich eine glückliche und politisch realisierbare gesetzgeberische Maßnahme wäre; sondern es kommt darauf an, die verfassungsrechtlichen Bedenken gegen das Modell des Totalentzuges der Flächennutzungsplanung auszuräumen und damit die Voraussetzungen für ein ganzes Bündel — weniger einschneidender und daher vom Modell umfaßter — Maßnahmen zu schaffen, durch die die Bauleitplanung als integraler Teil einer Stadtentwicklungsplanung mit der überörtlichen Planung verzahnt werden kann. Zu dem dadurch eventuell möglich werdenden Kanon von Maßnahmen gehören etwa[148]): eine Typenänderung des gemeindlichen Flächennutzungsplanes dahingehend, daß gewisse Planentscheidungen (z. B. Bauflächenausweisungen, § 5 Abs. 2 Nr. 1 BBauG) überörtlichen Planungsträgern zugewiesen werden, ferner eine Verschärfung der Raumordnungsklausel des § 1 Abs. 3 BBauG speziell für die kommunale Flächennutzungsplanung, die Einführung einer Koordinationsklausel der Flächennutzungsplanung mit der überörtlichen

---

[147]) Dazu W. WEBER: Gutachten für den 45. DJT, S. 21 ff., 42 ff.

[148]) Zum folgenden BIELENBERG: Entwicklungsplanung, S. 65 ff.; ferner LAUX: Landesplanung — Entwicklungsplanung, S. 46 ff.

Finanzplanung, eine Verschärfung des Genehmigungsvorbehalts des § 6 BBauG in Richtung auf eine echte aufsichtsbehördliche Mitentscheidung und schließlich eine Intensivierung der bisher bestehenden Formen interkommunaler Zusammenarbeit. Für alle diese Einzelpunkte ist die Frage, ob die Flächennutzungsplanung zum Kernbestand kommunaler Selbstverwaltungsangelegenheiten gehört, der umfassende Hintergrund.

A. Das historische Verhältnis der Flächennutzungsplanung zur kommunalen Selbstverwaltung

I. Das Problem bei der Bauleitplanung allgemein

Einem häufig gebrauchten Interpretationstopos zufolge ist zunächst „bei der Bestimmung dessen, was zum Wesen der Selbstverwaltung gehört, der geschichtlichen Entwicklung und den verschiedenen historischen Erscheinungsformen der Selbstverwaltung in einem gewissen Ausmaß Rechnung zu tragen"[149]. Der Flächennutzungsplan selbst ist ein relativ spätes Ergebnis der sich entwickelnden Planungssystematik. Um auch die älteren historischen Schichten dse Problems zu erfassen, ist daher das Verhältnis der kommunalen Selbtverwaltung zur Bauleitplanung allgemein, also *auch* und in älterer Zeit *vor allem* zur Bebauungsplanung zu behandeln.

1. Die ältere Landesgesetzgebung

Die Bauleitplanung entwickelte sich von der Mitte des 19. Jahrhunderts an als eine zunächst auf die Abgrenzung der Verkehrsbänder gegen das private Baugeschehen ausgerichtete Fluchtlinienplanung, die nur eine Planungsstufe, die verbindliche Festlegung von Baulinien, kannte. Für die Zuweisung dieser Planung zum staatlich-polizeilichen oder zum kommunalen Aufgabenbereich maßgebend waren die zeitgenössischen Landesgesetze[150].

In Preußen wurde die Fluchtlinienfestlegung zunächst auf die baupolizeiliche Generalklausel der §§ 67 ff. I 8 preuß. ALR gestützt[151]. Das Fluchtliniengesetz vom 2. 7. 1875 (PR. GS S. 561) übertrug die Fluchtlinienplanung dann den kommunalen Organen, behielt aber der Ortspolizei starke Mitwirkungsrechte vor, so daß von einer kondominalen kommunal-staatlichen Planungszuständigkeit im Fluchtlinienwesen gesprochen werden kann. Eine ähnliche Kompetenzverteilung fand sich in den meisten deutschen Mittelstaaten, in denen die gemeindliche Initiative bei der Fluchtlinienfestlegung regelmäßig durch einen staatlichen Zustimmungsakt mit breiter Prüfungspflicht stark eingeschränkt war[152]. Zu beachten ist ferner, daß der weite Bereich der Bauzonen und Baugebietsausweisungen in Preußen beispielsweise ausschließlich durch Polizeiverordnung erfolgte, also nicht einmal der gemischt-verantwortlichen Fluchtlinienzuständigkeit unterfiel, so daß für diese zweite Wurzel des heutigen Bebauungsplanes für große Gebiete von einer polizeilichen Kompetenz auszugehen ist[153].

---

[149] BVerfGE 11, 266 ff., 274; 17, 172 ff., 182; 23, 353 ff., 366; 26, 228 ff., 238; OVG Münster VerwRspr. Bd. 16, S. 80 ff., 81.
[150] Zur Entwicklungsgeschichte des Bebauungsplanes vgl. SCHMIDT-ASSMANN: Grundfragen des Städtebaurechts, S. 19 ff.; ferner KÖRTING: Das Instrumentarium der Landesplanung, S. 139 ff.
[151] BLÜMEL: Bauplanfeststellung I, S. 112.
[152] Nachweise in Hdwb. KommWiss. Bd. 1 (1918), S. 326 ff. Artikel „Bebauungspläne".
[153] BALTZ-FISCHER: Preußisches Baupolizeirecht, S. 232 ff.

2. Die Rechtsentwicklung bis zum Bundesbaugesetz

Durch die Bauregelungsverordnung vom 15. 2. 1936 (RGBl. I S. 104) wurde die Baugebietsausweisung grundsätzlich polizeilichen Handlungsformen unterstellt (§ 1 Abs. 1). Nur dort, wo landesrechtlich solche Ausweisungen schon bisher durch Ortsatzung als kommunal-selbstverwaltende Rechtssetzung vorgenommen werden konnten, blieb diese Zuständigkeit „bis auf weiteres" gewahrt (§ 4). Erst die Aufbaugesetze der Länder ließen gemeindliche Kompetenzen bei der Bauleitplanung stärker hervortreten[154]). Auch dann noch erkannte aber das hess. Aufbaugesetz vom 25. 10. 1948 (GVBl. S. 139) das Recht der Bauleitplanung nur den Stadt- und Landkreisen, nicht dagegen der Vielzahl kreisangehöriger Gemeinden zu. Eine der hessischen Regelung ähnliche Kompetenzverteilung sah der von der Hauptkommission für die Baugesetzgebung 1956 ausgearbeitete Entwurf eines Baugesetzes des Bundes vor[155]). Die Aufstellung von Bauleitplänen sollte danach zwar Selbstverwaltungsangelegenheit der Planungsträger sein (§ 2 Abs. 1). Planungsträger waren aber nicht durchgängig die Gemeinden, sondern kreisangehörige Gemeinden nur, wenn sie nach Landesrecht auch Baugenehmigungsbehörde waren (§ 240 Abs. 1). Erst der Regierungsentwurf zum Bundesbaugesetz (1958)[156]) statuierte durchgängig die gemeindliche Planungshoheit. Die Begründung zu diesem Entwurf[157]) spricht davon, daß dieser Entwurf die Bauleitplanung den Gemeinden „zuweist" oder „zuerkennt", was sprachlich eher auf einen konstitutiven Verleihungsakt als darauf hindeutet, daß der Bundesgesetzgeber hier etwas hat anerkennen wollen, was schon vordem zum verfassungskräftigen Kernbereich der kommunalen Selbstverwaltung gehörte.

II. Das Problem bei der Flächennutzungsplanung speziell

Im Bereich der Flächennutzungsplanung stellt sich die historische Entwicklung als für kommunal-selbstverwaltende Kompetenzen noch weniger ergiebig heraus. Die Flächenaufteilungs- oder Wirtschaftspläne in den Entwürfen eines preußischen Städtebaugesetzes (1926)[158]) und eines Reichsstädtebaugesetzes (1931)[159]) sowie in der Novelle zum sächsischen Baugesetz vom 20. 7. 1932 (GS S. 133) ließen die starken überörtlichen Bezüge, die in diese Planungen einzufließen hatten, deutlich erkennen; allerdings blieben diese Pläne städtebauliche Pläne[160]). Umfassender war der Wirtschaftsplan nach dem Wohnsiedlungsgesetz vom 22. 9. 1933 (RGBl. I S. 659) als einer der direkten Vorläufer des Flächennutzungsplanes heutiger Prägung ausgestaltet[161]). Er sollte nach dem Willen des Gesetzgebers Vorstufe einer endgültigen Regelung der Landesplanung sein[162]). In Preußen wurden die Wirtschaftspläne demgemäß durch die Landesplanungsstellen angefertigt[163]). Erst nach den Auseinandersetzungen zwischen der Reichsstelle für

---

[154]) Einzelnachweise bei A. HAMANN: Die Selbstverwaltung der Gemeinden und das Bundesbaugesetz, S. 8 FN 20.
[155]) Veröffentlicht als Bd. 7 (Text) und Bd. 9 (Begründung) der Schriftenreihe des Bundesministers für Wohnungsbau.
[156]) Bundestags-Drucks. III/336.
[157]) A. a. O., S. 60 unter III.
[158]) Staatsrats-Drucks. Nr. 209 (1926)
[159]) Veröffentlicht im Reichsarbeitsblatt 1931 Teil I, S. 266.
[160]) Vgl. im einzelnen SCHMIDT-ASSMANN: Grundfragen des Städtebaurechts, S. 53 ff.
[161]) Zu seiner Entwicklung BIELENBERG: DVBl. 1960, S. 84 ff., 86 f. u. S. 542 ff., 543 FN 10 a.
[162]) UUMLAUF: Landesplanung, S. 73 ff., 75.
[163]) BALTZ-FISCHER: Preußisches Baupolizeirecht, S. 614, Anm. 2.

Raumordnung und dem Reichsarbeitsministerium um die Ressortgrenzen bei der Ortsplanung[164]) wanderte der Wirtschaftsplan stärker in den kommunalen Bereich ab.

Die Aufbaugesetze der Nachkriegszeit versuchen, der Vielfalt überörtlicher Bezüge in der großflächigen Gemeindeplanung durch Raumordnungsklauseln oder entsprechende Genehmigungsvorbehalte Rechnung zu tragen[165]) und die gemeindliche Planungshoheit so von innen heraus zu binden. Doch zeigte das Bundesverwaltungsgericht in seiner Entscheidung vom 20. 5. 1958[166]), daß auch jetzt noch Zweifel bestanden, ob die Flächennutzungsplanung überhaupt eine Angelegenheit der örtlichen Gemeinschaft wäre. Das Baurechtsgutachten des Bundesverfassungsgerichts jedenfalls sagte zugunsten einer gemeindlichen Planungshoheit nichts aus[167]). Es verstand den Flächennutzungsplan zwar als Annex zum Bebauungsplan, doch betrafen die Erwägungen des Gerichts ausschließlich den Kompetenzbegriff „Bodenrecht".

Zusammenfassend läßt sich als Ergebnis der Entwicklungsgeschichte festhalten, daß schon die Bauleitplanung als solche nicht uneingeschränkt zum historischen Kernbestand der kommunalen Selbstverwaltungsaufgaben gehört[168]), daß hier vielmehr vorherrschend Wanderungsprozesse zwischen kommunaler und staatlicher Aufgabenverantwortlichkeit und Formen kondominaler Zuständigkeitswahrnehmung das traditionelle Bild prägen. Für die Flächennutzungsplanung gilt das besonders[169]), da von dem Augenblick an, als sie begann, als selbständige Planungsstufe ausgebildet zu werden, die überörtlichen Verflechtungen der örtlichen Angelegenheiten bewußt geworden waren. Das Bundesbaugesetz selbst hat innerhalb seines nunmehr elfjährigen Bestehens diesen historischen Wirkungszusammenhang schon deshalb nicht nachhaltig zugunsten der gemeindlichen Angelegenheiten umformen können, weil nach der einmal getroffenen Entscheidung für die gemeindliche Planungshoheit (§ 2 Abs. 1 BBauG) eine anhaltende Diskussion um die Zweckmäßigkeit und Novellierungsnotwendigkeit dieses legislatorischen Machtspruches eingesetzt hat.

B. Die aktuellen Aspekte einer Zuordnung der Flächennutzungsplanung zu den kommunalen Selbstverwaltungsaufgaben

I. Allgemeine Probleme einer teleologischen Interpretation des Art. 28 Abs. 2 GG

Die historische Betrachtung vermag für sich allein keine eindeutigen Aussagen zu den Fragen einer modernen Zuordnung zu treffen. Sie bildet zwar gerade dort, wo der Verfassungsgeber große vorgegebene institutionelle Bereiche in seine Normen inkorporiert hat, eine notwendige Auslegungshilfe. Doch darf man das vorverfassungsmäßige Bild

---

[164]) UMLAUF: Landesplanung, S. 96 ff.
[165]) A. HAMANN: Die Selbstverwaltung der Gemeinden und das Bundesbaugesetz, S. 10 f.
[166]) BVerwGE 6, 342 ff., 345.
[167]) ERNST-ZINKAHN-BIELENBERG: BBauG § 2 Rdn. 4.
[168]) KÖRTING, S. 150; KLAUS MEYER: Staats- und Kommunalverwaltung 1969, S. 12. Soweit HAMANN (Die Selbstverwaltung der Gemeinden und das Bundesbaugesetz, S. 8) für den Bebauungsplan zu einem anderen Ergebnis kommt, beruht das auf einer Verkürzung der geschichtlichen Dimension, denn H. beginnt seine Untersuchungen erst bei der Aufbaugesetzgebung. A. M. ERNST (Die Reform des städtischen Bodenrechts als Aufgabe der Gesetzgebung, S. 10), der aber künftige Modifikationen für zulässig hält.
[169]) So auch HAMANN, a. a. O., S. 10.

nicht überdehnen. Auch hier wird mit zunehmender historischer Distanz zum Parlamentarischen Rat eine Neubestimmung des aktuellen Gehalts dringlich. In der Diskussion ist der zitierte Auslegungstopos des Bundesverfassungsgerichts zuweilen als Legitimation zu einer gesteigerten historischen Interpretation mißverstanden worden[170]). Demgegenüber verdient hervorgehoben zu werden, daß es bei der Selbstverwaltungsgarantie des Art. 28 Abs. 2 GG kein höheres Maß an geschichtsbezogener Interpretation geben kann, als das bei ähnlich grobmaschig strukturierten Sachbereichen und ihren normativen Ausformungen im Grundgesetz zulässig ist. Geboten ist danach vor allem eine teleologische Sinndeutung der Selbstverwaltungsgarantie, bei der für das einzelne Sachgebiet nach seinem Integrationswert für die engere örtliche Gemeinschaft zu fragen ist. Verfassungsrechtlich abgesichert wird diese flexible Sinndeutung der Selbstverwaltungsgarantie dadurch, daß das Grundgesetz selbst die Gewährleistung nur „im Rahmen der Gesetze" anerkennt. Damit ist keine schrankenlose Relativierung des Art. 28 Abs. 2 GG durch den einfachen Gesetzgeber, wohl aber eine an den Entwicklungsnotwendigkeiten orientierte Fortbildung des historischen Bestandes gemeint. Eine solche Interpretation des Art. 28 Abs. 2 GG aber führt — wie schon vorab herausgestellt werden kann — bei den Problemen der kommunalen Raumplanung zu einer eindeutigen Determination jener schon in der Entwicklungsgeschichte beobachteten Wanderungsprozesse in Richtung auf eine überörtliche Aufgabenzuständigkeit.

Die Gemeinde vermag ihre Rolle als demokratische Teilstruktur eines nach den Grundsätzen des Art. 20 GG verfaßten Staatswesens nur dann zu erfüllen, wenn sie bürgerschaftlich-mitwirkende Aktivitäten freizusetzen versteht. LAUX[171]) stellt die Bedingtheit dieses Zieles plastisch heraus, wenn er sagt: „Der politische Ansatz für den Gedanken der Selbstverwaltung kann also nur dort gefunden werden, wo die Gemeinde unmittelbar wirksam werden kann, d. h. dort, wo ein Zugang für den Bürger vorhanden ist: bei seinem konkreten Versorgungsinteresse oder wo er selbst Betroffener von Verwaltungsmaßnahmen ist". Man mag den dahinter sichtbar werdenden Verlust an ideeller gemeinschaftsbezogener Substanz bedauern. Mit dem Dominieren des Versorgungsinteresses ist ein soziales Faktum angesprochen, das von der künftigen Konzeption des kommunalen Selbstverwaltungsgedankens in Rechnung zu stellen ist. Die Bestrebungen beispielsweise der Gebiets- und Verwaltungsreformen stehen in der Erkenntnis dieser Abhängigkeiten zwischen Leistungsfähigkeit und bürgerschaftlichem Interesse.

II. Rechtsdogmatische Konsequenzen

Die Konsequenzen dieses Funktionalismus für die kommunale Raumplanung sind unmittelbar einsichtig. Es muß zunächst einmal darum gehen, die Planung herauszuführen aus der einzelgemeindlichen Isoliertheit, wie sie für die ältere Bebauungsplanung üblich war. Das Bundesbaugesetz hat gegen diese Isoliertheit nicht entschieden genug Stellung genommen; es hat sie mit der Zuweisung der Planungshoheit auch an die kleinste Gemeinde eher verstärkt. Die normativ-gesetzliche Ausdeutung steht hier in einem krassen Gegensatz zur Wirklichkeit. Wirtschaftsstrukturen, Bevölkerungsbewegung und Verkehrsbelange haben die Einschnürung in örtlich getrennte Sphären längst gesprengt.

---

[170]) So etwa wenn der Verfassungsgerichtshof von Nordrhein-Westfalen im Urteil vom 7. 7. 1956 (DVBl. 1956, S. 722) aus dem historischen Bestande im Zweifel eine Vermutung für den garantierten Wesensbestand ableiten will.

[171]) AfK 1970, 217 ff., 226 f.

Die direkt raumwirksamen Anforderungen des Umweltschutzes werden diese Tendenz noch verstärken. In allen diesen Aspekten raumplanerischer Aufgabenstellungen sind nicht nur hier und da vereinzelt überörtliche Bezüge wirksam, sondern die Entscheidungen über die Raumwirksamkeit werden von örtlichen und überörtlichen Belangen teilweise gleichberechtigt, teilweise dominierend durch überörtliche Belange geprägt. Erst das Zusammenwirken beider Bezüge schafft jene Voraussetzungen, unter denen auch die einzelne Gemeinde diejenigen Aufgaben erfüllen kann, die das Versorgungsinteresse ihrer Bürger von ihr verlangt.

Dieses Nebeneinander von örtlichen und überörtlichen Belangen ist in der rechtsdogmatischen Behandlung der kommunalen Selbstverwaltung noch nicht voll verarbeitet. Nach wie vor scheint eine kategorische Trennung der anstehenden Sachaufgaben in solche des *örtlichen* und solche des *überörtlichen* Wirkungskreises für den Regelfall möglich[172]. Die Angelegenheiten der örtlichen Gemeinschaft stellen sich in dieser Sicht als ein wesentlich geschlossener, statischer Block dar, der verfassungskräftig abgesichert ist. Das Dogma von der Trennungsfähigkeit der örtlichen von der überörtlichen Komponente führt dann dazu, entweder mit Hilfe des Subsidiaritätsprinzips alle Grenzbereiche durch eine Zuständigkeitsvermutung den Gemeinden zuzuschreiben[173]), oder aber ihnen nur einen geringen Betätigungsraum für die unstreitig örtlichen Aufgaben zu belassen[174]). Im ersteren Falle wird der betroffene Sachbereich häufig wegen einer einzelgemeindlichen Leistungsunfähigkeit unbearbeitet gelassen. Im zweiten Fall gehen weite Bereiche, bei denen ein gleichgewichtetes Sachinteresse der Gemeinde anzuerkennen und abzusichern wäre, des Verfassungsschutzes verlustig, weil eben die Selbstverwaltungsgarantie nur die „Angelegenheiten der örtlichen Gemeinschaft" deckt.

Ein Ansatz zur Überwindung dieses statischen Selbstverwaltungsverständnisses liegt in der Anerkennung von „Wanderungsprozessen" zwischen den örtlichen und überörtlichen Aufgabenbereichen. Solche Umbildungen werden von einem Teil der Rechtslehre zutreffend konstatiert[175]). Speziell für die Raumplanung sind sie auch geschichtlich leicht zu belegen, wie die Ausführungen zur historischen Entwicklung der Bauleitplanung gezeigt haben. Inzwischen hat sich durch solche Wandlungsprozesse eine breite Zwischenzone gebildet, in der örtliche und überörtliche Belange mit nur geringfügig unterschiedlicher Gewichtung wirksam sind. Aus dieser neuen Lage zieht die vor allem von WERNER WEBER vertretene res-mixtae-Lehre bei den kommunalrechtlichen Genehmigungsvorbehalten zu Recht die Konsequenz, daß bei der Genehmigung der Bauleitpläne ein echtes, kondominal wahrzunehmendes staatliches Sachinteresse in die Entscheidung einfließt[176]). Die damit angeregte Überwindung der einzelgemeindlichen Isolation durch

---

[172]) So für den Regelfall jüngst wieder KORTE (VerwArch. 1970, S. 45 f.), der allerdings auch Fälle eines örtlich-überörtlichen „Verwaltungsverbunds" für denkbar hält.

[173]) KORTE, a. a. O.

[174]) So die sehr einschränkende Definition des Bundesverfassungsgerichts (BVerfGE 8, 122 ff., 134): "Angelegenheiten des örtlichen Wirkungskreises sind nur solche Aufgaben, die in der örtlichen Gemeinschaft wurzeln und auf die örtliche Gemeinschaft einen spezifischen Bezug haben und die von dieser örtlichen Gemeinschaft eigenverantwortlich und selbständig bewältigt werden können."

[175]) W. WEBER: Staats- und Selbstverwaltung, S. 51, STERN: Bonner Kommentar, Art. 28 Rdn. 87.

[176]) W. WEBER: Staats- und Selbstverwaltung, S. 123 ff., bes. S. 130, 135 ff.; KORTE: VerwArch. 1970, S. 162. Zu den unterschiedlichen Typisierungen der kommunalrechtlichen Genehmigungsvorbehalte ferner SALZWEDEL: AfK 1962, S. 203 ff. Der res-mixtae-Lehre zustimmend OVG Münster, Urt. v. 8. 1. 1964 = OVGE 19, 192 ff. SCHMIDT-ASSMANN: Grundfragen des Städtebaurechts, S. 129 ff.

eine übergreifende gemeinsame Aufgabenverantwortung wird in der jüngeren Rechtsprechung dort aufgenommen, wo es darum geht, in überörtlichen Planungsverfahren mit Auswirkung auf die örtliche Gemeinschaft, z. B. bei der Flughafenplanung nach dem Luftverkehrsgesetz, gemeindliche Anhörungs- oder Mitspracherechte zu begründen[177]). Der Gedanke findet sich schließlich in § 5 Abs. 3 Satz 2 BROG, der die Länder verpflichtet, kommunale Beteiligungen an einer staatlich betriebenen Regionalplanung sicherzustellen.

Verbindet man diese Ansätze und verfolgt die dadurch entstehende Entwicklungslinie weiter, so wird die Möglichkeit sichtbar, das überkommene Entweder-oder-Denken bei der Abgrenzung des örtlichen vom überörtlichen Wirkungskreis durch eine flexible Zuordnung zu überwinden. Dem Maß der jeweils beteiligten örtlichen und überörtlichen Interessen hätte dabei ein breites Spektrum von gegenseitigen Anhörungs-, Beteiligungs-, Initiativ- und echten Mitentscheidungsrechten der sachbetroffenen örtlichen und überörtlichen Planungsträger zu korrespondieren.

III. Flächennutzungsplanung im System gemeinsamer staatlich-kommunaler Aufgabenverantwortung

Wie diese Skala der Mitwirkungsbefugnisse im einzelnen auszusehen hat und wie echt örtliche Belange dabei gegen ein verwaltungstechnisches Übergewicht der übergeordneten Planungsträger wirksam abgesichert werden können, wird in der Fachliteratur noch ausführlich zu erörtern[178]), eventuell auch im Experiment zu erproben sein. Im vorliegenden Zusammenhang geht es um die Frage, ob die den Gemeinden durch § 2 Abs. 1 BBauG zuerkannte Planungshoheit auch für die Flächennutzungsplanung durch einfaches Bundesgesetz wieder entzogen werden kann. Auf die modelltheoretische Behandlungsweise dieser Frage ist an früherer Stelle hingewiesen worden.

Die teleologische Auslegung des Art. 28 Abs. 2 GG bestätigt den historischen Befund, daß die Flächennutzungsplanung nicht zum unantastbaren Kernbereich der kommunalen Selbstverwaltungsangelegenheiten gehört. In dieser Planung mischen sich vielmehr örtliche und überörtliche Belange, ohne daß durchgängig ein Übergewicht der örtlichen festzustellen wäre. Gerade in den Hauptaussagen des Flächennutzungsplanes (§ 5 Abs. 2 BBauG), betreffend die Bauflächen (Nr. 1) und die Flächen für den überörtlichen Verkehr (Nr. 3), dürfte schon nach derzeitigem Verständnis ein Dominieren des überörtlichen Aspekts anzunehmen sein. Die drängenden Probleme eines gezielteren Umweltschutzes werden für die Darstellung der Entsorgungsflächen (Nr. 4) binnen Kürze zu einer ähnlichen Einsicht führen. Schließlich dokumentiert das Städtebauförderungsgesetz bereits normativ die Verwobenheit der gemeindlichen Infrastruturmaßnahmen mit der Funktion der Gemeinde im Verflechtungsbereich. Die Rückwirkung dieses gesetzlichen Anerkenntnisses übergeordneter Belange auf die Interpretation der die infrastrukturelle Ausstattung der Gemeinde betreffenden Aussagen des Flächennutzungsplanes (Nr. 2) kann nicht ausbleiben.

Die so bewußt werdende Gemengelage örtlicher und überörtlicher Belange in den Darstellungen des Flächennutzungsplanes lassen es verfassungsrechtlich unbedenklich

---

[177]) BVerwG Urt. v. 14. 2. 1969 = DVBl. 1969, S. 362 ff. = VerwRspr. Bd. 20, S. 605 ff.

[178]) Hierzu etwa KLOTZ (DÖV 1967, S. 184 ff.), der die Kommunalisierung der Regionalplanung allerdings zu weit treibt. Gegen ihn zu Recht BIELENBERG: DÖV 1967, S. 191 ff.

erscheinen, diesen Plan oder Teile desselben aus der gemeindlichen Zuständigkeit herauszunehmen und überörtlichen Planungsträgern zuzuweisen[179]). Die Gemeinde geht dadurch des Schutzes der Selbstverwaltungsgarantie auch insoweit nicht verlustig[180]). Art. 28 Abs. 2 GG gebietet vielmehr, den Verlust an isolierter Planungsverantwortung durch entsprechend flexible Mitwirkungsrechte der Gemeinde zu kompensieren, die bei den einzelnen Planaussagen nach dem Maß der betroffenen örtlichen Belange auch in ihrer Intensität unterschiedlich ausgestaltet sein könnten. Damit ist der Weg frei für eine Teilrevision des § 2 Abs. 1 BBauG und eine mit ihr zu verbindende stärkere Verzahnung der kommunalen Raumplanung als eines integralen Teiles der Stadtentwicklungsplanung mit der Planungsebene der Landesplanung.

Zweiter Abschnitt: Gesetzliche Bindungen der gemeindlichen Finanzplanung und die Selbstverwaltungsgarantie

Eine Kodifizierung der Stadtentwicklungsplanung wird neben Modifizierungen des kommunalen Raumplanungssystems gesetzliche Aussagen zur gemeindlichen Finanzplanung zu treffen haben. Auch hier stellt sich die Frage nach den Auswirkungen solcher Normierungen auf die Selbstverwaltungsgarantie des Art. 28 Abs. 2 GG. Hinter dieser Frage zeichnet sich das Problem der gemeindlichen Finanzhoheit und ihrer Grenzen als der breitere Hintergrund ab. Dieses Problem hat in neuerer Zeit durch die Diskussion um die Gemeindefinanzreform[181]) einerseits und um das konjunkturpolitische Instrumentarium zur übergeordneten Steuerung der Gemeindehaushaltswirtschaft andererseits[182]) eine umfassende Erörterung erfahren. Dazu treten ältere Teilfragen beispielsweise zum gemeindlichen Steuerfindungsrecht, zum Rahmen der Hebesatzbestimmung und zur Einschränkung der Ausgabenwirtschaft — sie alle haben durch die Rechtsprechung eine Klärung erfahren, die zum klassischen Präjudizienbestand zu rechnen ist[183]). Insgesamt können als gesicherte Erkenntnisse zur Inhaltsbestimmung der gemeindlichen Finanzhoheit heute gelten: Die gemeindliche Finanzhoheit gehört zu dem in Art. 28 Abs. 2 GG garantierten Selbstverwaltungsbereich[184]). Sie umfaßt die Einnahmen- und die Ausgabenhoheit, wie sie sich vor allem in dem Recht zur Erstellung eines eigenen Haushaltsplanes dokumentieren. Sie beinhaltet den Anspruch gegen Bund und Land auf Gewährleistung einer angemessenen Finanzausstattung. In den Einzelausprägungen dieser Grundlinien ist eine Vielzahl gesetzlicher Einschränkungen wirksam, wie sie sich aus der historischen Entwicklung des Selbstverwaltungsgedankens, reflektiert an den Notwendigkeiten des zeitgenössischen Finanzgebarens, ergeben.

Inhalt und Grenzen der gemeindlichen Finanzplanung werden von diesen Grundlinien mit bestimmt. Zugleich erweist sich die Finanzplanung, und zwar speziell in ihrer

---

[179]) ERNST: Die Reform des städtischen Bodenrechts als Aufgabe der Gesetzgebung, S. 10.
[180]) Dazu BIELENBERG: Entwicklungsplanung, S. 73.
[181]) Dazu zuletzt KRUMSIEK: Zwischenbilanz zur Gemeindefinanzreform, AfK 1971, S. 54 ff. und ZEITEL: AfK 1970, S. 1 ff. (jeweils mit weiteren Literaturangaben).
[182]) KÖTTGEN: AfK 1966, S. 3 ff.; STERN: Konjunktursteuerung und kommunale Selbstverwaltung, pass.
[183]) Dazu den Rechtsprechungsbericht von F. KLEIN: FinArch. 1968, 271 ff.
[184]) STERN: Bonner Kommentar, Art. 28 Rdn. 157; WIXFORTH: Die gemeindliche Finanzhoheit und ihre Grenzen, S. 2 ff., 16 ff., ROBERT SCHNEIDER: Die Gemeinde als wirtschaftspolitisches Entscheidungszentrum, S. 98; HANS MEYER: Die Finanzverfassung der Gemeinden, S. 45 ff. (mit teilweise abweichender Terminologie).

Ausrichtung auf die Stadtentwicklungsplanung aber als ein Teilproblem aus der jüngsten Zeit, das aus dem klassischen Präjudizienbestande nur relativ wenige Einzeldeterminationen zu empfangen vermag. Noch stärker als bei den Fragen der kommunalen Raumplanung müssen hier daher Überlegungen einer teleologischen Auslegung zum Zuge kommen. Dabei sind zwei Gruppen von finanzplanerischen Maßnahmen unterscheidbar, zu denen eine Kodifikation der Stadtentwicklungsplanung Stellung zu nehmen hat.

A. Planungspflicht und innergemeindliche Abstimmungspflichten

In diese Gruppe gesetzlicher Maßnahmen fällt einmal die Statuierung der Verpflichtung zu gemeindlicher Finanzplanung schlechthin[185]), dann aber auch die Begründung von Abstimmungspflichten des Inhalts, daß die Gemeinde Daten *ihrer eigenen* anderen Planungen, insbesondere der Raumplanung, in die Finanzplanung einzubeziehen hat. Daraus könnte sich als selbständiger Typus ein finanz-flächen-bezogener Investitionsplan ergeben.

Durch verfassungsrechtliche Bedenken wird die Einführung dieser Maßnahmen nur wenig belastet. Es handelt sich in allen Fällen darum, nur den äußeren Rahmen für die gemeindliche Finanzwirtschaft gesetzlich zu fixieren. Materiell bleiben die in diesem Rahmen von der Gemeinde zu treffenden Entscheidungen grundsätzlich von gemeindeeigenen Determinanten bestimmt. Die Vorgegebenheit des gesetzlichen Rahmens, innerhalb dessen sich die kommunalen Initiativen entfalten, gehört zum überkommenen Bilde der Selbstverwaltung, wie die Korrelatbegriffe: Organisationshoheit — Kommunalverfassungsrecht, Personalhoheit — kommunales Dienstrecht zeigen. Diese gesetzliche Rahmengebung ist die elementare Bedeutung des Verfassungswortlauts, demzufolge die Selbstverwaltung „im Rahmen der Gesetze" gewährleistet ist.

Für das Gemeindehaushaltswesen ist dieser gesetzliche Rahmen seit langem besonders kompakt[186]). Die Gemeindeordnungen der Länder und die teilweise — als Landesrecht — noch geltende Verordnung über die Aufstellung und Ausführung des Haushaltsplans der Gemeinden (GemHVO) vom 4. 9. 1937 (RGBl. I S. 921) regeln Form, Hauptinhalt und Systematik des Haushaltsplanes einschließlich der Verpflichtung jeder Gemeinde zur perennierenden Aufstellung eines solchen Planes[187]). Wenn nunmehr das überkommene einjährig ausgerichtete gemeindliche Haushaltswesen durch eine mehrjährige Finanzplanung überwölbt werden soll, so handelt es sich um eine Fortentwicklung, die durch die neuere Finanzwissenschaft angeregt und vom Gesetzgeber aufgenommen wird. Die speziellen Belange der Stadtentwicklungsplanung werden in diesem Punkte durch die im Fluß befindliche kommunale Haushaltsreform aufbereitet und teilweise vorweggenommen. Unter dem Gesichtspunkt der Selbstverwaltungsgarantie sind diese gesetzlichen Maßnahmen nicht zu beanstanden[188]). Das gilt grundsätzlich auch für die Normierung von Abstimmungspflichten der Finanzpläne mit anderen innergemeindlichen Plänen (vgl. aber unter B). Das Gebot gesteigerter Rationalität allen staatlichen Handelns verlangt die Intensivierung gesetzlicher Rahmenvorschriften, die die durch-

---

[185]) Zu den projektierten Einzelmaßnahmen ELSNER: Städtetag 1969, S. 422 ff. (mit weit. Literaturangaben S. 428); *derselbe:* Städtetag 1970, S. 326 ff.

[186]) Dazu SURÉN: Gemeindewirtschaftsrecht, S. 461 ff.; WIXFORTH, S. 44 ff.; R. SCHNEIDER, S. 79 ff.

[187]) Einzelnachweise bei SURÉN, S. 466 ff.

[188]) Vgl. WIXFORTH, S. 51.

gängige Planmäßigkeit der innergemeindlichen Entscheidungen untereinander sicherstellen.

B. Abstimmungspflichten gegenüber außergemeindlichen Planungen

Die eigentlichen Bedenken setzen dort ein, wo eine Kodifizierung der Stadtentwicklungsplanung die gemeindliche Finanzplanung an außergemeindliche, vor allem überörtliche Pläne zu binden sucht. Solche Bindungen können unterschiedlich ausgestattet sein. Denkbar sind direkte Bindungen an außergemeindliche Pläne, etwa an mittelfristige Finanz- und Investitionspläne in der Region, oder indirekte Bindungen, bei denen eine Verflechtung dadurch erzielt wird, daß die gemeindliche Finanzplanung etwa mit der gemeindlichen Raumplanung koordiniert wird, und letztere ihrerseits über straffe Raumordnungsklauseln durch überörtliche Pläne vorgezeichnet ist. In allen diesen Fällen wird der gemeindlichen Finanzhoheit nicht nur verfahrensmäßig ein äußerer gesetzlicher Rahmen gegeben, sondern die einzelgemeindliche Finanzpolitik wird inhaltlich durch außergemeindliche Entscheidungen mitbestimmt oder sogar vorweggenommen. Betroffen ist dadurch insbesondere die kommunale Ausgabenhoheit.

Für die verfassungsrechtliche Würdigung dieser Tatbestände bleibt bedeutsam, daß die einzelgemeindliche Haushaltswirtschaft längst auch von materiellen Entscheidungen übergeordneter Instanzen mitgeprägt wird. In einem weiten Bereich hat der Gesetzgeber diese Anforderungen der Haushaltsführung anerkannt. Hier ist der Platz der vielfältigen Genehmigungsvorbehalte für kommunale Darlehnsaufnahmen, Bürgschaftsübernahmen und Vermögensverfügungen[189]. Diese aufsichtsbehördlichen Mitwirkungsrechte haben ihre eigene Problematik[190], die nicht endgültig bewältigt ist, es sei denn, man interpretiert in die altväterliche Verpflichtung der Gemeinde zu sparsamer Wirtschaftsführung und pfleglicher Vermögensverwaltung ein globales staatliches Mitspracherecht mit hinein. Zu einem Teil mögen die in den erwähnten Genehmigungsvorbehalten angelegten Belange des Staates überörtlich nur um der Beaufsichtigung willen sein und uns heute als staatliche Bevormundung erscheinen. Für den vorliegenden Zusammenhang wichtig ist aber, daß gerade diese Genehmigungsvorbehalte im Gemeindewirtschaftsrecht, die Verquickung von örtlichen und überörtlichen Belangen deutlich gemacht und die sog. res-mixtae-Lehre des Kommunalverfassungsrechts angeregt hat. Die Wertungen darüber, ob ein Sachbereich auch überörtliche Belange berührt, sind dem geschichtlichen Wandel unterworfen. Das Verblassen eines überörtlichen Sachinteresses beispielsweise an der Verfügung über einzelne gemeindliche Vermögensgegenstände wird kompensiert durch das Zusammenwachsen der örtlichen und der überörtlichen Interessensphäre in der Raum- und Finanzplanung. Für die Raumplanung haben die Raumordnungsklauseln diese Gemengelage der Interessen inzwischen anerkannt. Für die gemeindliche Finanzplanung darf eine vergleichbare Normierung, anknüpfend an ältere Bindungen der kommunalen Haushaltswirtschaft und diese umformend, in die Wege geleitet werden.

Die Verflechtung der gemeindlichen Finanzplanung mit außergemeindlichen Plänen wird dabei ein höheres Maß an Rationalität aufweisen, als es die am Einzelfall ausgerichtete Genehmigungspraxis in der Haushaltswirtschaft bisher kennt. Darin liegt ein Schutz der Gemeinden. Man wird sich von einer solchen gesetzlich vorgezeichneten

---
[189] Einzelnachweise bei SURÉN, S. 45 ff., 367 ff.
[190] SALZWEDEL: AfK 1962, S. 203 ff.

Verflechtung auch mehr Transparenz versprechen dürfen, als sie in der überkommenen Praxis der Finanzzuweisung üblich ist. Das teilweise apokryphe Dotationswesen[191]), durch das weit mehr Abhängigkeiten der kommunalen Haushaltsführung bestehen, als dem Gesetz nach zulässig sind, könnte durch eine geordnete Finanzplanung Aufhellung erfahren. Für den Verlust an materieller Finanzplanungssubstanz müssen die Gemeinden darüber hinaus durch stärkere Mitwirkungsrechte an der überörtlichen Planung entschädigt werden. Das zur Stufung dieser Rechte bei der Raumplanung Gesagte gilt auch hier. In dem historischen und teleologisch so abgesteckten Rahmen sind direkte oder indirekte Bindungen der gemeindlichen an die außergemeindliche Finanzplanung, wie sie in einer Kodifikation der Stadtentwicklungsplanung anzustreben wären, mit der Verfassungsgarantie der kommunalen Selbstverwaltung zu vereinbaren.

Ergebnisse der Untersuchung

I. Kompetenzfrage

1. Zu einer umfassenden Vollregelung der Stadtentwicklungsplanung als integrierender Gesamtplanung im kommunalen Bereich besitzt der Bundesgesetzgeber nach derzeitigem Verfassungsrecht keine Zuständigkeit.

2. Der Bund kann aber von einzelnen Kompetenzbereichen her Teilregelungen der Stadtentwicklungsplanung vornehmen, die auf eine stärkere Typisierung und Verflechtung der unterschiedlichen gemeindlichen Planungen abzielen. Eine solche koordinierende Kodifikation kann sich auf folgende Kompetenzzuweisungen stützen:

(a) Art. 74 Nr. 18 GG (Bodenrecht): — Hierdurch sind Umformungen des bisherigen städtebaulichen Planungssystems (Typenänderung des Flächennutzungsplanes, Abstimmungspflichten mit einer gemeindlichen oder überörtlichen Finanz- und Investitionsplanung, Normierung einer zusätzlichen Bodenvorratsplanung) kompetenzmäßig gedeckt.

(b) Art. 75 Nr. 4 GG (Raumordnung): — Die in diesem Kompetenzbereich zunehmend wirksamen entwicklungsplanerischen Gedanken haben die Verfassungsbegrifflichkeit immanent soweit umgeformt, daß auf diese Bestimmung eine bundesgesetzliche Rahmenregelung der überörtlichen Verflechtungen auch der örtlichen Entwicklungsplanung gestützt werden kann. Das überörtliche Element schwingt im Begriff der Raumordnung aber noch so stark nach, daß eine Gesamtregelung der örtlichen Planung mit der Raumordnungs-Gesetzgebungskompetenz nicht gerechtfertigt werden kann.

(c) Art. 109 Abs. 3 GG (mehrjährige Finanzplanung): — Diese Norm ermöglicht es, über den bisherigen Umfang hinaus eine gemeindliche Finanzplanung vorzuschreiben und Grundsätze für ein kommunales Finanzplanungsverfahren bundesgesetzlich festzulegen. Auch Koordinationsklauseln zu anderen Plänen sind zulässig.

3. Die Landesgesetzgeber können ein System der Stadtentwicklungsplanung gesetzlich fixieren. Sie dürfen dabei aber die bundesgesetzlich festgelegten Plantypen (Bauleitpläne) weder audrücklich noch inzident umformen.

---

[191]) Hierzu KRUMSIEK: Städtetag 1969, S. 590 ff.

II. Selbstverwaltungsproblematik

1. Eine gesetzliche Regelung der Stadtentwicklungsplanung schränkt den Raum kommunaler Gestaltungsfreiheit weiter ein.
2. Ein entsprechender Gesetzgebungsakt verstößt dadurch aber noch nicht schlechthin gegen Art. 28 Abs. 2 GG; denn durch die Regelung von Planungsverfahren und Plantypen wird zunächst nur der Rahmen geschaffen, in dem sich die gemeindlichen Entwicklungsinitiativen entfalten sollen.
3. Probleme der Selbstverwaltungsgarantie entstehen dort, wo die gemeindliche Planungsentscheidung durch den Gesetzgebungsakt direkt oder indirekt materiell determiniert wird.
4. Auch hier bleibt aber eine flexible Fortschreibung des kommunalen Selbstverwaltungsgedankens durch den Gesetzgeber möglich.

(a) Die Flächennutzungsplanung kann dabei ganz oder teilweise aus der einzelgemeindlichen Planungsverantwortung herausgenommen und auf überörtliche Planungsträger überführt werden.

(b) Auch in der Finanzplanung ist eine geordnete stärkere Determination der gemeindlichen Entscheidungen durch übergeordnete Pläne zulässig.

(c) Der Gemeinde sind gestufte Mitwirkungsrechte an den übergeordneten Planungsverfahren einzuräumen.

Literaturverzeichnis

ABRESS, H.: Gemeindliche Investitionsplanung. Stadtbauwelt 1969, S. 1419—1422.

ALBERS, G.: Art. „Stadtentwicklungsplanung". In: Hdwb. der Raumforschung und Raumordnung, hrsg. von der Akademie für Raumforschung und Landesplanung, 2. Aufl. Hannover 1970, Sp. 3202—3203.

BALTZ, C.: und FISCHER, F. W.: Preußisches Baupolizeirecht. 6. Aufl. 1934.

BESTE, K.: Gedanken zur Erstellung eines Stadtentwicklungsplanes. Städtetag 1969, S. 107—111.

BIELENBERG, W.: Ist das nordrhein-westfälische Landesplanungsgesetz nichtig? DVBl. 1960, S. 84—90. — Die Rechtsnatur der vorbereitenden städtebaulichen Pläne, DVBl. 1960, S. 542—548. — Zuständigkeit der kommunalen Selbstverwaltungskörperschaften in der Regionalplanung — Erwiderung, DÖV 1967, S. 190—192. — Rechts- und Verwaltungsfragen der kommunalen Entwicklungsplanung; in diesem Bande S. 55 ff.; zit.: Bielenberg, Entwicklungsplanung.

BLÜMEL, W.: Die Bauplanfeststellung I. Stuttgart 1961.

BÖCKENFÖRDE, CH.: Verfassungswidrig durch Verfassungsänderung! DÖV 1969, S. 744—745.

BOEDDINGHAUS, G.: Stadtentwicklungsplanung am Beispiel Bremens AfK Bd. 9 (1970), S.. 128—139.

BRENKEN, G. und SCHEFER, A.: Handbuch der Raumordnung und Planung. Köln 1966.

BRENKEN, G.: Raumordnung und Finanzplanung; in diesem Bande S. 155 ff.

BREUER, R.: Die hoheitliche raumgestaltende Planung. Bonn 1968.

BRÜGELMANN, H.: u. a.: Raumordnungsgesetz (Kohlhammer-Kommentare). Dargestellt und erläutert von H. Brügelmann, E. W. Cholewa, G. Asmuss, H. J. v. d. Heide, Stuttgart/Berlin/Köln/Mainz, Lsbl. Stand: September 1970; zit.: Brügelmann-... [Bearbeiter], ROG ? ...

BULLINGER, Martin: Die Zuständigkeit der Länder zur Gesetzgebung. DÖV 1970, S. 761—777, 797—801. — Ungeschriebene Kompetenzen im Bundesstaat, AöR Bd. 96 (1971), S. 237—285.

DHEUS, E.: Strukturanalyse und Prognose (Neue Schriften des Deutschen Städtetages, Heft 24). Stuttgart 1969.

EBERT, K.-D; SCHMIDT-EICHENBERG, E., und ZECH, U.: Das Entwicklungsmodell für Hamburg und sein Umland. Stadtbauwelt 1969, S. 206—211.

ELSNER, H.: Neuordnung des kommunalen Haushaltswesens. Städtetag 1969, S. 422—428. — Beginn der einheitlichen kommunalen Finanzplanung 1970, Städtetag 1970, S. 326—330.

ERNST, W.: Raumordnung als Aufgabe der planenden Gesetzgebung und Verwaltung. In: Planung III (hrsg. v. Joseph H. Kaiser), S. 129—172. — Rechtliche und wirtschaftliche Probleme der Erneuerung unserer Städte und Dörfer. Köln-Braunsfeld 1965. — Die Reform des städtischen Bodenrechts als Aufgabe der Gesetzgebung. 1971.

ERNST, W., ZINKAHN, W. und BIELENBRG, W.: Bundesbaugesetz, Kommentar, Lieferung 1—11 Stand April 1971), München; zit.: Ernst-Zinkahn-Bielenberg, BBauG.

FORSTHOFF, E. und BLÜMEL, W.: Raumordnungsrecht und Fachplanungsrecht. Frankfurt/Berlin 1970.

FROMMHOLD, G.: Regionalplanung als integrierte Entwicklungsplanung. Raumforschung und Raumordnung 1970, S. 261—266.

GÖNNENWEIN, O.: Gemeinderecht. Tübingen 1963.

Gutachten über die Finanzreform in der Bundesrepublik Deutschland (1966), erstattet von der Kommission für die Finanzreform (sog. Troeger-Gutachten), Stuttgart 1966.

HAMANN, A.: Die Selbstverwaltung der Gemeinden und das Bundesbaugesetz. Dissertation Marburg 1967.

HESSE, J. J.: Zielvorstellungen und Zielfindungsprozesse im Bereich der Stadtentwicklung. AfK Bd. 10 (1971), S. 26—53.

HOHBERG, H.: Das Recht der Landesplanung. Göttinger jur. Dissertation 1966.

HUBER, E. R.: Wirtschaftsverwaltungsrecht. 2. Aufl., Bd. 1, Tübingen 1952.

KLEIN, F.: Die verfassungsrechtliche Gewährleistung der gemeindlichen Finanzhoheit im Spiegel der Rechtsprechung. FinArch. 1968, S. 271—290.

KLOTZ, E.: Zuständigkeit der kommunalen Selbstverwaltungskörperschaften in der Regionalplanung. DÖV 1967, S. 184—190.

KNECHT, E. R.: Das Landesplanungsrecht von Rheinland-Pfalz unter besonderer Berücksichtigung der Regionalplanung. Dissertation Mannheim 1969.

KÖHNEN, K.-D.: Verfassungs- und Verwaltungsfragen der Raumordnung und Raumplanung unter besonderer Berücksichtigung des nordrhein-westfälischen Rechts. Dissertation Köln 1970.

KÖRTING, E.: Das Instrumentarium der Landesplanung. Dissertation Braunschweig 1970.

KÖTTGEN, A.: Wesen und Rechtsform der Gemeinden und Gemeindeverbände. Handbuch der kommunalen Wissenschaft und Praxis (hrsg. von Hans Peters), Bd. 1 (1956), S. 185—234; zit.: Köttgen, HKWP. — Die Gemeinde und der Bundesgesetzgeber. Stuttgart 1957. — Zur Diskussion über das konjunkturpolitische Instrumentarium des Bundes gegenüber Ländern und Gemeinden AfK Bd. 5 (1966), S. 3—41.

Kommunale Gemeinschaftsstelle für Verwaltungsvereinfachung. Koordination der Planungen — Materialien zur Stadtentwicklungsplanung —. Köln 1971.

KORTE, H. W.: Die Aufgabenverteilung zwischen Gemeinde und Staat unter besonderer Berücksichtigung des Subsidaritätsprinzips. VerwArch. Bd. 61 (1970), S. 3—59, 141—167.

KRAUS, H.: Landesplanung und Städtebau in ihrer gegenseitigen Verflechtung und Abhängigkeit. Hannover 1963.

KRUMSIEK, R.: Die Gemeinden und das Dotationswesen. Städtetag 1969, S. 590—592. — Zwischenbilanz zur Gemeindefinanzreform. AfK Bd. 10 (1971), S. 54—69.

KÜHL, C. J.: Landesplanung in Schleswig-Holstein nach Gesetz und Wirklichkeit. Dissertation Kiel 1967.

LARENZ, K.: Methodenlehre der Rechtswissenschaft. 2. Aufl. Berlin/Heidelberg/New York 1969.

LAUX, E.: Kommunale Selbstverwaltung im Staat der siebziger Jahre. AfK Bd. 9 (1970), S. 217—239.

LEIBHOLZ, G. und RINCK, J.: Grundgesetz — Kommentar an Hand der Rechtsprechung des Bundesverfassungsgerichts. 4. Aufl. Köln Marienburg 1971.

MARTENS, U.: Die Rechtswirkungen des Flächennutzungsplans. Dissertation Hamburg 1969.

v. MANGOLDT, H. und KLEIN, F.: Das Bonner Grundgesetz (Kommentar). 2. Aufl., Bd. 1 Berlin/Frankfurt 1957, Bd. 2 Berlin/Frankfurt 1964.

MAUNZ, T., DÜRIG, G. und HERZOG, R.: Grundgesetz, Kommentar. Lieferung 1—11 (Stand: September 1970), München 1970; zit.: Maunz-Dürig-Herzog.

MEYER, H.: Die Finanzverfassung der Gemeinden. Stuttgart 1969.

MEYER, K.: Bundesbaugesetz und Selbstverwaltung. Staats- und Kommunalverwaltung 1969, S. 12—17.

MEYER, K.: Artikel „Siedlung". In: Hdwb. der Raumforschung und Raumordnung, 2. Aufl. Hannover 1970, Sp. 2892—2893.

MÖLLER, A.: Kommentar zum Gesetz zur Förderung der Stabilität und des Wachstums der Wirtschaft. 2. Aufl. Hannover 1969; zit.: Möller, Stabilitätsgesetz.

MÜLLER, G.: Artikel „Raumordnung". In: Hdwb. der Raumforschung und Raumordnung. 2. Aufl. Hannover 1970, Sp. 2460—2479.

NEUBECK, K.: Stadtforschung und Stadtentwicklung: Politische Perspektiven. Stadtbauwelt 1971, S. 16—19.

NEUFANG, H.: Der Siedlungsverband Ruhrkohlenbezirk (1920—1963). DÖV 1963, S. 812—819.

PIDUCH, E. A.: Bundeshaushaltsrecht — Kommentar. Stuttgart/Berlin/Köln/Mainz, Lsbl.: Stand 1971.

Raumordnung in der Bundesrebublik Deutschland. Gutachten des Sachverständigen-Ausschusses für Raumordnung, 1961; zit.: SARO-Gutachten.

SALZWEDEL, J.: Staatliche Genehmigungsvorbehalte gegenüber der Selbstverwaltung. AfK Bd. 1 (1962), S. 202—220.

SCHEUNER, U.: Gemeindeverfassung und kommunale Aufgabenstellung in der Gegenwart. AfK Bd. 1 (1962), S. 149—178.

SCHMIDT, REINER: Wirtschaftspolitik und Verfassung. Baden-Baden 1971.

SCHMIDT-ASSMANN, E.: Grundfragen des Städtebaurechts. Göttingen 1972.

SCHNEIDER, R.: Die Gemeinde als wirtschaftspolitisches Entscheidungszentrum. Berlin 1971.

SCHULZE, H.: Integration von flächenbezogener und finanzieller Planung. Recht und Politik 1970, S. 159 ff.

SPONHEUER, T.: Probleme des Stabilitäts- und Wachstumsgesetzes. Bonn 1970.

STERN, K.: Konjunktursteuerung und kommunale Selbstverwaltung — Spielraum und Grenzen —. Gutachten für den 47. Deutschen Juristentag (1968), München 1968. — Kommentierung zu Art. 28 GG. In: Bonner Kommentar, Stand: 25. Lieferung (September 1970), Hamburg 1950 ff.

STERN, K. und MÜNCH, P.: Gesetz zur Förderung der Stabilität und des Wachstums der Wirtschaft vom 8. Juni 1967 (BGBl. I S. 582). Stuttgart 1967; zit.: Stern-Münch, Stabilitätsgesetz.

SURÉN, F.-K.: Die Gemeindeordnungen der Bundesrepublik. Bd. 2: Gemeindewirtschaftsrecht, Köln/Berlin/München/Bonn 1960; zit.: Surén, Gemeindewirtschaftsrecht.

THIEME, W.: Bundesverfassung und Gemeinderecht. JZ 1972, S. 478—482.

TIEMANN, B.: Gemeinschaftsaufgaben von Bund und Ländern in verfassungsrechtlicher Sicht. Berlin 1970.

UMLAUF, J.: Wesen und Organisation der Landesplanung. Essen 1958; zit.: Umlauf, Landesplanung.

VOGEL, K. und WIEBEL, M.: Bonner Kommentar, Kommentierung zu Art. 109 GG (Zweite Bearbeitung, 1971).

WAGENER, F.: Von der Raumplanung zur Entwicklungsplanung. DVBl. 1970, S. 93—98.— Zur Praxis der Aufstellung von Entwicklungsplanungen. AfK Bd. 9 (1970), S. 47—63. — Für ein neues Instrumentarium der Planung. In: Landesplanung — Entwicklungsplanung, S. 23 ff. zit.: Wagener, Landesplanung — Entwicklungsplanung. — Ziele der Stadtentwicklung nach den Plänen der Länder. Göttingen 1971.

WEBER, W.: Raumordnung und Landesplanung. DÖV 1963, S. 785—788. — Entspricht die gegenwärtige kommunale Struktur den Anforderungen der Raumordnung? Empfehlen sich gesetzgeberische Maßnahmen der Länder und des Bundes? Welchen Inhalt sollten sie haben? Gutachten für den 45. Deutschen Juristentag, München/Berlin 1964; zit.: Weber, Gutachten für den 45. DJT. — Staats- und Selbstverwaltung in der Gegenwart. 2. Aufl. Göttingen 1967.

WEYL, H.: Strukturveränderung und Entwicklungsplanung. In: Informationen des Instituts für Raumordnung (Bad Godesberg), 1969, S. 469—479.

WIXFORTH, G.: Die gemeindliche Finanzhoheit und ihre Grenzen. Siegburg 1964.

ZEITEL, Gerhard: Kommunale Finanzstruktur und gemeindliche Selbstverwaltung. AfK 1970, S. 1—20.

ZINKAHN, W. und BIELENBERG, W.: Raumordnungsgesetz des Bundes — Kommentar. Berlin 1965.

Raumordnung und Finanzplanung

von

Günter Brenken, Mainz

I.

Als gegenläufiger Pendelschlag auf die nahezu totale Reglementierung des wirtschaftlichen und beruflichen Lebens in der Zeitspanne vor dem Zweiten Weltkrieg, während seiner Dauer und danach sowie gleichsam in „Bestätigung" des Prinzips der freien Marktwirtschaft, das nach der Währungsreform zu einem unerwarteten Aufschwung einer sich frei entwickelnden Wirtschaft führte, wurde zunächst fast jede Planung der öffentlichen Hand als suspekt angesehen. Es war daher verständlich, daß die flächen- — und stärker noch — die raumbezogene Planung sich nur langsam mit festeren Formen durchsetzen und gesetzliche Regelungen über Umfang und Verfahren erreichen konnten. Beide hatten zunächst die gedankliche Barriere, die auch diese Planung in die Nähe der „Planwirtschaft" rückte, zu überwinden.

Inzwischen hat sich die Situation grundlegend geändert. Drei Gesetzeswerke haben den Wandel bewirkt, wobei die Reihenfolge der jeweils geregelten Materie typisch ist für die fortschreitende Erkenntnis, daß die Gesamtzusammenhänge und die Interdependenzen mit zu berücksichtigen und *Gesamtplanungen* aufzustellen sind.

Den Anfang machte das *Bundesbaugesetz* vom 23. Juni 1960 (BGBl. I S. 341) — BBauG —, das zur Ordnung der städtebaulichen Entwicklung den Gemeinden die Aufstellung von Bauleitplänen auferlegte und dazu in der Regel einen das ganze Gemeindegebiet umfassenden Flächennutzungsplan vorschrieb. Wenn dieser Plan — rechtlich gesehen — auch nur die anzustrebende Bodennutzung des Gemarkungsgebiets aufzeigen soll, so muß hierfür doch — jedenfalls bei größeren Gemeinden — die langfristige Gesamtentwicklung der betreffenden Gemeinde in ihren Grundzügen umrissen werden.

Als weiteres Gesetz, das eine Gesamtplanung bundesgesetzlich eingeführt hat, ist das *Raumordnungsgesetz* vom 8. April 1965 (BGBl. I S. 306) — ROG — zu nennen, das sich — wie das BBauG — auf die Gestaltung des Raums bezieht, aber nach der örtlichen die überörtliche Planungsebene regelt. Die besondere Bedeutung des ROG wird vor allem darin gesehen, daß erstmals für das Bundesgebiet Maximen für das raumbezogene Verhalten aller öffentlichen Planungsträger und Verwaltungen aufgestellt worden sind.

In der Tat haben diese materiellen Raumordnungsgrundsätze (§ 2 Abs. 1) in Verbindung mit den dazu ergangenen, erläuternden Entschließungen der Ministerkonferenz für Raumordnung (MKRO) — des aufgrund des ROG gebildeten Bund-Länder-Gremiums — zu einer Annäherung, ja weitgehenden Übereinstimmung der Raumordnungskonzeptionen der Länder, jedenfalls in den Grundzügen, geführt; sie sind auch die Grundlage für das z. Z. von Bund und Ländern gemeinsam erarbeitete Bundesraumordnungsprogramm. Bereits diese Wirkung rechtfertigt es, das Gesetz als eines der wichtigsten des letzten Jahrzehnts, trotz mancher sich an Einzelformulierungen der Raumordnungsgrundsätze entzündenden Kritik, zu bezeichnen.

Darüber hinaus verdient das ROG aber auch insofern besondere Hervorhebung, als es — worauf noch näher einzugehen ist — die Einheit der „übergeordneten und zusammenfassenden Planung" postuliert und dafür vorgeschrieben hat, die „raumwirksamen Investitionen" zu erfassen (§ 3 Abs. 2, § 5 Abs. 1).

Als drittes planungsrechtliches Gesetzwerk ist das *Gesetz zur Förderung der Stabilität und des Wachstums der Wirtschaft* vom 8. Juni 1967 (BGBl. I S. 582) — StWG — anzuführen. Es hat zur Sicherung des gesamtwirtschaftlichen Gleichgewichts ein breit gefächertes Instrumentarium geschaffen und dazu Bund und Länder zur mittelfristigen (fünfjährigen) Finanzplanung verpflichtet. Auch hierbei handelt es sich um eine „zusammenfassende Planung", da die Finanzplanung ressortübergreifend ist. Sie ist zudem durch mehrjährige Investitionsprogramme der Ressorts zu ergänzen (§§ 9, 10 und 14).

Um das *Verhältnis dieser drei Planarten untereinander*, insbesondere der Raumordnung als überörtlicher Planung und der Finanzplanung, aufzuzeigen, sei zunächst auf Anlaß und Zweck der Gesamtplanungen und sodann auf ihre Gemeinsamkeiten und Unterschiede eingegangen.

Allen drei Kodifizierungen liegt die Erkenntnis zugrunde, daß über die Maßnahmen in den einzelnen Fachbereichen nicht isoliert befunden werden kann, sondern daß den Wechselbeziehungen Rechnung getragen und deshalb eine Grundkonzeption oder Schwerpunktbildung festgelegt werden muß. Immer stärker erkennt man, daß mit zunehmendem Lebensstandard die Anforderungen an die Leistungsfähigkeit der Wirtschaft und des Gemeinwesens steigen und nur erfüllt werden können, wenn

1. die Entwicklungsmöglichkeiten in den einzelnen Teilräumen und fachlichen Sektoren rechtzeitig ermittelt,
2. die Geschehnisse in anderen Bereichen, die den eigenen Raum oder Fachsektor unmittelbar oder auch nur mittelbar beeinflussen können, mit berücksichtigt und wenn
3. aufgrund einer derartigen Gesamtbetrachtung und Abstimmung die angestrebten Ziele festgelegt werden.

Damit wird ein Planungsprozeß in Gang gesetzt, der von der Grundlagenforschung auf den einschlägigen Bereichen demographischen, sozialen und ökonomischen Verhaltens über die Ermittlung flankierender Einwirkungen zur Diagnose dieser Entwicklungen und zur Erarbeitung von — evtl. auch alternativer — Lösungen führt.

Die Notwendigkeit einer derartig weit gespannten Planungstätigkeit ist vor allem für die öffentliche Hand gegeben. Im Bereich der freien Wirtschaft bezieht sich die Planung im wesentlichen auf Fragen der Marktforschung, d. h. der Absatzchancen für die in Frage kommenden Produkte unter Berücksichtigung der Beeinflussung des Letztverbraucherbedürfnisses und -geschmacks, ferner auf die Wahl günstiger Standorte für Produktions- und Vertriebsanlagen, wobei Fragen einer möglichen Kostenminderung im Vordergrund stehen. Allerdings spielen bei diesen privatwirtschaftlichen Planungen auch die Vorstellungen der öffentlichen Planung über den weiteren Ausbau der Infrastruktur eine mehr oder weniger bedeutsame Rolle.

Die öffentliche Infrastruktur ist aber nicht nur die wichtigste Klammer zwischen privatwirtschaftlicher und öffentlicher Planung; sie nimmt auch innerhalb der drei vorgenannten Gesamtplanungen der öffentlichen Hand eindeutig den wichtigsten Platz ein, weil hierbei das gestalterische Element, das politisch die größte Relevanz besitzt, im Vordergrund steht. Die infrastrukturelle Planung ist es auch, die in erster Linie den aufgezeigten vielschichtigen Planungsvorgang und die Beachtung der Interdependenzen erforderlich macht.

Dazu sei zunächst geklärt, was unter *öffentlicher Infrastruktur* im Zusammenhang mit Planungsfragen zu verstehen ist.

Die zu diesem noch recht jungen Begriff in den letzten 13 Jahren publizierten Auffassungen weisen vor allem wohl deshalb Unterschiede auf, weil sie entweder mehr organisationsbezogen sind oder mehr auf die Versorgung der Bevölkerung und damit auf die Funktion der Einrichtungen und auf ihren ökonomischen Effekt abheben; im letzteren Fall werden alle irgendwie mit berührten Bereiche in den Komplex „Infrastruktur" einbezogen. Das tut insbesondere HIRSCHMANN, der unter „Social Overhead Capital" im weiteren Sinne als „basic functions" für die drei Hauptwirtschaftsbereiche versteht und dazu außer Verkehrswesen und Energieversorgung auch Verwaltung, Rechtsordnung, Bildungswesen, Gesundheitswesen und die Kommunikation einbezieht.

Enger definiert TINBERGEN, der außer Energie und Verkehr nur das Schulwesen und den öffentlichen Wohnungsbau erfassen will.

Eine sehr differenzierte Betrachtung nimmt JOCHIMSEN vor, indem er zwischen materieller, institutioneller und personeller Infrastruktur unterscheidet und zu den beiden letztgenannten auch Hauptnormen einschließlich Verfassungs- und Verfahrensregelungen sowie die Kredit- und Steuersysteme, ferner die Bevölkerung nach Zahl und Ausbildungsstand zählt.

Eine EWG-Sachverständigengruppe hat 1964 von Infrastruktur des Bildungswesens sowie von sozialer und wirtschaftlicher Infrastruktur gesprochen.

Einer näheren Auseinandersetzung mit diesen und weiteren Theorien bedarf es hier nicht. Auch die sehr extensive Auffassung von JOCHIMSEN will nicht die Gesamtheit öffentlichen Tuns einbeziehen, sondern hebt auf den allgemeinen Vorleistungscharakter der Infrastruktur und ihren hohen Kapitaleinsatz ab; wenn JOCHIMSEN betont, daß wegen dieser Merkmale Fehlentscheidungen zu hohen Reibungs- und Wachstumsverlusten mit räumlichen Disparitäten führen, dann ist mit der hier allein interessierenden Infrastruktur*politik* die *Schaffung der zur Daseinsvorsorge* der Bevölkerung und zum Tätigwerden der Wirtschaft *benötigten Einrichtungen* gemeint, d. h. die allgemeinen *Vorleistungen* der öffentlichen Hand zur Entfaltung menschlichen Lebens und Wirkens. Daß dabei die Anforderungen an Art und Umfang der Einrichtungen, die das Gemeinwesen vorhalten soll, ständig steigen, liegt in der extensiven Entwicklung des Sozialstaats und zeigt die wachsende Bedeutung der diese Einrichtungen erfassenden Planungen und Maßnahmen.

So verstanden, besteht ein enger Zusammenhang zwischen „Infrastrukturpolitik" und „Politik der öffentlichen Investitionen". Anders ausgedrückt: Wenn die öffentliche Hand als Investor für ihre unmittelbaren Aufgaben Anlagen, sogenannte Realinvestitionen, schafft, so betreibt sie Infrastrukturpolitik. Der Bereich der Infrastrukturpolitik deckt sich nur insofern mit der öffentlichen Investitionstätigkeit nicht, als zu letzterer auch die Aufwendungen für mittelbare öffentliche Zwecke — das sind z. B. Zuschüsse für Industrieansiedlungen — zählen, die man mit dem Begriff der „Finanzinvestitionen" umschreibt (HUNKE: Handwörterbuch der Raumforschung und Raumordnung, Sp. 2174). Diese wiederum sind raumordnerisch insofern relevant, als sie zu einem erheblichen Teil „raumwirksam" im Sinne von § 3 Abs. 2 und § 4 Abs. 1 ROG sind. Aber auch die Schaffung der öffentlichen Infrastruktur (Realinvestitionen) ist raumwirksam, da die einzelnen infrastrukturellen Einrichtungen wegen des unterschiedlichen Bedürfnisses und der nur begrenzten öffentlichen Leistungskraft im Raum *verteilt* werden müssen, was zu Unterschieden in der räumlichen Qualität führt, jedenfalls führen kann.

Die Ausstattung der einzelnen Teilräume mit infrastrukturellen Einrichtungen, d. h. die Frage nach dem „Wo" gehört zum Kern der raumordnerischen Planung für öffentliche Investitionen. Spätestens gleichzeitig muß die Frage nach dem „Wie", d. h. nach Art, Beschaffenheit und Umfang der einzelnen Infrastruktureinrichtungen geklärt werden. So ist z. B. im Bereich des Bildungswesens die Entscheidung über die zu schaffenden Schultypen und die Gliederung der Schulen in Klassen weitgehend eine Fachfrage, nämlich eine pädagogische und schulpolitische. Aber auch sie kann nicht frei von raumordnungspolitischen Überlegungen gelöst werden, weil die Gestaltung der räumlichen Ordnung kein nachgeordneter Zielfaktor ist. Diese ist vielmehr als gesellschaftspolitische Komponente — zumindest teilweise — übergeordnet und muß deshalb bei der Entscheidung über die Fachfrage mit berücksichtigt werden. Für die Überlegungen zum Umfang der einzelnen Objekte ist zudem die räumliche Gesamtentwicklung mit zugrundezulegen, d. h. die Dimensionierung der Objekte richtet sich weitgehend nach der raumordnerischen Grundkonzeption und den darin angegebenen Zielzahlen über die zu erwartende bzw. anzustrebende Entwicklung der Bevölkerung und der Erwerbsstruktur in den einzelnen Gebieten.

Die Frage nach dem „Wie" wird aber auch — wie fast das gesamte Handeln der öffentlichen Hand — von der finanziellen Leistungsfähigkeit mit beeinflußt. Fachlich wünschenswerte Überlegungen müssen vielfach im Hinblick auf die finanziellen Möglichkeiten Einschränkungen hinnehmen.

Für die Fachplanung und damit die objektbezogene Planung ergibt sich also die Notwendigkeit, sowohl in die räumliche als auch in die finanzielle Gesamtplanung einbezogen zu werden. Beide Gesamtplanungen können zu Modifizierungen der Vorstellung des Fachressorts führen.

II.

Nun zur Regelung und bisherigen Handhabung der *Finanzplanung*:

Dieser Begriff ist zwar erst durch das StWG für eine verbindlich vorgeschriebene, im einzelnen darin näher umrissene Planart verwendet worden. Er war aber auch vereinzelt schon vorher in Gebrauch, und zwar für eine Darstellung der Einnahmen und Ausgaben von Gemeinden, die über die einjährige Zeitspanne der Haushaltspläne hinausgingen. So bestimmten die §§ 2 und 6 der Verordnung des Reiches über die Aufstellung und Ausführung des Haushaltsplans der Gemeinden (GemHVO) vom 4. September 1937 (RGBl. I S. 921), daß dem Haushaltsplan ein Vorbericht beizufügen ist;

dieser sollte neben einem Überblick über die Finanzwirtschaft der Gemeinde im abgelaufenen und im laufenden Rechnungsjahr einen Ausblick über die voraussichtliche Entwicklung im kommenden Rechnungsjahr geben, wobei auf die Bedeutung des kommenden Rechnungsjahres in der *gesamten Finanzplanung* einzugehen war. Diese Bestimmung ist von Nordrhein-Westfalen in seiner Gemeindehaushaltsverordnung vom 26. Januar 1954 (GVBl. S. 59) dahin erweitert worden, daß dabei insbesondere über alle von der Gemeinde in Aussicht genommenen erforderlichen Planvorhaben und deren Reihenfolge Auskunft zu geben und auf die Finanzierung und ihre Auswirkung auf die laufende Haushaltswirtschaft des ordentlichen Haushaltsplans einzugehen ist.

Es war also gar nicht so neuartig, wenn § 9 StWG anordnete, daß der Haushaltswirtschaft des Bundes eine fünfjährige Finanzplanung zugrundezulegen ist und § 14 StWG eine entsprechende Planung den Ländern auferlegte. Allerdings hat der Zweck, der die Einführung dieser neuen Planart auslöste, nämlich die Absicht, das gesamtwirtschaftliche Gleichgewicht steuern und die bekannten vier wirtschaftspolitischen Ziele — Preisstabilität, Vollbeschäftigung, außenwirtschaftliches Gleichgewicht und Wirtschaftswachstum — beeinflussen zu können, zu Detailregelungen über eine viel differenziertere Haushaltswirtschaft geführt. Der damit verbundene tiefe Einschnitt in das bisherige Haushaltsrecht wird auch dadurch deutlich, daß die genannten Regelungen des StWG eine Grundgesetzänderung erforderten, nämlich die Neufassung des Art. 109 Abs. 3 GG, wonach durch zustimmungsbedürftiges Bundesgesetz Grundsätze für eine konjunkturgerechte Haushaltswirtschaft und für eine mehrjährige Finanzplanung aufgestellt werden können. Damit ist nicht nur von den zu berücksichtigenden Details und von der längeren Zeitspanne der Haushalte her ein größerer Aufwand für die Haushaltsüberlegungen nötig geworden; die vorgeschriebene transparentere Darstellung erfordert auch ein stärkeres Beachten der Wechselwirkung bei den einzelnen Positionen, ermöglicht dann allerdings auch das Erkennen der politischen Ziele und Schwerpunkte. Letzteres ist ein Anliegen, das wiederholt auch mit den Bestrebungen um eine Reform des Haushaltsrechts verfolgt worden ist.

Vgl. Gutachten von WEICHMANN — WAWRCZECK: Neuordnung der öffentlichen Haushalte, das im Auftrage des Hamburger Senats 1952 vorgelegt wurde; s. auch WEICHMANN in DVBl. 1952, 453.

Mit dieser Umgestaltung des Haushaltsrechts und der Einführung der mittelfristigen Finanzplanung werden insbesondere die öffentlichen Investitionen deutlicher dargestellt. Damit wird zugleich ein Zusammenwirken dieser neuen Planart „Finanzplanung" mit der anderen ressortübergreifenden Planung, der Raumordnung und Landesplanung, erleichtert.

Im einzelnen sei dazu auf folgende bundesgesetzliche Regelungen hingewiesen:

In der Finanzplanung sind *Umfang und Zusammensetzung* der Ausgaben und die Deckungsmöglichkeiten in ihren *Wechselbeziehungen* zur mutmaßlichen Entwicklung des gesamtwirtschaftlichen Leistungsvermögens darzustellen, ggf. durch Alternativrechnungen (§ 9).

Als Unterlagen für die Finanzplanung sind von den Ministern, zu deren Aufgaben Investitionen gehören, *mehrjährige Investitionsprogramme aufzu*stellen. Darin sind die in den nächsten Jahren *durchzuführenden Investitionsvorhaben* nach Dringlichkeit und in Jahresabschnitten gegliedert zu erfassen — auch hierfür wird in der Praxis eine vier- bis fünfjährige Zeitspanne zugrundegelegt —.

Finanzhilfen für **Investitionen** Dritter sind nach gleichem Gliederungsschema gesondert zu erfassen (§ 10).

Die Finanzplanung (bzw. wie es in bezug auf das Planwerk heißt: Der Finanzplan) sowie die Investitionsprogramme sind alljährlich der Entwicklung anzupassen und fortzuführen.

Über die für bestimmte Zwecke an Stellen außerhalb der Bundesverwaltung gegebenen *Finanzhilfen* des Bundes hat die Bundesregierung alle zwei Jahre den gesetzgebenden Körperschaften eine *zahlenmäßige Übersicht* vorzulegen, die in bestimmte Finanzzwecke gegliedert ist.

Diese Reform des Rechts der Haushaltswirtschaft durch erweiterte und differenziertere Haushaltspläne, Finanzpläne und Übersichten hat das Gesetz über die Grundsätze des Haushaltsrechts des Bundes und der Länder (*Haushaltsgrundsätzegesetz — HGrG —*) vom 19. August 1969 (BGBl. I S. 1273) fortgesetzt und bestimmt, daß die Einteilung der Einzelpläne für die verschiedenen Verwaltungszwecke in Titel sich nach einem *„Gruppierungsplan"* richtet, der bei den *Ausgaben* u. a. gesondert darstellen soll (§ 10)

neben den Personalausgaben, den sächlichen Verwaltungsausgaben, den Zuweisungen und Zuschüssen an Dritte und den Schuldendiensthilfen die Ausgaben für *Investitionen.*

Der neben den Einzelplänen zu erstellende *Gesamtplan* muß eine *Haushaltsübersicht,* d. h. eine Zusammenfassung der Einnahmen und Verpflichtungsermächtigungen der Einzelpläne sowie eine *Finanzierungsübersicht* in Gestalt eines Finanzsaldos der Einnahmen und Ausgaben, ferner einen Kreditfinanzierungsplan enthalten.

Die Länder sind verpflichtet, darauf hinzuwirken, daß die Haushaltswirtschaft der Gemeinden ebenfalls „konjunkturpolitischen Erfordernissen entspricht". Mit dieser etwas vagen Formulierung des StWG wird es in der Praxis wohl dazu kommen, daß für die Gemeinden weitgehend eine Umstellung auf das neue Haushaltssystem von Bund und Ländern vorgenommen wird.

Für diese transparente Darstellung haben Bund und Länder nicht nur den vorgenannten, bundesgesetzlich vorgeschriebenen Gruppierungsplan für die Einzelpläne vereinbart, der seit über zwei Jahren praktiziert wird und eine Vergleichbarkeit des Bundeshaushalts und der Länderhaushalte, bei letzteren auch untereinander, ermöglicht. Sie haben darüber hinaus einen *Funktionenplan* abgesprochen, der — nach dem Dezimalsystem — die öffentlichen Aufgaben in 10 Abschnitte einteilt und jeden Abschnitt untergliedert.

Hierzu sei an dieser Stelle allerdings vermerkt, daß die *Raumordnung* mit ihrer Einfügung in Abschnitt IV zusammen mit dem Vermessungswesen und den kommunalen Gemeinschaftsdiensten *nicht aufgaben- und systemgerecht erfaßt wurde.* Der Hauptausschuß der und Rechtsausschuß der MKRO haben hierzu darauf hingewiesen, daß diese Einstufung der gesetzlich fixierten, alle raumbezogenen Planungsbereiche umfassenden Koordinierungstätigkeit der Raumordnung nicht gerecht wird. Sie haben deshalb die Finanzminister von Bund und Ländern gebeten, die Raumordnung künftig bei den „Allgemeinen Diensten", und zwar im Rahmen der „politischen Planung und zentralen Verwaltung", d. h. bei Kapital 01 in einer eigenen Ziffer 019 unter der Bezeichnung „Raumordnung, Landesplanung und Landesentwicklung" zu erfassen.

Bund und Länder haben inzwischen die ersten mittelfristigen Finanzpläne vorgelegt. Sie werden jeweils auch den gesetzgebenden Körperschaften zugeleitet, ohne daß diese hierüber Beschluß zu fassen haben.

Der Sinn der Finanzplanung — so hat die Bundesregierung in den Vorbemerkungen zu ihrem zweiten Finanzplan für die Jahre 1971 bis 1975 ausgeführt — liegt darin,
> die *Prioritäten und wichtigen Programme einer mittelfristig orientierten Politik* in ihren finanziellen Größenordnungen darzustellen und aufeinander abzustimmen. Die Finanzplanung ist kein zeitlich verlängerter Haushaltsplan. Während im Haushaltsplan das institutionelle Prinzip der Ressortverantwortlichkeit und der Einzelveranschlagung im Vordergrund stehen, hat der Finanzplan den *Programmcharakter* einer in die Zukunft gerichteten Politik herauszustellen. Insbesondere für die letzten Jahre des Finanzplanungszeitraums muß man bei der Interpretation des Zahlenwerkes des Finanzplans davon ausgehen, daß mit zunehmendem zeitlichen Abstand auch der Grad der Flexibilität der Planung größer wird. Dennoch bleiben in diesen Daten die politischen Zielsetzungen klar erkennbar.

Da der Finanzplan auf Grundannahmen über die Entwicklung der Volks- und Finanzwirtschaft sowie auf Annahmen über die künftige Aufgabengestaltung beruht, müssen die Finanzpläne des Bundes und der Länder, wenn die Erfordernisse des gesamtwirtschaftlichen Gleichgewichts gemäß der Zielsetzung des StWG gewahrt sein sollen, abgestimmte Grunddaten über die gesamtwirtschaftliche, insbesondere konjunkturelle Gesamtsituation für die nächsten Jahre berücksichten. Diese sind von einer Reihe von Gremien, die meist unter dem Vorsitz eines Bundesministers — als Schätz- und Planungsstelle — tätig werden, zu ermitteln. Es sind dies nicht nur der Finanzplanungsrat und der im § 18 StWG zur Beratung erforderlicher konjunkturpolitischer Maßnahmen geschaffene Konjunkturrat, sondern auch die sog. Konzertierte Aktion, die über die von der Bundesregierung bei Gefährdung der gesamtwirtschaftlichen Ziele herauszugebenden Orientierungsdaten für ein gleichzeitiges, aufeinander abgestimmtes Verhalten der öffentlichen Hände, der Körperschaften und Unternehmerverbände berät, sowie — last not least — fachliche Beratungs- und Planungsgremien, wie die Bund-Länder-Kommission für Bildungsplanung. Daß die einheitliche Berücksichtigung der gesamtwirtschaftlichen Entwicklung bei der Finanzplanung im Vordergrund steht, hat die Bundesregierung auch dadurch hervorgehoben, daß sie im Anhang des Finanzplans 1971 bis 1975 ihre „Annahmen über die gesamtwirtschaftliche Entwicklung" mit abgedruckt hat.

III.

Von besonderer Bedeutung für das Verhältnis bzw. das künftige Zusammenwirken von Finanzplanung und Raumordnung/Landesplanung ist nun, daß der ganz eindeutige Schwerpunkt der Finanzplanung auf dem Sektor der Investitionen liegt, also auf dem Bereich, der auch für den Inhalt der Raumordnungspläne im Vordergrund steht. Die gemäß dem Funktionenplan ausgerichtete Ausweisung der „Ausgaben nach wichtigen Funktionen", die wiederum eine Zusammenfassung der mehrjährigen Investitionsprogramme der einzelnen Ressorts enthält, bildet den Kern der Finanzpläne. Sie sind letztlich das Ergebnis einer Entscheidung der Exekutive über den mittelfristigen Einsatz der öffentlichen Ressourcen und damit auch über Art und Umfang des weiteren Ausbaues der Infrastruktur. Die hierbei gesetzten Prioritäten wirken sich selbstverständlich auch auf die Raumstruktur aus. Für die Finanzplanung werden also Entscheidungen nötig, wie sie auch aus Gründen der Raumordnung zur Erfüllung der raumordnerischen Ziele in der bevorstehenden mittelfristigen Zeitspanne getroffen werden müssen.

Welche *Folgerungen* sollten aus diesen Erkenntnissen gezogen werden?

1. Es ist eine wesentlich engere Zusammenarbeit bei der Aufstellung der Raumordnungspläne und der Finanzpläne wegen der für beide Planarten gesetzlich vorgeschriebenen Erfassung der Infrastrukturmaßnahmen als raumwirksame Investitionen geboten.

Die Raumordnungspläne dürfen nicht ausschließlich die innerhalb eines längerfristigen — meist etwa 15jährigen — Zeitraumes anzustrebende Raumentwicklung aufzeigen; vielmehr sollten sie im Rahmen der ohnehin gebotenen Angabe von Prioritäten auch die mittelfristig durchzuführenden oder in Angriff zu nehmenden Planungen anführen, möglichst in Abstimmung mit der mittelfristigen Finanzplanung.

2. Dies erfordert sowohl für die Raumordnungspläne, aber auch für die Finanzpläne eine stärkere Konkretisierung.

Bei den Raumordnungsplänen war man bisher schon bemüht, Dringlichkeiten für bestimmte, besonders bedeutsame Objektarten — z. B. für Straßen, Krankenhäuser, weiterführende Schulen — anzugeben. In dieser Richtung, die bereits eindeutig den Charakter der Landesplanung als *Landesentwicklungsplanung* kennzeichnet, ist eine weitere Verfeinerung angebracht. Die Raumordnungspläne sollten um Angaben, welche der auf den einzelnen infrastrukturellen Bereichen angeführten langfristig erforderlichen Maßnahmen mittelfristig, also im Zeitraum der vierjährigen Finanzplanung, durchzuführen sind bzw. welche konkreten Objekte für die Verwirklichung der längerfristig — allgemein oder detailliert — formulierten Planungsziele in Angriff zu nehmen sind, angereichert werden.

Dabei braucht hier nicht erörtert zu werden, ob diese Prioritätenfestlegung und objektbezogene Darstellung in einem besonderen Teil des Raumordnungsplans — etwa am Ende — zusammenfassend vorgenommen oder ob die Angaben bei jedem Infrastrukturbereich — also bei den einzelnen Fachkapiteln des Raumordnungsplans — hinzugefügt werden. Für die zusammenfassende Darstellung könnte sprechen, daß dadurch die Beachtung und Durchführung der Maßnahmen erleichtert würde, evtl. auch eine differenzierte Regelung über die Verbindlichkeit dieser Prioritätsfestlegungen — etwa gesondert für die bevorstehenden und die ferneren Jahre — getroffen werden könnte.

Bei dieser Ergänzung der Raumordnungspläne um detailliertere Prioritätsangaben, also bei der *Konkretisierung für die erste Prioritätsstufe* handelt es sich nun keineswegs um eine bloße Übernahme von Angaben der mittelfristigen Finanzplanung. Denn es fehlt eine objektbezogene Konkretisierung in den Finanzplänen bisher noch weitgend; sie ist nur und z. T. in den mehrjährigen Investitionsprogrammen der Ministerien[1]) enthalten, die jetzt erstmalig aufgestellt werden und die als Unterlagen für die Erstellung des Finanzplans dienen. Auch die Investitionsprogramme hat man zunächst zum Teil noch in einer Art Fortschreibung der Haushaltspläne zusammengestellt, indem man sich bei manchen Posten mit einer prozentualen Erhöhung der Haushaltsansätze begnügt hat.

---

[1]) PIDUCH („Bundeshaushaltsrecht", Kommentar, — Abschnitt B — „Vorschriften zur Finanzplanung", Seite 10) möchte die „Investitionsprogramme" der Ressorts i. S. von § 10 StWG nur als Bedarfsanmeldungen für Ausgaben für Investitionen ansehen; die Bezeichnung „Investitionsprogramm" hält P. nur für das aufgrund des beschlossenen Finanzplans überarbeitete Regierungsprogramm i. S. von § 5 Abs. 5 HGrG für angebracht (vgl. „Investitionsprogramm des Bundes 1971—1975" vom 23. 3. 1972 — BR-Drucksache 192/72).

Nunmehr wird diese Handhabung durch die Einführung genormter Bögen zur Beschreibung der einzelnen Objekte abgelöst.

Entscheidend ist, daß künftig bei der Festlegung der in den Finanzplänen zu berücksichtigenden Einzelobjekte die Raumordnung mitwirkt, also ihre Beurteilung von der Raumwirksamkeit und der Dringlichkeit bei der Auswahl der mittelfristig in Angriff zu nehmenden bzw. duchzuführenden Objekte mit in Betracht gezogen wird. Auch andere Gebietskörperschaften einschließlich der Planungsträger des Bundes sollten bei der Erarbeitung ihrer Finanzplanung für größere Projekte die Meinung der Landesplanungsbehörden über die Auswirkungen auf die räumliche Gesamtstruktur einholen.

Im übrigen muß es einer besonderen Betrachtung überlassen bleiben, inwieweit den Aussagen des Raumordnungsplans über die Dringlichkeit von Planungen *anderer* Körperschaften eine Verbindlichkeitswirkung zukommen kann; Verf. neigt dazu, diese Wirkung nur insoweit zu bejahen, als eine als dringlich bezeichnete Maßnahme nicht später als eine nicht für dringlich erklärte in Angriff genommen werden darf; bei den im § 6 ROG genannten Maßnahmen kann dies allerdings nur gelten, soweit nicht großräumige, überregionale Belange ein Abweichen von der Dringlichkeitsangabe des Raumordnungsplans rechtfertigen. Die Kennzeichnung der Dringlichkeit bedeutet jedenfalls nicht, daß der Planungsträger mit der Durchführung auf ein bestimmtes Haushaltsjahr festgelegt wird.

3. Durch die Aufnahme einer solchen, mit der mittelfristigen Finanzplanung abgestimmten *Prioritätenliste* erhält der Raumordnungsplan auch weitgehend die Eigenschaft eines Durchführungsplans. Die Bedeutung der Raumordnungspläne für die Praxis wird damit erheblich steigen. Einer Ergänzung der Landesplanungsgesetze bedarf es hierzu nicht. Es ist unbestritten, daß die Raumordnungspläne Dringlichkeitsangaben enthalten können, ja sollen. Es ist also nur eine Verfeinerung der Aussage, die umso näher liegt, als die Koordinierungstätigkeit der Landesplanung ohnehin jedes neue — in den Raumordnungsplänen noch nicht berücksichtigte — größere Einzelobjekt (im raumplanerischen Verfahren) erfassen muß und dafür eine subtile Beurteilung des Raums und seiner Struktur notwendig ist. Ein wesentlicher, zusätzlicher Verwaltungsaufwand fällt daher, wenn die Raumordnungsbehörden die ihnen ohnehin obliegende Koordinierung für raumwirksame Investitionen für den mittelfristigen Zeitraum intensivieren, nicht an. Die neuere Entwicklung geht bereits in diese Richtung:

Die *Hessische* Landesregierung hat zu dem im April 1971 „endgültig festgestellten" Landesentwicklungsplan „Hessen 80" Mitte 1971 einen *Durchführungsabschnitt für die Jahre 1971 bis 1974* vorgelegt, in dem alle wesentlichen Investitionen und — wie es im Vorwort heißt — „die gesellschaftspolitischen Maßnahmen der Landesregierung zur Verbesserung der Lebens- und Arbeitsverhältnisse der Bevölkerung" in ihrem *globalen* Bedarf und finanziellen Aufwand erfaßt und auf die fünf Regionen des Landes verteilt werden. Bei dieser „Regionalisierung" werden allerdings nur einige Maßnahmen objektbezogen bzw. unter Angabe der räumlichen Schwerpunkte dargestellt.

Die Landesregierung von *Rheinland-Pfalz* hat in ihrem kürzlich veröffentlichten Raumordnungsbericht 1971, herausgegeben von der Staatskanzlei — obersten Landesplanungsbehörde — ausgeführt:

Das Landesentwicklungsprogramm Rheinland-Pfalz soll bei seiner Fortschreibung, die sich insbesondere auf Einzelangaben und auf weitere Verfeinerungen, vor allem auf eine Überprüfung und Ergänzung der Prioritätsangaben zu erstrecken hat, zu einer modernen Planungskonzeption gemacht werden. Es soll nicht nur die langfristigen Ziele möglichst genau anführen, sondern eingehender Prioritäten setzen und dazu *in Abstimmung mit der Finanzplanung* Angaben über die *mittelfristig durchzuführenden Maßnahmen* enthalten.

Bei der Genehmigung der regionalen Raumordnungspläne für die Regionen Südpfalz und Mittelrhein hat die Staatskanzlei — oberste Landesplanungsbehörde — die Planungsgemeinschaften aufgefordert:

> Bei der Fortschreibung des regionalen Raumordnungsplans sollen diejenigen raumbedeutsamen Maßnahmen, die vorrangig zu verwirklichen sind, hervorgehoben werden; dazu sollen die im Plan enthaltenen Projekte, die nach Maßgabe der voraussichtlich verfügbaren Haushaltsmittel mittelfristig durchgeführt oder in Angriff genommen werden sollen, im einzelnen angegeben werden.

Dem Vernehmen nach soll die *niedersächsische* Landesregierung beabsichtigen, im Jahre 1973 einen Entwicklungsplan „Niedersachsen 1985" zu veröffentlichen, der ebenfalls einen ersten, mittelfristigen Durchführungsabschnitt enthalten soll.

4. Daß die Raumordnung auf diese Weise im Sinne einer Landesentwicklungsplanung die öffentliche Infrastrukturplanung zu erfassen hat, müßte mit bedacht werden, wenn das Arbeitsgebiet der sog. Aufgabenplanung näher abgesteckt werden sollte. Es würde zu Doppelarbeiten und könnte zu Widersprüchen führen, wenn auch letztere sich mit Einzelheiten der Infrastrukturplanung befassen würde, die gesetzlich — neben der jeweiligen Fachplanung — der Raumordnung und der Finanzplanung als ressortübergreifende Gesamtplanungen zugewiesen ist.

Forschungs- und Sitzungsberichte
der Akademie für Raumforschung und Landesplanung

Band 78: 11. Wissenschaftliche Plenarsitzung

Aufgaben und Möglichkeiten der Raumplanung in unserer Zeit

Inhaltsübersicht

		Seite
	Zum Geleit	1
Hans Koch	Eröffnung und Begrüßung	2
Walter Krause	Begrüßung namens des Landes Baden-Württemberg	4
Christian Farenholtz	Begrüßung namens der gastgebenden Stadt	7
Werner Weber	Referat: Planende Verwaltung als Aufgabe der Gegenwart	9
Gottfried Müller	Referat: Zielvorstellungen und Instrumentarien für die zukünftige Siedlungsstruktur	25
Gerd Albers	Referat: Auftrag und Ausbildung des Raumplaners	37
Burkhard Lange	Diskussionsbericht	43
Werner Ernst	Schlußwort	53

Der gesamte Band umfaßt 58 Seiten; Format DIN B 5, 1972; Preis 16,— DM

GEBRÜDER JÄNECKE VERLAG · HANNOVER

Forschungs- und Sitzungsberichte
der Akademie für Raumforschung und Landesplanung

Abh. Bd. 61: Werner Ernst · Willi Bonczek

Zur Reform des Städtischen Bodenrechts

Inhaltsübersicht   Seite

Vorwort VII

Prof. Dr. Werner Ernst, *Münster*	Die Reform des städtischen Bodenrechts als Aufgabe der Gesetzgebung	1
	I. Das Bodenproblem	3
	II. Das bodenpolitische Instrumentarium des Bundesbaugesetzes	6
	III. Die vorliegenden Reformvorschläge	9
	IV. Kritik an den bodenpolitischen Instrumenten des Bundesbaugesetzes und Reformvorschlägen	9
Prof. Dr.-Ing Willi Bonczek, *Essen*	Die Reform des kommunalen Bodenrechts aus städtebaulicher Sicht	31
	I. Einführung	33
	II. Einfluß des Bodeneigentums auf die Entwicklung der Städte, gezeigt an Beispielen verschiedener Epochen	34
	III. Probleme am Grund und Boden bei der kommunalen Raumordnung von heute und morgen	52
	IV. Vorschläge zur Bodenreform im Städtebau ...	70
	V. Zusammenfassung	83
	VI. Literaturverzeichnis	86

Der gesamte Band umfaßt 87 Seiten; Format DIN B 5, 1971; Preis 28,— DM

*

Sonderveröffentlichung:

Handwörterbuch der Raumforschung und Raumordnung

Zweite, neubearbeitete und wesentlich erweiterte Auflage in 3 Bänden mit Beiträgen von mehr als 200 Wissenschaftlern des In- und Auslandes, mit über 450 Stichwörtern. — 1970, Format DIN B 5, rd. 2000 S., in Leinen gebunden, Preis 192,— DM.

GEBRÜDER JÄNECKE VERLAG · HANNOVER